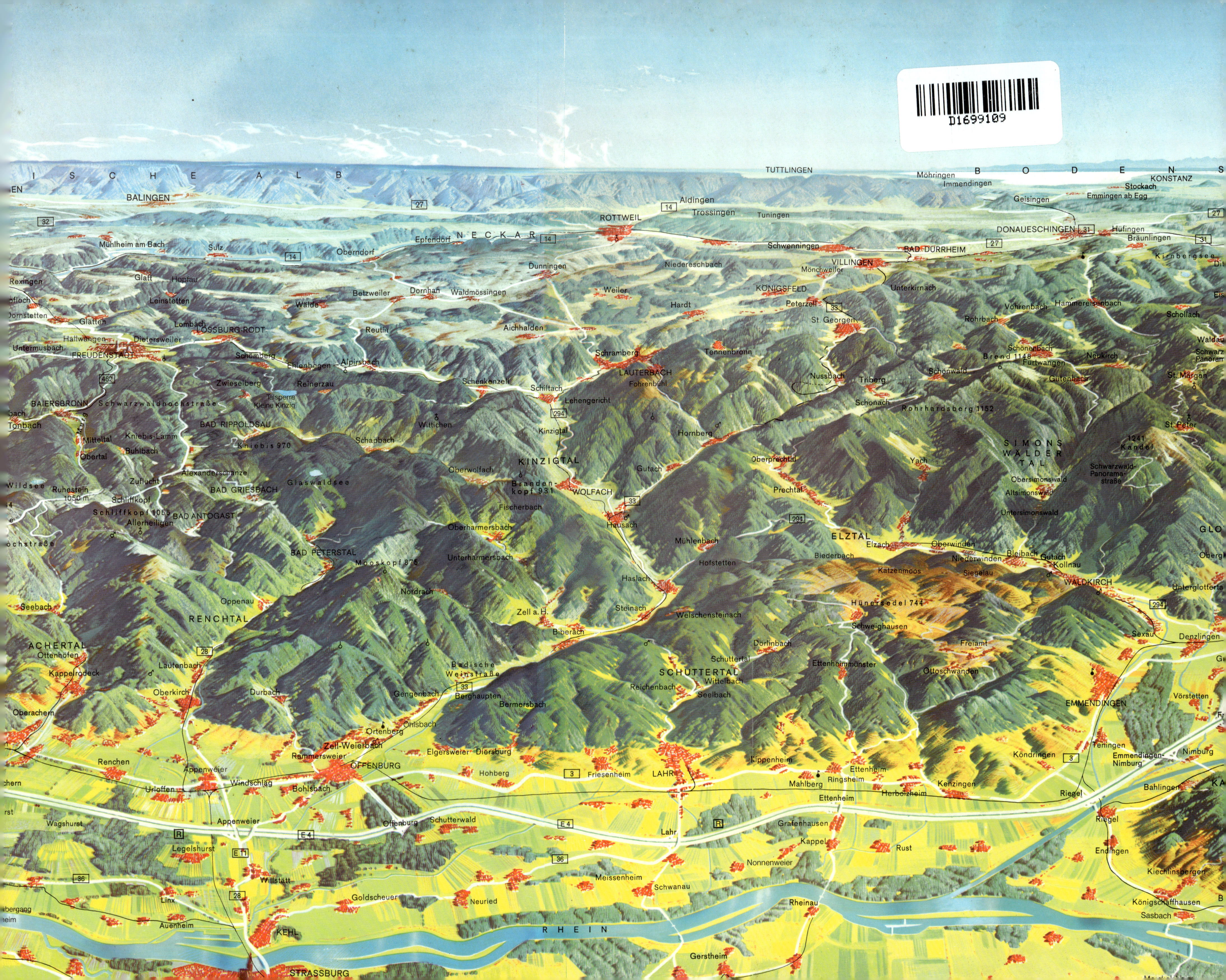

S C H W Ä B I S C H E A L B
B O D E N S E E
TUTTLINGEN
Möhringen
Immendingen
KONSTANZ
Stockach
Emmingen ab Egg
Geisingen
BALINGEN
ROTTWEIL
Aldingen
Trossingen
Tuningen
DONAUESCHINGEN
Hüfingen
Bräunlingen
Kirnbergsee
Epfendorf
N E C K A R
Mühlheim am Bach
Sulz
Oberndorf
Schwenningen
BAD DÜRRHEIM
VILLINGEN
Mönchweiler
Niedereschbach
Dunningen
Rexingen
Glatt
Hopfau
Dornstetten
Leinstetten
Betzweiler
Dornhan
Waldmössingen
Weiler
KÖNIGSFELD
Unterkirnach
Vöhrenbach
Hammereisenbach
Schollach
Peterzell
Hardt
Rohrbach
St. Georgen
Glatten
Lombach
LOSSBURG-RODT
Wälde
Reutin
Aichhalden
Hallwangen
Dietersweiler
Untermusbach
FREUDENSTADT
Schömberg
Ehlenbogen
Alpirsbach
Schramberg
Tennenbronn
Schönenbach
Brend 1148
Furtwangen
Neukirch
LAUTERBACH
Fohrenbühl
Nussbach
Triberg
Schönwald
Gütenbach
St. Märgen
Zwieselberg
Reinerzau
Talsperre Kleine Kinzig
Schenkenzell
Schiltach
Lehengericht
Schonach
Rohrhardsberg 1152
BAIERSBRONN
Schwarzwaldhochstraße
Tonbach
BAD RIPPOLDSAU
Wittichen
Kinzigtal
Hornberg
St. Peter
Mitteltal
Kniebis-Lamm
Obertal
Buhlbach
Kniebis 970
Schapbach
S I M O N S W Ä L D E R T A L
1241 Kandel
KINZIGTAL
Oberwolfach
Gutach
Oberprechtal
Yach
Obersimonswald
Schwarzwald-Panoramestraße
Zuflucht
Alexanderschanze
Glaswaldsee
Brandenkopf 931
WOLFACH
Prechtal
Altsimonswald
Wildsee
Ruhestein 1050 m
Schliffkopf
BAD GRIESBACH
Schliffkopf 1055
BAD ANTOGAST
Allerheiligen
Fischerbach
Hausach
Untersimonswald
Oberharmersbach
ELZTAL
Mühlenbach
Elzach
Oberwinden
BAD PETERSTAL
Mooskopf 875
Unterharmersbach
Biederbach
Niederwinden
Bleibach
Gutach
Kollnau
Hofstetten
Katzenmoos
Siegelau
WALDKIRCH
Unterglotterta
Nordrach
Haslach
Seebach
Oppenau
Hünersedel 744
Steinach
Zell a. H.
Welschensteinach
Schweighausen
RENCHTAL
Biberach
Sexau
Denzlingen
ACHERTAL
Ottenhöfen
Dörlinbach
Freiamt
Schuttertal
Kappelrodeck
Lautenbach
Badische Weinstraße
SCHUTTERTAL
Ettenheimmünster
Ottoschwanden
Wittelbach
Oberkirch
Durbach
Gengenbach
Berghaupten
Reichenbach
Seelbach
EMMENDINGEN
Vörstetten
Oberachern
Bermersbach
Ortenberg
Ohlsbach
Zell-Weierbach
Elgersweier
Diersburg
Kippenheim
Köndringen
Teningen
Emmendingen-Nimburg
Nimburg
Renchen
Rammersweier
OFFENBURG
Hohberg
Friesenheim
LAHR
Mahlberg
Ettenheim
Ringsheim
Appenweier
Urloffen
Windschlag
Bohlsbach
Herbolzheim
Kenzingen
Riegel
Bahlingen
Ettenheim
Wagshurst
Appenweier
Offenburg
Schutterwald
Lahr
Grafenhausen
Riegel
Legelshurst
Kappel
Rust
Endingen
Willstätt
Nonnenweier
Meissenheim
Kiechlinsbergen
Linx
Goldscheuer
Neuried
Schwanau
Rheinau
Königschaffhausen
Auenheim
KEHL
R H E I N
Sasbach
Gerstheim
STRASSBURG

Das Buch vom Schwarzwald
The Book of the Black Forest
Le Livre de la Forêt-Noire

Herausgegeben vom
Heinrich Müller Verlag
Freudenstadt

mit Texten von Elisabeth Müller-Homberg

Das Buch vom

Schwarzwald

© 1990 Heinrich Müller Verlag · Freudenstadt
Alle Rechte vorbehalten

Text: Elisabeth Müller-Homberg
Übersetzung ins Englische:
German National Tourist Office, London
Übersetzung ins Französische:
Office National Allemagne du Tourisme, Paris

Fotos: Müller Luftaufnahmen Nr. 204/124 – 204/80 – 204/71 – 204/65 – 204/100 – 204/152, freigegeben durch das Regierungspräsidium Karlsruhe.
Heinrich Müller (236), Mehlig (15), Müller-Brunke (5), Beck (1), Krätschmer (2), Mader (2), Löbl-Schreyer (2), Kasenbacher (1), Kirsch (1), Laue (1).
Reliefkarten: Heinrich C. Berann

Druck: Heinrich Müller Verlag · Freudenstadt
ISBN 3 88366-090-6

Porträt einer Landschaft

Ist der Schwarzwald nur ein dunkles Waldgebirge, durchzogen von idyllischen Tälern mit munteren Bächen und sattgrünen Wiesen, auf denen geruhsam Kühe weiden, wo typische strohgedeckte Bauernhöfe sich breitmachen und freundliche Menschen in malerischen Trachten leben – wie er als Klischee in aller Welt bekannt ist? Gewiß ist er das! Doch viel differenzierter und facettenreicher wird er sich dem Besucher, der sich die Zeit nimmt, ihn bei längerem Aufenthalt und beim Durchwandern näher kennenzulernen, in seiner ganzen Eigenart und Vielfalt erschließen. Nicht nur in der Vielgestaltigkeit seiner Landschaft hat der Schwarzwald seinen anheimelnden Reiz bewahrt, auch seine Bewohner haben es in glücklicher Weise verstanden, Tradition mit Neuzeitlichem zu verbinden; so kann in herber Heiterkeit landschaftliche und kulturelle Vielfalt zu einer Melodie zusammenklingen, deren Grundakkord jedoch immer durch die Landschaft bestimmt wird.

Dieses Buch möchte dem Betrachter die Schwarzwaldlandschaft in ihrem abwechslungsvollen Reichtum näherbringen. So wechseln sich, oft auf gedrängtem Raum, wilde, düstere Schluchten mit heiteren, zum Verweilen einladenden Tälern ab. Der weitschweifende Blick von den Bergeshöhen herab mag vielen Besuchern eine bleibende Erinnerung an dieses herrliche Reise- und Erholungsland vermitteln, das sich, voller Gegensätze zwar, aber doch in beglückender Harmonie zu zeigen weiß. Nicht nur die Seele des Naturfreundes wird „weit ihre Flügel ausspannen", auch der vielgereiste und gehetzte Städter erahnt hier die Wurzeln unseres Seins.

Lage – geologischer Aufbau – Dreigliederung

Das größte deutsche Mittelgebirge erstreckt sich, werden die Städte Karlsruhe – Lörrach – Waldshut – Pforzheim als Eckpfeiler eines unregelmäßigen Vierecks betrachtet, in einer Seitenlänge von 160 km entlang der Oberrheinischen Tiefebene. Im Norden vom Kraichgau begrenzt, trennt den Schwarzwald im Süden der Hochrhein vom Schweizer Jura. Nach Osten hin dacht er sich allmählich ab und geht in das schwäbisch-fränkische Stufenland sanft über. Von der Rheinebene her dagegen bietet ein ganz anderes Bild. Der Gebirgscharakter des Schwarzwaldes mit seinem steil und wuchtig ansteigenden Bergmassiv tritt hier klar hervor. Beim Einbruch des Oberrheingrabens im Tertiär wurde es, einst mit den Vogesen verbunden, angehoben. Werden im Süden mit Feldberg, Herzogenhorn und Belchen Höhen bis fast 1500 m gemessen, so erreicht der Brandenkopf im mittleren Schwarzwald nur 934 m, während Hornisgrinde und Schliffkopf im Norden die 1000-Meter-Grenze wieder überschreiten. Auch wenn das Bergland insgesamt einheitlich erscheinen mag, so ergibt sich doch aufgrund des geologischen Aufbaus eine deutlich erkennbare Dreigliederung. Im Süden sind die jüngeren Gesteinsschichten weitgehend abgetragen, so daß überall das kristalline Urgestein aus Granit und Gneis zutage tritt. Hier prägen die runden, kuppigen Bergformen das Landschaftsbild. Im Mittelteil haben sich Kinzig und Elz mit ihren Zuflüssen in die Buntsandsteindecke eingeschnitten und das Deckgebirge weithin abgetragen, das nur noch in einzelnen, steilaufragenden, kantigen Höhenrücken erhalten blieb. Das landschaftliche Charakteristikum des Nordschwarzwaldes bilden bewaldete Hochflächen auf mächtigem roten Buntsandstein, der in steilen Stufen abfällt, in den Tälern abgetragen wurde und so das meist aus Granit bestehende Urgestein freiwerden ließ.

Von der Tundra zur Kulturlandschaft

Das Gebirge im Südwesten Deutschlands zeigte ursprünglich ein ganz anderes Gesicht als das uns heute bekannte einer gepflegten Kulturlandschaft, denn nach dem weichenden Eis der letzten Eiszeit fand sich hier eine öde, fast vegetationslose Kältesteppe – eine Tundra. Erst im Laufe der Jahrtausende konnte sie sich über die Taiga, dem arktischen Urwald, zum heutigen Waldland entwickeln. Im dichten, düsteren „Schwarzwald" herrschten Tanne und Buche vor. Während Fichte und Kiefer in den Höhen, so waren Laubbestände, wie auch heute noch, in unteren Lagen anzutreffen. Schon früh erkannten die Siedler, welches Reservoir ihnen das Holz als Energiequelle und Rohstoff bot. Die bald entdeckten Erzlager jedoch brachten sich den eigentlichen Reichtum. Zu ihrer Ausbeutung wurde Holz als Energielieferant für die Schmelzhütten benötigt. Es entstanden Hammerwerke, Glashütten, Pottaschesiedereien und Sägewerke. Zahlreiche Flüsse wurden zum Teil durch Genossenschaften (Murgschifferschaft, Calwer Holzcompagnie) flößbar gemacht, um den wertvollen Rohstoff Holz aus dem Gebirge herausbringen zu können.

Mit der Zunahme der Bevölkerung wuchs auch die Landwirtschaft, die sich fast ausschließlich auf die Viehzucht beschränkte. Ungeregelte Waldweide vernichtete den Jungwald, die älteren Bäume wurden bedenkenlos herausgeplündert. Schon im 16. Jahrhundert entstand vielerorts Holzknappheit, die ihren Höhepunkt im 18. Jahrhundert erreichte. In dieser Zeit war die Waldfläche in vielen Teilen des Schwarzwaldes auf ein Viertel bis zur Hälfte zurückgedrängt worden.

Ab etwa 1800 nahm die Waldfläche auf Grund des Rückgangs der Landwirtschaft rasch wieder zu. Die Fichte, die vorher nur eine untergeordnete Bedeutung hatte, nahm auf natürlichem Wege und durch Pflanzung stark zu.

So entstand allmählich das uns vertraute Bild des Schwarzwaldes: Im Nordschwarzwald dominieren heute die Nadelbäume, nur ein Achtel der Waldfläche nehmen die Laubbäume ein. Die Kiefer, zusammen mit der Latsche, sind die Charakterbäume der Grinden.

Im mittleren Schwarzwald haben sich die Laubbäume und auch die Tannen einen größeren Anteil bewahrt. Hier finden sich vielerorts Plenterwälder, Bestände, in denen Bäume jeden Alters auf kleiner Fläche wachsen – für viele Urbild des Waldes.

Im Südschwarzwald ist der Laubbaumanteil am höchsten. Um Feldberg und Schluchsee herrscht die Fichte vor, nach Süden hin prägen dann Mischwälder und Buche das Bild. In diesen Gebieten hat sich der ursprüngliche Mischwaldcharakter des Schwarzwaldes noch am ehesten bewahrt. Die Kiefer fehlt fast ganz, von den untersten Lagen und den Spirkenwäldern der Moore abgesehen.

Ursache für diesen unterschiedlichen Baumartenanteil zwischen Nord und Süd ist nicht nur der Standort – die milden Gneise des Südens sagen eher der Buche, die sauren Buntsandsteinböden des Nordens eher der Kiefer und Fichte zu –, sondern auch die Besitzverteilung. Durch die Säkularisierung und Mediatisierung zu Beginn des 19. Jahrhunderts fand eine Besitzneuverteilung der bis dahin hauptsächlich im Besitz der Klöster und der Landesherren stehenden Waldungen statt. Seither überwiegt im Nordschwarzwald der Staats- und Gemeindewald, im mittleren Teil der Privatwald und im Süden ist die Besitzverteilung mit je einem Drittel Staats-, Gemeinde- und Privatwald recht ausgewogen. Auch diese unterschiedliche Besitzstruktur hat ihre Auswirkungen auf die Baumartenmischung und das gesamte Waldbild, aber auch auf den Waldanteil überhaupt. Die vier Faktoren – Standort, Baumarten, Besitzverhältnis, Waldanteil – geben jedem der drei Teile des Schwarzwaldes ihr ganz eigenes Gesicht, das jeder, der den Schwarzwald durchstreift, klar erkennen kann.

Gemeinsam ist den Wäldern ihre Bedeutung als Rohstoff- und Einnahmequelle, als großes Walderholungsgebiet und als Schützer und Wahrer von Wasser, Boden, Klima und Luft geblieben.

Gerade diese letzte Aufgabe zu bewältigen wird für den Wald, in unserer Zeit der zunehmenden Umweltbelastung, immer schwieriger und hier ist jeder aufgerufen, durch ein wachsendes Bewußtsein für die Zusammenhänge der Ökologie, der Natur wieder zur Gesundung zu verhelfen.

Täler und Höhen

Die Lebensadern des Schwarzwaldes sind die vielen Täler; am Oberlauf der klaren Bergbäche still und verträumt, voll verborgener Idylle, weiten sie sich in ihren Unterläufen und bieten Dörfern und Städten Raum sich auszubreiten. Sie bilden meist die Eingangstore zum Gebirge.

Der nördliche Teil

Die Großstadt Karlsruhe, an den nördlichen Ausläufern des Schwarzwaldes gelegen, wurde als ehemalige Residenzstadt des Markgrafen Karl Wilhelm von Baden 1715 fächerförmig, vom dreiflügeligen Schloß ausgehend, angelegt. Heute ist Karlsruhe, Regierungssitz Nordbadens, mit regem Leben erfüllt. Hochschule, Kunstakademie, Museen mit weltberühmten Kunstschätzen, aber auch die dort ansässigen höchsten Bundesgerichte haben ihr das Attribut einer Residenz des Rechtes, der Bildung und der Künste erworben. Auch als Kongreß- und Messestadt ist Karlsruhe weithin bekannt. Von hier nimmt das Albtal seinen Ausgang, in dem gleich zu Anfang der freundliche, lebendige Kur- und Erholungsort Waldbronn grüßt. Bei Marxzell haben sich die aus dem 12. Jahrhundert stammenden Ruinen des Nonnenklosters Frauenalb erhalten, während sich am Ende des Tales die zweite Ruine, ein früheres Mönchskloster, als Wahrzeichen von Bad Herrenalb findet. Dieser bemerkenswert nebelfreie, heilklimatische Kurort verfügt heute über ein modernes Mineral-Thermalbadezentrum.

Die Gold- und Schmuckstadt Pforzheim, kulturhistorisch von einiger Bedeutung, mit 1220 erbauter Schloßkirche und Barfüßerkirche von 1274 wurde 1945 zu 80 Prozent zerstört. Ihren Ruf als Zentrum der deutschen Schmuck-, Silberwaren- und Uhrenindustrie hat sie über diese Zeit hinweg unverändert bewahrt. Das neue Schmuckmuseum im Reuchlinhaus beherbergt eine einzigartige Schmucksammlung. Pforzheim ist Ausgangspunkt zum Enz- und Nagoldtal, wo die Flößerei, wie in anderen Schwarzwaldtälern, vom 13. bis zum Beginn des 20. Jahrhunderts betrieben wurde. Neuenbürg, geschichtlich ebenfalls interessant, liegt am Unterlauf der Enz. Die Ferienorte Höfen und Calmbach reihen sich an, bevor flußaufwärts Wildbad erreicht wird. Dessen Badehäuser, schon im frühen Mittelalter erwähnt, erzählen von großer Vergangenheit, während Kurmittelhäuser und moderne Thermalanlagen von lebendiger Gegenwart zeugen. Am Ende des Kleinen Enztales: Enzklösterle, liebenswerter Sommer- und Winterferienort in idyllischer Umgebung.

Im etwas offeneren Nagoldtal hat Bad Liebenzell, von seiner Burg aus dem 11. Jahrhundert gekrönt, schon 1403 als Badeort erwähnt, mit seiner modernen Thermalbadeanlage „Paracelsusbad" den Anschluß an die Neuzeit behalten. Hirsau, Inbegriff klösterlicher Entwicklung im Südwesten Deutschlands, das sich aus der 830 dem hl. Aurelius geweihten Mönchsklause und dem im 11. Jahrhundert entstandenen stattlichen Benediktinerkloster entwickelte, war maßgebend für die Missionierung des Schwarzwaldes. Die Klosterruinen inspirierten Maler und Dichter und der noch erhaltene Kreuzgang mit Klostergarten ist stilvolle Kulisse für die zur Sommerzeit aufgeführten Klosterspiele. Calw hat mit der städtebaulichen Geschlossenheit viel von seiner Vergangenheit und großen Bedeutung als Handelsstadt bewahrt, in der Flößer und Tuchmacher zu Reichtum kamen. In einer würdigen Hermann-Hesse-Gedenkstätte wird das Andenken an den bedeutendsten Sohn der Stadt gepflegt. Etwas abseits, im Teinachtal, liegt das Mineralbad Bad Teinach mit dem alten Fürstenbad und dem modernen Kurhaus. Seine hervorragenden Heilwässer sind weit bekannt. Als lohnenswerte Ausflugsziele auf der Höhe sind die Burgruine Zavelstein und Neubulach, dessen ehemaliges Silberbergwerk zugänglich gemacht und therapeutisch genutzt wird, zu nennen. Wieder im Nagoldtal, vorbei an dem auf einer Bergnase sitzenden Wildberg, liegt die Stadt Nagold, überragt von der Ruine der Burg Hohennagold. Auch hier hat sich der alte Stadtkern mit schönen Fachwerkhäusern erhalten. Vorbei am etwas abseits gelegenen Berneck und dessen architektonisch bemerkenswertem Schloß aus dem 12. Jahrhundert mit zwei Türmen und einer gewaltigen bergseitigen Schildmauer wird Altensteig erreicht. Es zeigt mit seinen terrassenförmig übereinandergestaffelten Bürgerhäusern, dem alten Schloß aus dem 13. Jahrhundert und der Rokokokirche darüber, ein sehr charakteristisches Stadtbild. Die Wasser der Nagold werden wenige Kilometer unterhalb ihrer Quelle in Seewald in den 1965 bis 1970 erbauten Talsperre gesammelt. Eine Wanderung hier, wie im nahen Weilerwald bei Pfalzgrafenweiler und Kälberbronn mit seinen großen alten Tannen, ist sehr reizvoll. Der Besuch des Erholungs- und Kurortes Waldachtal auf den sanften östlichen Ausläufern des Gebirges und der früheren Oberamtsstadt Dornstetten mit gepflegtem, mittelalterlichem Stadtkern ist ebenfalls lohnenswert.

Die Murg durchfließt das landschaftlich wohl reizvollste Tal des Nordschwarzwaldes. Nahe ihrer Mündung in den Rhein liegt Rastatt mit dem barocken Stadtkern und dem ehemaligen Residenzschloß des „Türkenlouis", dessen Witwe sich nahebei das äußerst prunkvoll-verspielte Schloß „Favorite" 1710 erbauen ließ. Handel und Industrie sorgen heute für quirliges Leben in der Stadt. Von hier aus beginnt auch die Schwarzwald-Tälerstraße, die das Murgtal mit dem Kinzigtal verbindet. Es reihen sich hübsche Orte aneinander wie Bad Rotenfels, ein gemütliches Mineralbad mit modernen Badeanlagen, Gaggenau, von Industrie geprägt, Gernsbach mit seinen heimeligen Fachwerkhäusern und einer teilweise erhaltenen mittelalterlichen Befestigungsanlage. Das Renaissance-Rathaus ist Zeugnis seiner einstigen großen Bedeutung als Hauptsitz der „Murgschifferschaft". Sie ist noch heute eine Genossenschaft altdeutschen Rechts, in der sich im Jahre 1509 Waldbesitzer, Holzhändler und Säger zusammengeschlossen hatten. Sie stellten eine strenge Schifferordnung auf und betrieben einen nahezu monopolartigen Holzhandel mit Holland, der ihnen zu großem Reichtum und Einfluß verhalf. Vorbei an Schloß Eberstein hoch am Berg über Weisenbach wird das Tal bald eng und wildromantisch. Riesige Felsbrocken behindern die Murg in ihrem Lauf und die Straße, die früher in den Fels gehauen werden mußte, führt nun im kühnen Schwung einer Brücke über das Tal. Es folgt Forbach, ein romantischer Urlaubsort, dessen 40 m lange, schindelgedeckte Holzbrücke die längste dieser Art in Deutschland ist. Etwas oberhalb werden die gewaltigen Turbinen eines Kraftwerks vom Wasser der Schwarzenbachtalsperre angetrieben, das in mächtigen Rohrleitungen 360 m tief zu Tale stürzt. Flußaufwärts, nach Schönmünzach-Schwarzenberg, dem idyllischen Kneipp- und Luftkurort, wird die Murg wieder ruhiger, das Tal weiter. Hier liegt der Luftkurort Klosterreichenbach, dessen frühromanisches Kloster auf eine Gründung der Hirsauer Mönche im 11. Jahrhundert zurückgeht. In dem nun geöffneten Tal hat sich Baiersbronn, über Matten und Berghängen verstreut, ausgebreitet. Als waldreichste und flächenmäßig größte Gemeinde Baden-Württembergs ist es mit seinen vielen Teilorten, unter anderen Mitteltal, Obertal und Tonbach als attraktiver Urlaubs- und Erholungsort zu großer Bedeutung gelangt.

Völlig andersartig als die Schwarzwald-Tälerstraße präsentiert sich die „Paradestraße" des Nordschwarzwaldes, die Schwarzwaldhochstraße. Ihr Ruf als eine der schönsten Höhenstraßen des Schwarzwaldes gründet sich neben den herrlichen Ausblicken über die Rheinebene, zu den Vogesen und über die Berge des mittleren und südlichen Schwarzwaldes, zur Schwäbischen Alb und zu den Schweizer Alpen auch auf die zahlreichen Wandermöglichkeiten und – im Winter – auf die vielen hundert Kilometer Langlaufloipen sowie die Pisten der „Skiarena". Diese Aussichtsstraße verbindet das Weltbad Baden-Baden mit der internationalen Kurstadt Freudenstadt und führt aus dem Tal der Oos hinauf auf die Höhen. Dabei berührt sie weitbekannte Kurhäuser und Hotels, lehnt sich an die Hornisgrinde und lädt zum Verweilen am Mummelsee, dem sagenumwobenen und meistbesuchten See des nördlichen Schwarzwaldes; durch das Naturschutzgebiet des Schliffkopfes und über den Kniebis erreicht sie dann Freudenstadt. Diese höchstgelegene Stadt des Schwarzwaldes hat mit mühlebrettartig angelegtem Stadtbild, in dessen Mitte sich der arkadenumsäumte 220 x 210 m große Marktplatz ausbreitet und mit seiner bemerkenswerten Stadtkirche mit zwei rechtwinklig zueinander stehenden Längsschiffen eindrucksvolle Sehenswürdigkeiten.

Das Landschaftsbild des Schwarzwaldes wäre unvollständig ohne Erwähnung der zwischen dem Bergmassiv und dem Rhein liegenden Garten- und Reblandschaft, die von Baden-Baden im Norden über Offenburg und Freiburg bis an den Hochrhein durch ihre Heiterkeit und Anmut besticht. Die hier durchführende „Badische Weinstraße" mit vielen bekannten Weinlagen und Orten ist auch weit über das Land der „Viertelesschlotzer" hinaus ein Begriff. Besonders kontrastreich ist der Gegensatz zwischen dem ernsten Waldgebirge und der vom Klima so begünstigten Landschaft, wenn im Frühjahr die Berge noch von Schnee bedeckt sind und in Tälern und Rheinebene der Frühling mit verschwenderischer Blütenpracht seinen Einzug gehalten hat.

Der mittlere Teil

Die Ortenau, wegen ihres besonderen Reichtums an Beeren, Obst und Wein auch „Garten Gottes" genannte Gegend zwischen Bühl und Kinzigtal, gehört zum mittleren Schwarzwald. An den Ufern der Bühlott entstanden der beliebte Luftkurort Bühlertal und Bühl, bekannt durch die hier reifenden Zwetschgen.

Die Acher, vom Mummelsee kommend, durchfließt die gernbesuchten Urlaubsorte Seebach und Ottenhöfen. Kappelrodeck ist ebenso bekannt für gute Weine wie das nahe Waldulm und Sasbachwalden mit seinen blumengeschmückten Fachwerkhäusern. Das gemütliche Achern, das mit seiner um 1300 erbauten Nikolauskapelle beeindruckt, liegt auf dem Wege der Acher zum Rhein.

Die Rench, die als Wilde Rench am Kniebis ihren Ursprung hat, vereint sich im ländlich-romantischen Oppenau mit dem Lierbach, der, bei der Klosterruine Allerheiligen als Wasserfall über Felsen zu Tal springend, beginnt. Im sich nun weitenden Tal birgt Lautenbach in seiner im 15. Jahrhundert erbauten gotischen Kirche ein Kleinod mit einem Altar, dessen Flügelbilder Mathias Grünewald oder Hans Baldung Grien zugeschrieben werden. Die Ruine Schauenburg grüßt vom Schloßberg herab auf Oberkirch, einem Zentrum für Obst- und Beerenanbau mit Europas größtem Erdbeermarkt. Und schließlich liegt am Fuße der Berge Renchen, in dessen Mauern einst Hans Jakob von Grimmelshausen als Schultheiß wirkte und mit seinem hier entstandenen Simplicius Simplicissimus zum bedeutendsten deutschen Erzähler des 17. Jahrhunderts wurde.

Das Herzstück des mittleren Schwarzwaldes ist die Kinzig mit ihren Nebenflüssen. Nahe ihrer Mündung liegt die alte Handelsstadt Offenburg, der als Zähringergründung mit historischen, stattlichen Bürgerhäusern. In heiterer Umgebung läßt sie fast ihre Bedeutung als Industriestadt vergessen. Hier ist der Einstieg ins Tal, in dem einige Kilometer weiter im Weinversuchsgut des Landes, Schloß Ortenberg, vinologische Studien betrieben werden. Obstbaumplantagen und Weinberge umschließen auch die fast mittelalterlich anmutende, ehemalige Freie Reichsstadt Gengenbach (von 1366 bis 1803), die mit ihren stolzen Stadttoren und prächtigen Fachwerkhäusern noch heute einen nostalgischen Reiz ausstrahlt.

Kinzigaufwärts von Biberach aus, lohnt sich ein Abstecher ins Schuttertal nach Seelbach und Lahr. Auf der Paßhöhe zwischen Schutter- und Kinzigtal thront die mächtige Ruine der aus dem 13. Jahrhundert stammenden Burg Hohengeroldseck.

Wie ein Wächter überragt der 932 m hohe Brandenkopf das Tal des Harmersbachs, der bei Biberach in die Kinzig mündet. In diesem einst freien Reichstal mit den liebenswürdigen Ferienorten Zell am Harmersbach, Unter- und Oberharmersbach legen alte Befestigungsanlagen, stattliche Bauernhöfe und die an Feiertagen noch aktive Bürgerwehr in historischer Uniform Zeugnis ab von stolzer Vergangenheit als einzige reichsfreie Bauernrepublik im Heiligen Römischen Reich Deutscher Nation.

Über Steinach führt der Weg nun nach Haslach, Geburtsort des Heimatschriftstellers Heinrich Hansjakob, der in seinen volkstümlich-urwüchsigen Erzählungen Land und Leute dieser Region beschrieb. Die Kinzig erhält bei Hausach, über dem die trutzige Ruine der Burg Husen aus dem 12. Jahrhundert grüßt, einen weiteren Zufluß:

Das hier beginnende Gutachtal ist eines der bekanntesten und meistbesuchten Täler des Schwarzwaldes. Der Bollenhut, das Kennzeichen für den Schwarzwald in aller Welt, ist hier beheimatet. Um den 400 Jahre alten Vogtsbauernhof als Exponent des bekanntesten Schwarzwälder Bauernhauses scharen sich in einem Freilichtmuseum weitere Haustypen der Schwarzwaldhöfe mit ihren Nebengebäuden, die in anderen Gegenden des Schwarzwaldes abgebaut und hier in großartiger Leistung originalgetreu wieder zusammengesetzt wurden. Mit alten, bodenständigen Hauseinrichtungen und Gerätschaften geben sie Einblick in Leben und Arbeitsweise der früheren Bewohner. Hornberg, das nun folgt, ein munteres Städtchen, in dem die Holzschnitzerei beheimatet ist, wurde vor allem bekannt durch das auf seiner Burg geprobte „Hornberger Schießen". Hier beginnt auch der reizvollste Teil der Schwarzwaldbahn Offenburg-Villingen, die bis Sommerau, dem höchsten Punkt der Strecke, über 22 km einen Höhenunterschied von 448 m überwindet und durch 36 Tunnels und unzählige, manchmal dreifach übereinander liegende Schleifen führt. Ein wildromantisches Naturschauspiel bieten die über sieben Terrassen springenden, höchsten Wasserfälle Deutschlands (Gesamtfallhöhe 162 m) bei Triberg. Dieses Städtchen mit seinem interessanten Uhren- und Heimatmuseum, das auch auf eine bedeutende Tradition im Fremdenverkehr zurückblickt, ist ein gernbesuchter Ausflugs- und Ferienort an der jungen Gutach.

Zurück zur Kinzig: Wolfach, am Zufluß der Wolf, beeindruckt mit prächtig bemaltem Rathaus und Fürstenbergschloß von 1613. Vom Kniebis kommend durchfließt die Wolf das bekannte und beliebte Mineralbad Bad Rippoldsau. Schapbach mit zweitürmiger Dorfkirche im Bauernbarock und das ebenso freundliche Oberwolfach, über dessen Ortsteil Walke sich die Burgruine Walkenstein hinter Tannen versteckt hält, schließen sich an.

Wie im Wolftal, so hatten es auch im Kinzigtal die Flößer zu Ansehen und Wohlstand gebracht, wovon die stattlichen Fachwerkhäuser in den Gassen und am Marktplatz und das eindrucksvoll bemalte Rathaus von Schiltach aus dem Jahre 1590 noch künden.

Von hier aus begleitet die Straße das romantische Schiltachtal, das, vorbei an vereinzelten Höfen, in die gemütliche wie geschäftige Uhrenstadt Schramberg führt. Der mächtige Bergfried der Ruine Schildeck, neben der Ruine Hohenschramberg eine der fünf mittelalterlichen Stadtfestungen, weist auf die einstige Bedeutung der Stadt hin, in der fünf

Bäche zusammenfließen. So kommt z. B. der Lauterbach, durch den malerischen Luftkurort gleichen Namens plätschernd, vom Fohrenbühl, einem Hochplateau, auf dem seit dem 16. Jahrhundert zu Pfingsten der Schellenmarkt mit einem Volksfest gefeiert wird. Die Straße des oberen Schiltachtales, auch Bernecktal genannt, windet sich vorbei an der ehemaligen Burg Falkenstein – früher ein gefürchtetes Raubritternest – durch ein schluchtig-enges Tal hinauf nach Tennenbronn. Der Luftkurort auf sonniger Bergterrasse bestand von 1560 bis 1902 aus zwei voneinander getrennten, katholischen und evangelischen Gemeinden.
Nach diesem Ausflug geht es wieder hinunter ins Tal der Kinzig. Der verträumte Urlaubsort Schenkenzell, der von der nahen Ruine Schenkenburg seinen Namen erhielt, ist Ausgangspunkt für einen lohnenden Abstecher ins idyllische Tal der Kleinen Kinzig zum 1290 gegründeten Kloster Wittichen mit Wallfahrtskirche.
Nach einer Felsenge, durch die sich die Kinzig windet, schmiegt sich Alpirsbach an die Berghänge, wo Benediktinermönche aus Hirsau bereits 1095 ein Kloster gründeten, dessen stilrein erhaltene romanische Kirche mit den Nebengebäuden das Ortsbild des Luftkurortes bestimmt. Die im stimmungsvollen Kreuzgang in der Sommerzeit durchgeführten Kammermusikkonzerte ziehen Musikliebhaber von weither an. Auf der Höhe dann, nahe dem „fröhlichen" Luftkurort Loßburg, hat das längste der Schwarzwaldtäler, das Kinzigtal, seinen Anfang.
Die Hochfläche des östlichen Mittelschwarzwaldes wird, unsichtbar zwar, durch die europäische Wasserscheide in zwei Teile getrennt. Fließen alle anderen Flüsse des Schwarzwaldes in den Rhein, so sammeln hier die Brigach und die Breg ihre Wasser und bringen, ab Donaueschingen, „die Donau zuweg". In diesem Gebiet, einem Teil der Baar, bildet die alte Zähringerstadt Villingen mit imposanten Stadttoren und Befestigungsanlagen zusammen mit Schwenningen heute ein agiles Industriezentrum. Hier liegt auch das Solebad Bad Dürrheim mit seinem neuerbauten Badezentrum. Nordwestlich von Villingen schließt sich der Kneipp- und Luftkurort Königsfeld an, der seine Gründung der Herrnhuter Brüdergemeine verdankt.
St. Georgen, in der Nähe gelegen, hat sich um ein Kloster aus dem Jahre 1083 entwickelt und ist heute, ebenso wie Unterkirnach, das einstige Strohflechterdorf, ein florierender Ferienort. Die reizvoll gelegenen Luftkurorte Schonach und Schönwald haben sich auch als Wintersportorte einen Namen gemacht. Das größte Uhrenmuseum Deutschlands hat seinen Sitz in Furtwangen. Von hier aus ist es nur wenige Kilometer ins verträumte Linachtal, wo der letzte Uhrenschildermaler seine Werkstatt hat. Das einst weltweit bekannte Schwarzwälder Uhrenhandwerk, aus dem sich eine moderne Uhrenindustrie von internationaler Bedeutung entwickelt hat, ist in dieser höhergelegenen Region zu finden. Als Zentren dieser Industrie sind Schramberg, Triberg, Furtwangen, St. Georgen und Villingen bekannt. Die alten Bauerntrachten haben sich hier besonders gut erhalten, wie auch die Bräuche der „Fasnet", die mit traditionsreichen, meist furchterregenden Masken lärmend gefeiert wird. Diesem Teil des Gebirges fehlen zwar die großen Kontraste, wie sie im nördlichen und besonders im Hochschwarzwald zu finden sind, doch wird „das Land der grünen Mitte" durch das Bild seiner lieblichen Täler und abwechslungsreichen, teils bewaldeten, teils freien Höhen bestimmt.

Der südliche Teil

Im Süden des Gebirgszuges mit dem Kernstück des Hochschwarzwaldes haben Vielgestalt und Kontrastreichtum ihre höchste Steigerung. Gewaltige Höhenunterschiede sind hier zu überwinden. So besteht zum Beispiel zwischen dem in der Luftlinie ca. 20 km entfernten Freiburger Münster und der höchstgelegenen Kirche Deutschlands auf dem Feldberg eine Höhendifferenz von nicht weniger als 1230 m. Rings um den „König der Schwarzwaldberge" gruppieren sich vor allem nach Süden und Westen großartige Aussichtsberge, unter ihnen der als schönster Berg des Schwarzwaldes bezeichnete Belchen (1414 m), der Schauinsland (1284 m), der Kandel (1241 m) und der am weitesten in die Rheinebene vorgeschobene Blauen (1165 m). So verschiedenartig diese Berge untereinander sind, so unterschiedlich sind auch die Täler, die von hier ihren Ausgang nehmen.

Eine etwas düstere Gegend ist das Quellgebiet der Wilden Gutach. Ungezähmt und wildschäumend springt sie talwärts, vorbei an den sich um ein Sägewerk gruppierenden Bauernhöfen von Wildgutach. Den rauschenden Zweribach-Wasserfällen folgen die versteckten Weiler und hübschen Dörfer des Simonswäldertales. Bei Bleibach, benannt nach einem im Mittelalter hier betriebenen Blei- und Silberbergwerk, mündet sie in die Elz, die, zwischen Schonach und Rohrhardsberg entspringend, im oberen Prechtal den romantischsten Teil dieses Tales erleben läßt. Dort sucht sie sich, mit großem Getöse über Granitfelsen rauschend, ihren Weg ins malerische Tal. In Elzach gehören zum Ortsbild neben alten, blumengeschmückten Bauernhöfen und der St.-Nikolaus-Kirche von 1533 auch Sägewerke, Schnitzwerkstätten und eine Edelsteinschleiferei. Größter Ort des Tales und kultureller sowie wirtschaftlicher Mittelpunkt ist Waldkirch am Fuße des Kandel. Bekannt wurde es im vergangenen Jahrhundert durch den Bau von Spiel- und Jahrmarktsorgeln. Mächtig überragt die Ruine der Kastelburg die Stadt, deren dominantes Bauwerk die 1732 bis 1734 von Peter Thumb erbaute barocke Stadtkirche mit wertvoller Kanzel ist. Ein Abstecher zum Kandel, an dem sich die Straße in unzähligen Serpentinen hochwindet, wird belohnt mit einem herrlichen Rundblick. Drachenflieger üben sich in ihrem wagemutigen Sport und Wanderer finden ein großartiges Gebiet mit verschiedenen Rundwanderwegen. Der Elz folgend erhebt sich über Sexau und östlich von Emmendingen die gewaltige Ruine der im Jahre 808 erbauten Hochburg, die heute noch umfangreichste im Schwarzwald. Das Markgrafenschloß, erbaut 1588, zeugt von der einstigen Bedeutung Emmendingens als Residenzstadt, die Goethe für sein Städtchen in „Hermann und Dorothea" inspirierte.
Nördlich von Freiburg öffnet sich das breite, fruchtbare Glottertal zur Rheinebene hin, das wegen seiner klimatisch bevorzugten Lage sehr früh besiedelt wurde. Stattliche Bauernhöfe standen schon im 8. Jahrhundert hier, wo später die Herzöge von Zähringen Silberminen anlegen ließen. Nach Denzlingen, umgeben von Obstplantagen, zieht sich die Straße kurvenreich hinauf bis zum Ort Glottertal. Die behäbigen Bauernhäuser inmitten von Weinbergen zeugen von Wohlstand und die weißgetünchte, mit alten Fresken und goldüberzogenem Schnitzaltar geschmückte Dorfkirche lohnt einen Besuch. Im oberen Teil des Tales finden sich neben einsamen, schindelgedeckten Höfen zahlreiche Sägewerke, bevor die Straße hinaufführt auf das sonnige Hochplateau von St. Peter und St. Märgen. Hier oben zu wandern gehört zu den unvergeßlichen Schwarzwalderlebnissen. Die freien Höhen gewähren eine abwechslungsreiche Rundsicht in bewaldete, schluchtig-enge, fast unbewohnte Täler und über weite, satte, von Obstbäumen gesäumte Matten, auf denen sich behäbige Schwarzwaldhöfe, umgeben von liebevoll gepflegten, bunten Bauerngärten, ducken. Am Südhang des Kandel steht prächtig die vom Zähringer Herzog Berthold II. 1093 gestiftete Benediktinerabtei St. Peter. Im 18. Jahrhundert entstand die jetzige und einzige noch vollständig erhaltene Klosteranlage des Breisgaus, die mit der zweitürmigen, von doppelten Zwiebelhauben gekrönten, prunkvoll ausgeschmückten Barockkirche und der weitgewölbten, lichten Bibliothek, die zu den schönsten der Welt gezählt werden darf.

Ein Fest für Auge und Herz ist es, in der Kirche von St. Peter eine Bauernhochzeit in den schönen Trachten dieser Gegend zu erleben. Die breite Sonnenterrasse, auf der auch St. Märgen mit der „schönsten Mühle" des Schwarzwaldes, der Rankmühle, liegt, bildet ein kleines Paradies für Erholungsuchende. Für Kunstliebhaber ist die berühmte Wallfahrtskirche in St. Märgen, die zu einem 1120 gegründeten und nach wechselvoller Geschichte 1807 aufgehobenen Augustinerkloster gehörte, eine Sehenswürdigkeit.

Obwohl eines der engsten und wildromantischsten Täler des Gebirges, ist die Straße durch das Höllental von alters her die wichtigste Querverbindung zwischen Rhein- und Donautal. Bei der von den Zähringern 1120 gegründeten Breisgaumetropole und Universitätsstadt Freiburg mit seinem Münster, dem „schönsten Turm der Christenheit", beginnt das Tal, das sich durch Kirchzarten und vorbei am Bahnhof Himmelreich zieht. Dahinter verengt es sich und hohe, senkrechte Felswände bedrängen die Straße, die sich fast paßartig vorbei am berühmten Hirschsprung bis vor Hinterzarten hinaufschlängelt. Durch naturbelassene Urwaldlandschaft zwängt sich die nahe Ravennaschlucht, die mit eindrucksvollem Wasserfall und der versteckten, noch intakten Mühle des Großjockenhofs Naturliebhaber begeistert.

Neben den die Täler erschließenden Verkehrswegen sei auch eine moderne Straße erwähnt, die sich in kühnen Serpentinen von Freiburg auf den Schauinsland zieht und auf der früher Bergrennen gefahren wurden. Oben auf den freien Hochflächen des Berges, der auch bequem mit der Bergbahn zu erreichen ist, läßt es sich unter sturmzerzausten Wetterbuchen herrlich wandern. Beeindruckend sind die Ausblicke links und rechts des Weges auf Freiburg, ins Münstertal und über Hofsgrund hinunter ins romantische St.-Wilhelmer-Tal. Die typischen Schauinsland-Häuser schmiegen sich allenthalben an die Flanken des Berges. Eingebettet zwischen Schauinsland und Belchen erstreckt sich das Münstertal. Bei Staufen mündet es ins flache Land. Im Städtchen, überragt von der rebenumkränzten Burgruine Staufen, findet sich die berühmte Gaststube des Löwen, in der Dr. Faustus vom Teufel geholt worden sein soll. Durch Auenlandschaften mit Mischwald an den Hängen zieht sich talaufwärts der Luftkurort Münstertal hin. Dominierender Punkt des Tales ist das um das Jahr 800 gegründete Kloster St. Trudpert. Über 1000 Jahre lebten und wirkten Benediktiner hier in dieser ersten Klosteranlage rechts des Rheins. Die Klosterkirche präsentiert sich als barockes Kleinod. Sie gibt heute den festlichen Rahmen für Konzerte und ist auch als Hochzeitskirche sehr beliebt. Am historischen Gasthaus Spielweg vorbei schwingt sich die Straße hinauf zum aussichtsreichen Wanderparadies am Wiedener Eck.

Die Ausgänge des Münster- und Wiesentales bilden gleichzeitig die Begrenzung einer begnadeten Landschaft. Hier, in den lieblichen, heiteren Hügeln des Markgräflerlandes zwischen Staufen und Lörrach, in uralter Kulturlandschaft, gesegnet mit Obst und Wein, liegen berühmte Weinorte. Die Menschen hier sind von ihrem Land geprägt und haben eine durchaus andere Lebensart als die Bergbauern hoch droben. Die Wiese, als Fluß vom Feldberg kommend, beendet im Rhein bei Basel ihren Lauf. Erster interessanter Punkt im engen Tal ist die Burgruine Rötteln, die auf einem weit südlich vorgeschobenen Kamm die Umgebung von Lörrach überragt. Vom Bergfried der im 12. Jahrhundert erbauten Burg geht der Blick weit ins dichtbesiedelte Dreiländereck. Wertvolle historische Bauwerke beherbergt die Stadt Lörrach, die heute wesentlich von der Industrie geprägt ist. Ein Besuch im nahegelegenen Inzlinger Schloß Reichenstein sollte nicht versäumt werden, es ist eines der ganz wenigen Wasserschlösser des Schwarzwaldes. Nach Steinen, mit sehenswertem exotischen Vogelpark, lohnt sich ein Abstecher in die Töpferstadt Kandern, verbunden mit einem Besuch im bekannten und entzückenden Rokokoschloß Bürgeln. Nach Schopfheim im mittleren Wiesental mit seiner Kirche aus dem 13. Jahrhundert, die mit guterhaltenen Fresken geschmückt ist, liegt am Ufer des Flusses der Ort Hausen, in dem der Mundartdichter Johann Peter Hebel seine Jugendzeit verbrachte und dessen Elternhaus als kleines Hebelmuseum unterhalten wird. Bei Zell, einem regen Städtchen mit Webereien und Spinnereien, beginnt das Tal enger zu werden. Hier finden sich beidseitig an den Berghängen malerische Orte und Weiler mit prächtigen Bauernhöfen. Oberhalb von Schönau, einem liebenswürdigen Luftkurort, beginnt die Belchenstraße, die bis kurz unter den Gipfel des „schönsten Berges des Schwarzwaldes" führt, wobei wie nirgendwo sonst im Schwarzwald auf öffentlicher Straße eine Höhe von 1356 m erreicht wird. Talaufwärts ist eine kleine Fahrt über Gschwend nach Präg mit seiner filmgerechten Kulisse alter, schöner Bauernhäuser zu empfehlen. Die großdächigen, charakteristischen Bauernhöfe von Präg ducken sich tief in eine von Gletschern gegrabene Mulde. Über dem Tal, in schöner, sonniger Lage, nahe der über Notschrei zum Schauinsland führenden Straße, bietet Todtnauberg Wanderern viele Wege zu lohnenswerten Zielen. Heute vielbesuchter Ferienort, hatte das im Tal gelegene Todtnau früher ergiebige Silberbergwerke. Zu den Zentren des Skisports im Schwarzwald gehört Fahl, ein Ortsteil von Todtnau, am Ende des Wiesentals, an dessen Hängen internationale alpine Skirennen stattfinden.

Wieder zurück nach Schopfheim geht es westlich ins Tal der Kleinen Wiese, das mit seiner unberührten Landschaft besonders reizvoll ist. Ein herrliches Panorama eröffnet sich nach Tegernau und Bürchau am Ende des Tales bei Neuenweg über stattliche Höfe hinweg.

Vom Hochrhein her erschließen die Täler der Wehra und der Alb den südlichsten Schwarzwald. Wehr ist der Hauptort des Wehratales; von hier ist eine Besichtigung der Erdmannshöhle, einer Tropfsteinhöhle bei Hasel, lohnend. Nach 12 km langem, unbesiedelten Abschnitt mit unzähligen Windungen weitet sich das enge Tal und läßt, fast am Ende, Platz für den heilklimatischen Kurort Todtmoos, der sich aus 13 Teilgemeinden und Weilern zusammensetzt. Die barocke Wallfahrtskirche aus dem Jahr 1627 setzt einen Akzent im Tal und beherbergt eine wundertätige Madonna.

Durch das Albtal führt eine eindrucksvolle Strecke in zahlreichen Kurven und durch Tunnels hinauf nach St. Blasien. Gründend auf einer Einsiedelei der Benediktinermönche des Klosters Rheinau aus dem Jahre 858 erhebt sich hier im engen Tal die viertgrößte Kuppelkirche der Welt mit einem Durchmesser von 32 m und einer Höhe von 64 m. Nach einem Brand des Klosters wurde sie von 1772 bis 1783 nach den Plänen des französischen Baumeisters Michel d'Ixnard im barock-klassizistischen Stil erbaut, wobei der Petersdom in Rom Vorbild war. Besonders im 18. Jahrhundert hatte das Kloster im geistlichen und politischen Wirkungsbereich eine große Bedeutung. Die Werke der Mönche, die der Kultur und Geschichte gewidmet waren, zählen zu den bedeutendsten Dokumenten der deutschen Vergangenheit. Seit 1933 ist im Kloster ein von Jesuiten geleitetes Gymnasium mit Internat untergebracht. Als Kneipp- und heilklimatischer Kurort von Bedeutung ist das Städtchen Ausgangspunkt für reizvolle Wanderungen z.B. ins Glasbläserdorf Blasiwald oder zum Hochtal von Ibach.

Doch nicht nur Flüsse erschließen das Gebirge, auch kühn angelegte Straßen schwingen sich hinauf. Ein Beispiel hierfür ist die von Bad Säckingen durch die abwechslungs- und aussichtsreichen Hochtäler des Hotzenwaldes führende Straße, die die idyllischen Ferienorte Rickenbach, Herrischried, Görwihl und Dachsberg verbindet. Die Trompeterstadt Bad Säckingen, nach einer Klostergründung im 6. Jahrhundert entstanden, mit Fridolinsmünster und 400 Jahre alter, 200 m langer, gedeckter Holzbrücke über den Rhein ist das jüngste Heilbad am Oberrhein.

Die als Nord-Südverbindung durch den ganzen Schwarzwald von Baden-Baden sich hinziehende B 500 hat in Waldshut ihren Endpunkt. Diese Siedlung, die zu den schönsten Städten am Hochrhein zählt, im 13. Jahrhundert gegründet, mit spätgotischen Stadttoren und einem prächtigen Rathaus aus dem Spätbarock, feiert seit 500 Jahren mit dem Volksfest der „Chilbi" eine erfolglose Belagerung durch die Eidgenossen. Mit immer wieder überraschenden, herrlichen Fernsichten führt die Straße hinauf zum 1000 m hohen, sonnigen Plateau mit dem heilklimatischen Kurort Höchenschwand, dem „Dorf am Himmel". Zusammen mit dem benachbarten Luftkurort Häusern ist es landschaftlich besonders reizvoll gelegen. Durch das obere Schwarzatal wird der herrlich zwischen Wald und Wiesen und behäbigen Bauernhäusern eingebettete Schluchsee erreicht. Der ursprünglich durch einen Moränenwall aufgestaute Schluchsee wurde mit einer 1931 erbauten, 270 m langen Mauer zu einer Länge von 7,3 km erheblich vergrößert. Er ist nicht nur als Badesee eine Attraktion für die Urlauber, seine Wasser treiben auch die Turbinen von Kraftwerken an. Weiter führt nun die Straße, begleitet von der Trasse der Drei-Seen-Bahn, an Titisee, dem lebendigen Kur- und Touristenzentrum, vorbei nach Hinterzarten. Dieser Wintersportplatz und heilklimatische „Kurort mit ländlichem Charme" ist schon mehrfach als schönster Ort des Landes Baden-Württemberg ausgezeichnet worden. Die eigenwillige Kirche mit Zwiebelturm und weit heruntergezogenem, modernen Dach behütet gleichsam die Ortsmitte. Von hier führt die B 500 schwungvoll hinauf auf die Höhen, vorbei an Breitnau mit stattlichen Bauernhöfen und am Thurner, einem idealen Wander- und Skigebiet. Über Furtwangen und Triberg geht sie dann hinunter in Kinzigtal.

Die beiden südöstlichen Flüsse des Schwarzwaldes sind sehr verschieden und von besonderem Reiz. Die Schlücht, die ihren Ursprung im idyllischen Naturschutzgebiet des Schlüchtsees nimmt – eine Wanderung von hier nach Rothaus und eine Besichtigung des Heimatmuseums „Hüsli" empfiehlt sich sehr –, erreicht Grafenhausen, einen liebenswürdigen Urlaubsort mit sehenswerter Barockkirche, ähnlich schön gelegen wie jenseits des Steinatals der Luftkurort Bonndorf. Unterhalb der auf sonniger Höhe liegenden Ferienorte Birkendorf-Ühlingen türmen sich im Tale des Flüßchens mächtige Felsbarrieren auf, die eine Tunnelsprengung für die Straße nötig machten. Nach einem dunklen, engen Abschnitt des Tales, in dem vier Burgruinen auf die frühere Bedeutung dieser Straße als Handelsweg hinweisen, mündet die Schlücht bei Tiengen in die Wutach, welche das interessanteste und kontrastreichste Tal des Schwarzwaldes gegraben hat. Dieser außergewöhnliche Fluß, der als Seebach den dunklen, sagenreichen Feldsee verläßt, fließt an den stattlichen, einzeln stehenden Gehöften des Bärentals vorbei in den Titisee, den größten natürlichen See des Schwarzwaldes. Der Ort gleichen Namens an dessen Nordufer gilt als Zentrum des Südschwarzwälder Fremdenverkehrs. Der Seebach verläßt den Titisee in östlicher Richtung als Gutach, die den Kneippkurort Neustadt durchfließt. Nach dem Zufluß der Haslach ca. 10 km weiter, erhält der nun ungestümer werdende Fluß seinen endgültigen Namen Wutach. Urwüchsiger Wald begleitet sie, bis sich nach der Ruine Boll ein für den Schwarzwald ungewöhnliches Naturereignis abspielt: Steilwände, zu Schwellen aufgetürmte Felsbrocken, Urwald und Wildwasser sind das wildromantische Szenarium dieser Schlucht, von Geologen als die eigenwilligste in Mitteleuropa bezeichnet. Eine große Vielfalt seltener Pflanzen und Tiere haben hier ihren Lebensraum behalten können. Wanderern, die schwindelfrei sein sollten, sei gutes Schuhwerk empfohlen, wenn sie diese Schlucht in ihrer berauschenden, herben Schönheit durchwandern wollen. Die Wutach, auch Feldberg-Donau genannt, da sie früher in die Donau mündete, wurde durch erosive Veränderungen nach Süden abgelenkt und fließt seit vielen Jahrtausenden beim mittelalterlichen Städtchen Tiengen in den Rhein.

Neben den tiefeingeschnittenen, schluchtigen Tälern sind für den südlichen Schwarzwald zahlreiche muldenartige Hochtäler charakteristisch, wie das Menzenschwander und das Bernauer Tal, das Bärental, das Urach- und das Joostal. Vom Herzogenhorn kommend, fließen die Menzenschwander und die Bernauer Alb durch einen besonders reizvollen Winkel des Schwarzwaldes. Im weiten, sonnigen Luftkurort Menzenschwand mit auffallend schönen Bauernhöfen sind bedeutsame Uranvorkommen festgestellt worden. Bernau unterhält in seinem Rathaus ein Hans-Thoma-Museum zur Erinnerung an den bedeutendsten Schwarzwaldmaler, der hier als Bauernsohn geboren wurde. Noch heute ist das ehemalige „Schneflerdorf" das Zentrum der Holzschnitzerei im Schwarzwald.

Die Gebiete um Feldberg, Belchen, Schauinsland und Herzogenhorn tragen manche Züge eines Hochgebirges. Auf den hochgelegenen Weiden blühen Enzian und Arnika, und seitdem Gemsen 1936 erfolgreich angesiedelt wurden, hat sich der alpine Charakter dieser Landschaft noch verstärkt. Die höchsten Erhebungen und schwerzugänglichen Täler sind länger als andere Gebiete des Berglandes unerschlossen geblieben; sie sind im Sommer ein bevorzugtes Erholungs- und Wandergebiet, aber auch die von In- und Ausländern am meisten besuchte Wintersportregion des Schwarzwaldes. Von den heutigen Skiläufern, ausgestattet mit modernsten „Geräten", können sich wohl nur wenige die Mühsal der ersten Sportler auf Skiern vorstellen. Berichte aus der Zeit der Gründung des ersten deutschen Skivereins 1891 in Todtnau hören sich fast legendär an und wer weiß schon, daß der erste patentierte Skilift der Welt, erfunden vom Schneckenwirt im Schollachtal, von einem Schwarzwälder Mühlenrad angetrieben, die weltweite Welle des Abfahrtslaufs ausgelöst hat?

Schwarzwaldseen

Eine romantische landschaftliche Besonderheit des Waldgebirges sind die in der Eiszeit entstandenen Seen, besonders die von hohen Fichten umgebenen, dunklen Augen der Karseen: der geheimnisvolle Feldsee, an steiler Wand tief unter dem Feldberg, der von Sagen umwobene Mummelsee und der Wildsee beim Ruhestein, der inmitten weiter Wälder seine Abgeschiedenheit bewahrt hat, wie auch der vom Wolftal zu erreichende stimmungsvolle Glaswaldsee, der abgeschiedene Huzenbacher See mit dem alljährlich zur Hochsommerzeit sich wiederholenden Schauspiel der Seerosenblüte, die in mooriger Hochfläche, nur über Knüppeldämme erreichbaren Wild- und Hohlohsee zwischen Wildbad und Gernsbach. Der einzige südlich des Feldbergs gelegene Karsee ist der Nonnenmattweiher, nahe dem Belchen. Sehr stimmungsvolle, kleine Seen wie der Blindensee, der Herrenwieser See, der Schurmsee, der Ellbachsee und der Buhlbachsee vermooren leider ziemlich rasch. Größter natürlicher See ist der beeindruckende Titisee. Ursprünglich von einer Moränenbarriere gebildet, ist der Schluchsee zum größten der Schwarzwaldseen aufgestaut worden. Wie der Schluchsee, so sind in den letzten Jahrzehnten zahlreiche künstliche Seen zur Stromerzeugung und Wasserversorgung entstanden.

Geschichtliches

Erste historische Erwähnung in seiner wechselvollen Geschichte erfuhr der Schwarzwald um die Zeitenwende von dem Griechen Strabon, der ihn als „hercyrischen Wald, sehr dicht und an steilen Stellen mit großen Bäumen bewachsen" beschrieb. Die Randgebiete des Gebirges waren ursprünglich von den Kelten besiedelt, bevor diese 18 bis 16 vor Christus von den Römern unter Augustus verdrängt wurden. In prächtig angelegten Badeanlagen an den heilsamen Quellen in Baden-Baden und Badenweiler, in Kastellen sowie in Straßen rund um das Gebirge und durch das Kinzigtal zur oberen Donau hinterließen sie Zeugnisse ihrer Anwesenheit in diesem Landstrich, den sie kultiviert und zu wirtschaftlicher und kultureller Blüte führten. Um die Mitte des 3. Jahrhunderts überrannten, von Norden kommend, die Alemannen den Limes und nahmen das Land in Besitz. Zahlreiche Ortsgründungen gehen auf diese Zeit zurück. Nach dem Sieg des Frankenkönigs Chlodwig I. 496 über die Alemannen begann die Christianisierung des Schwarzwaldes und damit die Gründung zahlreicher Klöster, wodurch die landschaftliche Erschließung und kulturelle Entwicklung vorangetrieben, aber auch das Gebiet in kleine Territorien aufgeteilt wurde. Hirsau, Klosterreichenbach, Alpirsbach, Gengenbach, St. Peter, St. Märgen, St. Trudpert und St. Blasien waren einflußreiche Klöster, zum Teil mit beachtlichen Machtbefugnissen. Unter der Herrschaft der Zähringer erlebte der Schwarzwald eine beispiellose Blüte. Mit dem Bau von Burgen und Städten, der Anlage von Straßen und dem Beginn des Bergbaus wurden Siedlungs- und Wirtschaftspolitik geschickt miteinander verbunden. Nach Erlöschen der Zähringer wurde das Land vielfach zerstückelt und aufgeteilt in kleinste Staaten und Besitztümer, deren Herren untereinander meist befehdet waren. Zusätzliche Zerteilung zog die Reformation nach sich. Nach ungezählten Querelen gaben die Habsburger dem Land wieder Ruhe, doch die französischen Erbfolgekriege und der 30jährige Krieg verwüsteten Klöster und Städte, die meisten Burgen wurden geschleift. Markgraf Ludwig Wilhelm von Baden, genannt der „Türkenlouis", ließ, um ein nochmaliges Vordringen der Franzosen zu verhindern, Bastionen auf den Schwarzwaldbergen errichten, die jedoch die feindlichen Truppen während des Revolutionskrieges 1796 nicht aufhalten konnten. Erst Napoleon blieb es vorbehalten, Ordnung in die wie ein Fleckenteppich zusammengesetzte Landkarte des Südwestens zu bringen, indem er das Großherzogtum Baden und das Königreich Württemberg gründete und die absoluten Monarchien in konstitutionelle umwandelte. Als nach den Wirren des 2. Weltkriegs nach langem Ringen 1951 in einer Volksabstimmung die Vernunftehe zustande kam und Baden und Württemberg sich zu einem Bundesstaat zusammenschlossen, fand der Schwarzwald nach 2000jähriger wechselvoller Geschichte nicht nur zu geographischer, sondern auch zu politischer und wirtschaftlicher Einheit.

Überlieferte Handwerke

Die Isolation der Menschen im Gebirge, in Tälern, oft ohne Querverbindungen, aber auch in vielen territorialen Grenzen prägte ihre Lebensgewohnheiten, ihre Bräuche und Sitten, auch ihre Spracheigenheiten und ließ sie ein Leben führen in heute kaum vorstellbaren politischen, wirtschaftlichen, rechtlichen und religiösen Abhängigkeiten. Eingekapselt in ihre Täler, ihre Höfe und Häuser, entwickelten sie beachtliches handwerkliches Geschick. Im Gegensatz zu den großen Hofbauern in den fruchtbaren Tälern, die manchmal ein geradezu fürstliches Leben führten, das Heinrich Hansjakob in seinen Geschichten so anschaulich-lebendig beschrieb, rangen die Bergbauern unter großen Anstrengungen dem kargen Boden ein bescheidenes Auskommen ab. Nicht nur ihre Nachgeborenen, die sich mit einem Handwerk ihr Brot verdienen mußten, auch viele Flüchtlinge, die immer wieder das Bergland überfluteten, arbeiteten in den für den Schwarzwald so typischen Berufen wie Holzhauer, Flößer, Schnefler (Holzschnitzer), Köhler, Harzer, Schindelmacher, Glasmacher, Strohflechter, Uhrmacher, Hausierer und Bergmann. Manche dieser Berufe werden heute noch, wenn auch in etwas veränderter Form, ausgeübt; andere sind zur Legende geworden, haben aber viele Spuren hinterlassen. So gibt es noch Geschichten von herkulischen Abenteurernaturen, die mit Mut und Geschick ihre riesigen Flöße, aus einzelnen Gestehren zusammengebunden, auf Kinzig, Murg und Enz mit ihren Nebenflüssen über den Neckar und den Rhein bis nach Holland brachten, wo die großen Tannen, damals „Holländertannen" genannt, sehr gefragt waren. Der Bau der Eisenbahn brachte buchstäblich über Nacht das Ende der Flößerei. Schwere Arbeit, doch faszinierend ist die Kunst des Glasmachers, die heute an einigen Orten wieder belebt wurde. Die Kohlenmeiler, die an meist unwegsamen Stellen in den dichten Wäldern unterhalten wurden, haben heute Seltenheitswert. Auch der Bergbau, von den Zähringern begonnen, von späteren Fürsten gefördert, hat nur noch bescheidene Bedeutung. Der Bau des stolzen Münsters von Freiburg ist jedoch dem einstigen Silberreichtum des Schauinsland zu verdanken. Auch die Stadtgründung von Freudenstadt 1599 durch Herzog Friedrich I. von Württemberg geht auf die Silbervorkommen im nahen Christophstal zurück. Nicht nur Silber, auch Kupfer, Blei, Kobalt, Eisen, Schwerspat, Flußspat, Nickel und Zink wurden abgebaut; in neuerer Zeit wurde das größte Uranvorkommen Mitteleuropas in Menzenschwand entdeckt. Viele Orte waren eng mit dem Bergbau verbunden, zahlreiche Namen erinnern noch an seine frühere Bedeutung, ebenso wie eine große Zahl von Münzprägungen.

Schwarzwaldhäuser

Unter dem Einfluß der klimatischen und topographischen Besonderheiten ist ein sehr augenfälliges Charakteristikum des Waldgebirges entstanden: das Schwarzwaldhaus. So verschieden die einzelnen Gebiete sind, so andersartig in ihrer äußeren Form sind auch die Haustypen. Eines jedoch haben alle gemeinsam: es sind Eindachhöfe, die Wohnung, Ställe und Wirtschaftsräume unter einem riesigen, tiefuntergezogenen Dach vereinen. In der geräumigen Bauernstube mit Herrgottswinkel versammelte sich an kalten Wintertagen die Familie um den großen Kachelofen. Die Küche, bis in unsere Tage hinein dunkel und verrußt, da der Rauch nicht durch einen Kamin, sondern ein Rauchloch im Giebel abzog, diente den hier hängenden Würsten und Speckseiten auch als Räucherkammer. Im ersten Stock lagen die Schlafstuben, die im allgemeinen die Giebelseite des Hauses einnahmen. Von der Hangseite her ist die Tenne mit Heuvorräten, Gerätschaften und Erntewagen über eine kleine Auffahrt zu erreichen. Seitlich, mit dem zu jedem Hof gehörenden Brunnen, liegen die Ställe. Die meisten Höfe waren bis in unser Jahrhundert hinein Selbstversorgungsbetriebe, daher gehörten Speicher, Backhaus, Mühle, oft auch Sägemühle, ebenso zu einem Hofgut wie das Leibgedinghaus. Dies ist ein kleineres Haus, ebenso wie das große liebevoll mit Geranien geschmückt, in das sich die alten Bauersleute zurückzogen, nachdem der Hof an den Sohn übergeben war. Den besten Einblick in die Besonderheiten des Schwarzwaldhauses vermittelt das „Freilichtmuseum Vogtsbauernhof" in Gutach, wo mit der Aufstellung originaler Haustypen des Kinzigtaler, Gutacher, Schauinsland- und Heidenhauses eine einzigartige Dokumentation geschaffen wurde, die uns heute Einblick gibt in die Lebens- und Arbeitsweise der bäuerlichen Bevölkerung.

Schwarzwälder Trachten

Eine weitere liebenswerte Besonderheit sind die bunten Schwarzwälder Trachten. Bedingt durch geographische Abgeschiedenheit und die früheren territorialen Besitzverhältnisse sind sie in reicher Vielfalt entstanden. In der Hauptsache entwickelten sie sich nach dem 30jährigen Krieg aus der Barock- und Rokokomode. Obwohl sie im Zuge der technischen Entwicklung, der Umstrukturierung der Landwirtschaft und der damit verbundenen Landflucht in manchen Gebieten immer weniger in Erscheinung treten, haben sie sich doch in den Hauptgebieten erhalten können: so vor allem im mittleren Schwarzwald mit den Tälern der Kinzig, Wolf, Gutach, Glotter und Elz. Es ist erfreulich, daß das Interesse für die Beibehaltung der Trachten, die noch bei familiären, dörflichen und kirchlichen Festen getragen werden, seit einiger Zeit wieder zunimmt. Zu den bekanntesten gehört die Gutacher Tracht, deren Bollenhut, ein mit Gips überzogener, mit vierzehn Pompons aus signalroter Wolle geschmückter Strohhut, zu einem in der ganzen Welt bekannten Symbol für den Schwarzwald geworden ist. Überhaupt sind die Kopfbedeckungen, die jede Tracht so charakteristisch machen, besonders reizvoll; so die im Hochschwarzwald getragene Backenhaube, das Schnapphütchen im Elztal, die Goldhaube im Schuttertal und die Schäppel, ein kronenartiges Gebilde aus Glasperlen, Spiegelchen, Flitter und Bändern – am verschwenderischsten in der Gegend von St. Georgen getragen – und viele andere mehr. In der Erhaltung der Tracht drückt sich die Verbundenheit der Bevölkerung mit ihrer Heimat am augenfälligsten aus. Dies läßt hoffen, daß sie, die zum Schwarzwald ebenso gehört wie das Schwarzwaldhaus, trotz aller Schwierigkeiten nicht aussterben wird.

Tradition und Brauchtum

Auch die alemannische „Fasnet" gehört in das bunte Bild des Schwarzwaldes, die ebenso wie die Tracht in altem Brauchtum wurzelt und teilweise noch in die vorchristliche Zeit zurückgeht. Wenn der Winter sich seinem Ende nähert, verwandeln sich in der Fastnachtszeit die Menschen in Masken- und Kostümträger, die durch allerlei Schabernack in Umzügen und anderen närrischen Veranstaltungen den Winter austreiben. Vom „schmotzigen Donnerstag" bis Aschermittwoch beherrschen die „Narro", die „Hexen", die „Schantle", die „Schuddig", die „Hansele" und wie sie alle heißen, in ihren traditionellen Kostümen und manchmal grauenerregenden Masken in vielen Orten das Feld. Neben der Fastnacht werden auch noch andere traditionsreiche Bräuche gepflegt, die zumeist christlichen Ursprungs sind. So ziehen in der Nacht des 6. Januar in vielen Orten die als „Heilige Drei Könige" verkleideten Sternträger: Caspar, Melchior und Balthasar singend und um milde Gaben bittend, mit guten Wünschen von Haus zu Haus. Am Palmsonntag tragen die Menschen lange, buntgeschmückte Stangen, die sogenannten Palmen, zur Kirche, die, dort geweiht, das ganze Jahr hindurch ihr Haus vor Unheil schützen sollen. Den gleichen Sinn hat auch die Kräuterweihe an Mariä Himmelfahrt. Seit alters her werden hierzu aus vorgeschriebenen Kräutern kunstvolle Sträuße gebunden. Als eines der glanzvollsten Feste der katholischen Kirche wird Fonleichnam mit Prozessionen begangen, bei denen die schönsten Trachten und die herrlichsten Blütenteppiche, mit christlichen Motiven geziert, auf Straßen und Wegen zu sehen sind. Die schier zahllosen Beispiele örtlicher Brauchtumspflege sind Zeugnis für die tiefe Verbundenheit der Schwarzwaldbewohner mit Tradition und Glauben, mit Natur und Heimat.

Baukunst – Ausdruck gestalterischer Kraft

Die vielen profanen und kirchlichen Bauwerke, die Kloster- und Städtegründungen weisen auf die künstlerische Ausdruckskraft und die architektonischen Leistungen der Schwarzwälder hin. Vieles von diesem Kulturerbe ist zerstört oder vernachlässigt worden, manch Schönes und Großes aber ist erhalten und rundet das facettenreiche Bild des Schwarzwaldes ab. Sehr große Bedeutung hat das 1059 gegründete Benediktinerkloster Hirsau im Nagoldtal erlangt, das zum Mittelpunkt der vom Kloster Cluny ausgehenden Reformbewegung geworden ist. Von hier aus machte sich ein entscheidender Einfluß auch auf die Baukunst jener Zeit geltend. Das hervorragendste Zeugnis ist das 1095 entstandene Kloster Alpirsbach im oberen Kinzigtal. Als Gründungen der Zisterzienser im 12. Jahrhundert seien das älteste Kloster dieses Ordens, Herrenalb, und das Nonnenkloster Lichtental bei Baden-Baden erwähnt. Auch ein Prämonstratenserkloster gab es im Schwarzwald: Allerheiligen.
Die meisten Klöster im südlichen Schwarzwald wurden von den Benediktinern erbaut. Die früheste Klosteranlage entstand um die Jahrtausendwende in St. Blasien. Von dem berühmten Vorarlberger Baumeister Peter Thumb stammen eine ganze Reihe hervorragender Bauten, so unter anderem St. Trudpert im oberen Münstertal und St. Peter oberhalb des Glottertales. In seiner Kirche befinden sich die Grabstätten mehrerer Zähringer Herzöge. Zu den ältesten noch ursprünglich erhaltenen Bauwerken zählt das 1148 geweihte Kirchlein St. Oswald im Höllental. Die herbe Schlichtheit seiner Architektur stellt einen Kontrapunkt zur Krönung aller Kirchenbauten im Schwarzwald, dem 1513 vollendeten Freiburger Münster, dar. Neben diesem einzigartigen Kleinod der Gotik weist Freiburg weitere bedeutende Bauwerke, wie das gotische Rathaus und das Kaufhaus am Münsterplatz, auf. Sowohl die zahlreichen Burgen, die nur zu einem kleinen Teil erhalten blieben, als auch die frühen Städtegründungen und die späteren Residenzen der Landesherren haben die Einheit der Landschaft erheblich verändert. Glücklicherweise konnten sich im Waldgebiet selbst, auch im Zuge der Industrialisierung, keine großen Städte entwickeln, so daß der Schwarzwald bis in die Gegenwart seine Ursprünglichkeit bewahren konnte.

Natürliche Kurmittel: Wasser und Luft

Geologische Verwerfungen lassen zahlreiche berühmte Mineral- und Thermalquellen sprudeln, die zusammen mit der würzigen, reinen Luft den weltweiten Ruf des Schwarzwaldes als Kur- und Erholungslandschaft begründen. Schon die Kelten und Römer schätzten die Quellen Baden-Badens. Seit mit dem Bau glanzvoller Gebäude wie dem Kurhaus, der Trinkhalle und dem Theater zu Beginn des vergangenen Jahrhunderts die Blüte dieser Stadt begann, ist das elegante Weltbad Treffpunkt von Berühmtheiten aus allen Ländern geworden.
Nicht nur die großangelegten Badeanlagen mit der prächtigen, neuen Caracalla-Therme, auch die besonders glanzvolle Spielbank und die kulturellen und sportlichen Veranstaltungen begründen seinen Ruf. Einen zusätzlichen Reiz bietet die Stadt durch ihre gepflegte Atmosphäre und die landschaftliche Vielfalt ihrer Umgebung.
Sebastian Münster schreibt in seiner 1544 erschienenen Cosmographia Universa: „....Das gebirg im Schwarzwald gibt wunderbarlich viel gewässer kalt und warm. Zu Baden und in Wildbad hat es heilsame heiß quellen..." Der Überlieferung zufolge haben in Wildbad die Tiere die Heilkraft der Quellen zuerst zu nutzen gewußt. Der große Aufschwung zum Heilbad ging von einigen Fürsten aus, die dort Heilung suchten. Daraus hat sich dann das heutige, moderne Rheumabad entwickelt. Bad Herrenalb, Thermalbad und heilklimatischer Kurort im Albtal, geht auf eine Klostergründung der Zisterzienser 1151 zurück und erfreut sich heute großer Beliebtheit. Das im Murgtal gelegene Bad Rotenfels verfügt

über ein neuzeitliches Thermal-Mineral-Badezentrum. Die „Kniebisbäder" Bad Peterstal, Bad Griesbach und Bad Rippoldsau, am über 1000 Meter hohen Kniebismassiv gelegen, konnten sich ihre jahrhundertalte Tradition als Badeorte und „Fürstenbäder" bewahren. Mit ihren vorzüglichen Quellen gehören sie zu den gernbesuchten Bäder des Schwarzwaldes. Ruhig gelegen, zeugen in Bad Teinach die Bauwerke der ehemaligen Sommerresidenz der württembergischen Könige vom einstigen Rang dieses Badeortes. Der therapeutische Wert seiner Quellen ist seit alters her bekannt und wird für Trink- und Badekuren genutzt. Gerne sind Heilungsuchende in Bad Liebenzell zu Gast, dessen moderne Badeeinrichtungen gleichermaßen an eine große Vergangenheit anknüpfen. Wie ihre große Schwester im Norden, so war auch Badenweiler schon Kelten und Römern bekannt, die hier wie in Baden-Baden großartige, zum Teil freigelegte Badeanlagen hinterließen. Die gepflegte Park- und Villenstadt auf einer Sonnenterrasse inmitten der lieblichen Landschaft des Markgräflerlandes verfügt über moderne Kur- und Badeeinrichtungen und gehört mit seinen heilkräftigen Thermalquellen zu einem der attraktivsten Bäder Deutschlands. Etwas nördlich und südlich davon liegen die beiden Heilbäder Bad Krozingen und Bad Bellingen mit ihren hervorragenden Thermal- und Mineralquellen, die erst in diesem Jahrhundert entdeckt wurden. Beide Orte haben sich zu modernen, gut frequentierten Badeorten entwickelt. Ganz im Süden am Oberrhein liegt in reizvoller Landschaft das jüngste Thermalbad des Schwarzwaldes, Bad Säckingen, während im Osten auf der Hochfläche der Baar Bad Dürrheim, das höchstgelegene Solbad Europas, zu finden ist. Kneippkurorte entwickelten sich im ganzen Schwarzwald, von Sasbachwalden, Schönmünzach und Bad Peterstal-Griesbach im Norden über Waldkirch, Königsfeld und Villingen bis Neustadt, Friedenweiler und St. Blasien im Süden. Neben diesen und den Heilquellen in den Bädern steht ein weiteres natürliches Kurmittel zur Verfügung: die Luft. Zu einer Zeit, als die ersten Gäste noch scherzhaft als „Luftschnapper" bezeichnet wurden, entstanden Luftkurorte, die sich in wenigen Jahrzehnten einen Ruf als heilklimatische Kurorte erworben haben. Hierzu zählen Bad Herrenalb, Dobel, Schömberg, Bühlerhöhe, Freudenstadt, Königsfeld, Triberg, Schönwald, Bad Dürrheim, Hinterzarten, Lenzkirch, Schluchsee, St. Blasien, Todtmoos und Höchenschwand. Doch gilt auch für das Klima das, was die Landschaft charakterisiert: es ist keineswegs überall gleich. Vom Schonklima der mittleren Lagen bis zum starken Reizklima der hochgelegenen Orte reicht die Skala verschiedener Klimastufen, denen eine jeweilige medizinische Indikation zuzuordnen ist.
Wenn das Land Baden-Württemberg sich das Reise- und Bäderland nennen kann, so nicht zuletzt deswegen, weil der Schwarzwald allein mehr Bäder, Kur- und Erholungsorte aufweist als die übrigen Landesteile zusammen.

Schwarzwälder Gastlichkeit

An der Beliebtheit des Schwarzwaldes als Urlaubsregion hat auch die hervorragende Gastronomie einen wesentlichen Anteil. Ob in der einfachsten Herberge oder im weltoffenen, traditionsreichen Feudalhotel: überall ist die anheimelnde, umsorgende Gastlichkeit zu spüren, die ein typischer Ausdruck Schwarzwälder Wesensart ist. Zahlreiche Auszeichnungen von Gourmetführern sind Beweis dafür, daß an die Schwarzwälder Kochkunst, die sich mit derjenigen der angrenzenden Regionen, besonders der französisch-elsässischen und der schweizerischen, harmonisch verbunden hat, hohe Ansprüche gestellt werden dürfen, zumal auch die hier gekelterten Reben zu Spitzenweinen reifen und somit die Palette der gebotenen leiblichen Genüsse abrunden.

„...und ewig singen die Wälder"?

So klingt in dem Bergland im Südwesten Deutschlands, das sich in einem langen geschichtlichen Werdegang zu einer Kulturlandschaft von eigenem Reiz entwickelt hat, all das zusammen, was eine Landschaft interessant und liebenswert macht: die Schönheit der Natur, die den Menschen erfreut, das Klima, das seiner Gesundheit dient, die Tradition, die in Brauchtum und Sitte Wertvolles bewahrt, sich aber dem Fortschritt nicht verschließt. Dieses Bild mag sich im wechselvollen Auf und Ab der Geschichte in Einzelzügen ändern, manches von Menschenhand Geschaffene mag vergehen und nur noch in Denkmälern oder in Erinnerungen weiterleben, bleiben aber wird die Landschaft. Ihre Ursprünglichkeit zu bewahren, ist gerade in unserer Zeit der wachsenden Umweltgefahren eine notwendige, lohnende und erfüllende Aufgabe.

Portrait of a landscape

The landscape presented in this book in a series of colour photographs is the largest German highland region, the Black Forest. It is known not only in Germany but throughout the world as a favourite travel and holiday region. The English travel writer, Gordon Cooper, author of countless books on near and distant countries, considers it to be one of the most impressive landscapes he has visited. It is quite true that even those who have made only a glancing aquaitance with the Black Forest while passing through are impressed by the exceptional variety of its natural beauty, its valleys–both gentle and scored with ravines, its open hillsides and broad woods, its still and lonely lakes and its characteristic farmhouses. But how much deeper are the impressions absorbed by those who enjoy walking tours through the Forest or who discover its beauties and individual features during a longer stay. Only then does acquaintance ripen into an experience of a landscape which has been able to preserve what is old and tried and unite it through all the bustle and confusion of historie in happy synthesis with what is new and progressive, thus developing the features which make it so interesting and well-loved: a landscape of opposites but infused with a rare and happy harmony in which tradition and progress are equally at home.

The Black Forest massif stretches along the lowlands of the Upper Rhine from the former Residence, Karlsruhe, and the gold town, Pforzheim in the north down through 160 km to the High Rhine in the south which separates it, barely perceptibly, from the Swiss Jura, the whole region varying in width between 20 and 60 km. The mountains character is not at all apparent when viewed from the East, for the mountains taper out gently to the Neckar, the Swabian Alb and Lake Constance, interrupted by more or less deep indentations–a vast tract of forest from which only individual peaks project. The picture from the Rhine plain is quite different. Here the mountainous nature of the Black Forest stands out clearly. The mountain massif rises steeply from the plain, mightier in the south where it reaches its highest point with the 1495 m high Feldberg than in the north where the highest peak, the Hornisgrinde, is only 1168 m high. As the Swabian Alb slowly flattens out eastward towards the Danube and drobs steeply in the west to the Neckar, so it is with the Black Forest. Only here, with the steep drop of the mountain down to the Rhine valley, the contrast between the solemn, dark wooded mountains and the pleasant garden and vineyard country of the Upper Rhine is much more pronounced. This picture is especially striking in the early months of the year when the mountains are still under snow while down on the plain and in the valleys spring has already entered with a flourish in a glory of blossom. For although this mountain country appears to be one consistent region, its individual parts are many and varied. A clear boundary along scenic changes is just as impossible as a boundary depending on the economic structure or customs and tradition. However the very variety of the topography does involve certain essential differences due to the nature of the terrain. An in addition to these we have the differences which have arisen in the course of the settlement and economic development of the area.

*

Thus the northern region, stretching roughly from Pforzheim–Karlsruhe to south of Freudenstadt is characterised by wide, apparently endless tracts of forest on broad, variegated sandstone ridges, indented by the densely settled valleys of the Murg, Enz and Nagold all flowing to the north, and the Rench making its way westward to the Rhine. The green of the fir trees is interrupted by a large number of generally lonely tarns and lakes such as the Mummelsee, shrouded in legend, the Wildsee, "the dark eye of the Black Forest", the Glaswaldsee and the Ellbachsee. The main gateways to the valleys and mountains are the gold and jewellery town of Pforzheim to the Enz and Nagold valleys, Karlsruhe to the Alb valley, Rastatt to the Murg valley and the German world spa Baden-Baden to the Black Forest Highway, the "promenade" of the northern Black Forest. It runs from the valley of the Oos up the slopes, past the Hornisgrinde and the Mummelsee, through the Schliffkopf nature preserve, over the Kniebis to the "sunny highland town" of Freudenstadt, rebuilt from ruins after the war, where the northern section of the Highway–which eventually leads to the High Rhine–ends. The Black Forest Highway is one of the loveliest scenic roads in the Black Forest, affording a view across the Rhine plain to Strassburg and the Vosges. Famous spas and health resorts nestle together in the valleys of this region: in the valley of the Oos, Baden-Baden whose hot springs were used by the early Romans; in the Alb valley, Bad Herrenalb, both a thermal spa and a climatic health resort; in the upper Enz valley the old state spa of Wildbad, in the Nagold valley Bad Liebenzell and Bad Teinach, and up on the mountain the isolated climatic health resort of Schömberg. In great contrast to the highland region along the Black Forest Highway is the charming garden and vineyard country with its renowned wine villages along the Baden wine road which runs south along the foot of the mountains to the High Rhine, coming from Freudenstadt, over the Kniebis and through the idyllic Rench valley to Strassburg.

Similar in some ways but completely different in others is the middle region of the Black Forest. It comprises the area around the Kinzig valley and along the Black Forest railway which, starting from Offenburg, crosses the Black Forest along a highland stretch between Hausach and Villingen crammed with tunnels and curves, an impressive feat of engineering even today, and then runs southwards across the highlands to the Titisee lake which is already a part of the Upper Black Forest. This region does not have the stark contrasts found in the northern region and even more so in the Upper Black Forest, but the "land in the green centre" with pleasant valleys, like those of the Wolf, Schiltach and Gutach, and its diversified highland areas in which the landscape is coloured not only by the forest but by the alternating of forest and bare slopes is, if anything, more versatile than the northern Black Forest. It has its share of wild, romantic features as we see in the waterfalls of Triberg, the biggest in Germany, and Wildgutach. In the highland zone between Villingen, St. Georgen, Schönwald and Furtwangen, the Black Forest is invisible divided into two parts. This is the watershed between the Rhine and the Danube, between the Atlantic and the Black Sea. And this country, which has been called the "Lord God's Dispensary" because of the variety of excellent features it has to offer, has other kinds of specialities too. It is the land of Black Forest peasant costumes, which have been most widely preserved here, and the land of the formerly world famous Black Forest clock trade from which a modern watch and clock making industry of international significance has developed, centred in Schramberg, Triberg, Furtwangen, St. Georgen and Villingen. And it is here too that we encounter the most characteristic feature of the Black Forest landscape, the Black Forest house.

*

The variety and wealth of contrast in the landscape reach their highest point in the southern region of the mountain massif with the heart of the Upper Black Forest. While the Hornisgrinde in the north only reaches a height of 1168 m and the Kandel in the middle region 1241 m, the Feldberg, 1495 m high, rises far above all the Black Forest mountains. There is a difference in height of not less than 1000 m between the Freiburg Minster and the highest church in the Federal Republic, a new mountain church on the Feldberg. All round the "King of the Black Forest mountains", but mainly to the south and west, are other peaks affording magnificent views, among them the 1414 m high Belchen, described by many as the loveliest mountain in the Black Forest, the 1284 m high Schauinsland and the 1165 m high Blauen which is closest to the Rhine plain. The great differences between these mountains are reflected in the differences between the deeply cut valleys starting in the Feldberg district such as the Wiesen valley, Wutach valley, Alb valley and Höllen valley. In addition to its deeply gorged valleys, the southern Black Forest has a large number of high, trough-shaped valleys like those of the Menzenschwander and the Bernauer Alb, the Bären valley, the Haslacher and the Urach valley. The main gateway to the Black Forest is the Höllen valley leading from Freiburg up to the much visited Titisee lake, the starting point of the roads leading through the mountains to the High Rhine and the three-lake-railway running past the Schluchsee, the largest Black Forest lake. Close to the Titisee lie Hinterzarten, one of the best known climatic health resorts, and Neustadt, one of the five Kneipp cure centres in the Black Forest, the others being Friedenweiler, Schönmünzach, Villingen and Waldkirch. The areas around the Feldberg and Belchen have some high mountain features; gentian blooms in the high meadows, and now that colonies of chamois and marmots have been successfully established, these alpine traits are more pronounced in a region whose highest peaks and barely accessible valleys remained undeveloped longer than any other districts in this highland country. Today, however, it is not just a favourite rambling and holiday area in the summer, but even more–the Black Forest winter sports region most visited by holidaymakers from Germany and the other countries.

*

Directly to the south lies the still, remote region of the Hotzenwald, not so impressive as the Upper Black Forest, but with many hidden beauty spots. The forest landscape south of the climatic health resorts of St. Blasien, Höchenschwand and Todtmoos, criss-crossed by deeply gorged valleys like the very romantic Wehra valley, extends to the High Rhine, to the forest town of Waldshut and the trumpeter's town of Säckingen. The Hotzenwald represents the southern boundary of the Black Forest and the transition to the Swiss Jura.

*

Our picture of the Black Forest landscape, which has been shown here in broad outline, would be incomplete if we did not mention the garden and vineyard belt between the mountain massif and the Rhine which here in the south between Badenweiler and Freiburg, as in the north between Baden-Baden and Offenburg, lightens the overall picture of the Black Forest with its serenity and charm. Badenweiler, "the thermal spring of the German south", counterpart of its famous sister, Baden-Baden, lies directly at the foot of the Blauen. Protected from rough winds by the mountains like Baden-Baden, and also a famous spa in Roman times, it is today one of Germany's most attractive health resorts. The two spa towns of Bellingen and Krozingen to the south and north have developed over recent years into modern spas. But the brightest stone in the colourful mosaic of our portrait of the Black Forest landscape is the capital of the Breisgau and the Black Forest, Freiburg, founded by the Dukes of Zähringen, with its Minster, "the loveliest tower in Christendom". Closely bound up with the Black Forest, both in the past and the present, it is today the gateway to the Black Forest and as the chief city on the "green road", the "Route verte", leading from Domrémy in Lothringen through Epinal, Colmar, Breisach and the Black Forest to Donaueschingen and Lake Constance, it forms the bridge to our western neighbour on the other side of the Rhine.

*

But there is a lot more to a portrait of a landscape than the scenic beauties, especially a landscape like the Black Forest which shows its richly varied features not only in natural phenomena but also in creations of mankind, be they towns and fortresses, castles, secular and religious edifices or else ways of life, customs and traditions of the people. Much of all this has been destroyed or changed, but some beautiful and great results of creative work in the fields of culture and commerce have been preserved. Those who wish to know the Black Forest more closely will not overlook this. Let us just take the monasteries, for instance, which, like the founding of the towns, played an essential part in the colonising and cultivation of the mountain land. The greatest significance was attained by the Benedictine monastery Hirsau in the Nagold valley, founded in 1059, which became the centre point of the reform movement originating from the French monastery of Cluny. The partially preserved St. Aurelius church was restored in 1955 to such a degree that services are held in it again. The eastern wall holds a relief with a symbolic representation of the sending out of the Hirsau monks who won countless Benedictine monasteries for the Cluny reforms.

Hirsau exercised a decisive influence on the architecture of the period. The most outstanding testimony to this is the Alpirsbach monastery in the upper Kinzig valley, founded in 1099. Concerts are given each year in the cloisters of the monastery church by internationally famous musical ensembles. We would also mention the oldest monastery founded by the Cistercians in the 12th century, Herrenalb, and their convent of Lichtental near Baden-Baden. There is also a monastery founded by the Prémonté order in the Black Forest: Allerheiligen (All Saints), built 1192–1196 at the foot of the Schliffkopf in the lonely Lierbach valley and almost completely destroyed by fire in 1803, it is now a much visited idyllic ruin. Most of the monasteries in the southern sector of the Black Forest were founded by Benedictines. The earliest was built around the turn of the millenium in St. Blasien. One of Europe's greatest domed churches was built here 1768–1793 by the French master architect, d'Ixnard, an imposing landmark for the climatic health resort surrounded by great tracts of forest. The famous Vorarlberg master architect, Peter Thumb, has left us a whole series of outstanding edifices. He built the Benedictine monastery of St. Trudbert in the upper Münster valley and St. Peter above the Glotter valley among others. The tombs of several of the Dukes of Zähringen are housed in the baroque church of St. Peter, built 1724–1727. One of the oldest buildings is the little church of

St. Oswald in Höllsteig in the Höllen valley, consercrated in 1148. The church with the octagonal onionshaped tower in Hinterzarten, dating back to the 15th century, to which an octagonal hall with a very deep roof was added in 1962/63 is also interesting, an example of how old and modern architectural styles can be harmoniously combined. And not least is the interesting church on the Feldberg, built in 1963, which may sometimes appear strange at first sight with its individual form but which fits impressively into the mountain landscape. However the crowning jewel of all the churches is the Minster in Freiburg where, in addition to this unique gothic structure, we find other important buildings such as the gothic town hall and the Kaufhaus on the Minster square. It would be too much to go more deeply into the importance of the towns in the colonisation and cultivation of the Black Forest in this context. However we would make one point: together with the exceptional number of fortresses, only a small proportion of which has survived, the towns have been the greatest force in changing the unity of the countryside, both in earlier centuries and in our own age in which industrialisation has not stopped even before the mountains. But it is the early towns, the most important of which were those founded by the Dukes of Zähringen in the 12th century, such as Freiburg and Villingen, which became great cultural centres and have remained so, like the later residences of the ruling princes, or which testify to their great tradition in their architecture. It is thanks in part to the fact that no large towns were able to develop in the forest zone itself—the largest being the clockmaking town of Schramberg with a population barely exceeding 20.000—that the Black Forest has been able to preserve its character as a rural land almost up to the present, its innate culture being embodied in custom and tradition and above all in the Black Forest farmhouses.

*

The same applies for the Black Forest house as for the Black Forest landscape: there are several types, with some differences in their outer form, but all Black Forest farms combined the living quarters and most of the important work rooms under one roof and all were self-supporting concerns up to the start of this century, resulting in the need for a series of outbuildings for housing various elements such as the granary, bakery, mill, hemp-dressing room etc. The best insight into the peculiarities of the Black Forest house can be obtained in Gutach where the three main types are exhibited in an open-air museum: the "Heidenhaus" prevalent in the Upper Black Forest, the "Gutacher" house and the "Kinzig valley" house. This open-air museum has become a unique documentation of cultural and economic history giving an extremely good idea of the way of life and work of the rural population.

Along with the Black Forest house goes the Black Forest costume. It is a decidedly peasant costume which developed from the fashion prevailing after the 30 Years War, round about the age of Rococo and the Baroque. Although it has lost considerable ground in some regions in the wake of technological developments, the restructuring of agriculture and the resultant drift from the land, it has been preserved in the main regions, in particular in the middle Black Forest valleys of the Kinzig, the Wolf, the Gutach, the Elz and the Glotter. It is thus all the more gladdening that interest in local costume, now worn mainly for family, village and religious feasts, has recently increased. Among the most famous is the Gutach costume. Its red "Bollen" hat has become a typical symbol of the Black Forest not just in Germany but throughout the world. In fact all the headdresses worn with the costumes are particularly attractive, e.g. the "baker" hood worn in the upper Black Forest, the "Schnapphütchen" in the Elz valley, the "golden" hood in the Schutter valley and the "Schäppel", a crown-like structure with glass beads, and many others besides. The bond between the people and their land is most strongly expressed in the preservation of this costume. It promotes community spirit. This fact nurtures the hope that the costume which belongs inseperably to the Black Forest image, like the Black Forest house, will not die out, despite the difficulties involved in its preservation.

*

The alemannic shrovetide carnival is part of the gay picture of the Black Forest landscape. Like the costumes, it has its roots in old customs, some of which date back to the prechristian era. As winter draws to a close, men change during carnival time into crazy figures in masks and fancy dress who drive out the winter by playing all kinds of tricks in processions and comical events. From Shrove Tuesday to Ash Wednesday, most towns and villages are ruled by "witches", the "Narros", the "Fleckleshäs", the "Schuddigs" and all the rest with their strange sounding names. The best known and biggest shrovetide procession is on the last Monday before Lent and Shrove Tuesday in the old imperial town of Rottweil, where "fools" from far and near meet, a fantastic performance attracting tens of thousands of spectators.

*

Finally we shall round off our picture of the Black Forest landscape with a reference to a feature which is admittedly only visible by its effects, but which is substantially responsible for the Black Forest being one of the most frequently visited and popular regions in Germany. It not only resembles a great natural health park externally, in which spas, health resorts and convalescence centres follow on from one another along broad stretches of lovely countryside; it also has a relaxing, health-promoting climate and thus an excellent natural medicine, equivalent to the springs in the spas, whose healing powers were known to the ancients and then forgotten for centuries, only to be discovered in the second half of the 19th century. The air cure was the first to succeed in the forested mountain country. At a time when the first visitors were still despised as "gaspers", climatic health resorts such as Triberg, Freudenstadt, Hinterzarten, Herrenalb and others developed and have chieved national and international renown in the space of a few decades. Today, as climatic health resorts they are equivalent to the spas. And yet the mountain climate has the same characteristics as the landscape: it is by no means uniform—on the contrary. The scale of the various climatic changes ranges from the mild climate in the valleys to the strongly stimulating climate of the highland villages, but all have one thing in common: their therapeutic value. If the Land of Baden-Württemberg calls itself the Land of holiday and spas, it is due mainly to the fact that the Black Forest alone has more spas, health resorts and holiday centres with modern facilities than all the other regions of the Land together. The happy combination of natural and man-made beauties is seen here at its most impressive.

*

Thus in this mountain country in the south west of Germany, which has developed through a long historical process from a "terrible backward woodland" to a cultural region of unique charm, everything lending an area interest and attraction harmonises: the beauties of nature which gladden mankind, the climate that serves his health, the tradition which preserves what is of value in custom and habit but is not closed to progress. Individual features of this picture may change in the comings and goings of history; some man-made creations may fade and live on only in monument or memory. But the landscape will remain. In our age of increasing environmental danger, to retain its natural beauties and characteristics is a constantly recurring task.

Portrait d'un paysage

Le paysage qui est présenté dans ce livre dans un choix de photos en couleurs, est la plus grande montagne de hauteur moyenne d'Allemagne: la Forêt-Noire. En tant que région touristique et de vacances, elle est connue non seulement en Allemagne mais dans le monde entier. L'auteur anglais Gordon Cooper, que a écrit de nombreux récits de voyage parle de la Forêt-Noire comme de l'un des paysages les plus impressionnants qu'il ait visités. Et en effet: même celui qui ne fait qu'une connaissance furtive de la Forêt-Noire est impressionné par la grande diversité des beautés de la nature, de ses vallées tantôt riantes tantôt taillées en gorges, de ses hauts plateaux et de ses sombres forêts, de ses lacs tranquilles et cachés et de ses fermes caractéristiques. Mais combien plus profondes sont les impressions qu'éprouve celui qui la traverse à pied ou de celui qui découvre, lors d'un séjour plus long, ses beautés et ses particularités. Ce n'est qu'alors que la connaissance du pays devient une vraie expérience vécue, et le paysage qui, à travers les troubles des temps, a su garder son visage traditionnel tout en assimilant dans une heureuse synthèse le progrès et les exigences des temps modernes, s'offre au touriste dans toute sa beauté: un paysage plein de contrastes mais aussi d'une rare harmonie dans laquelle tradition et progrès sont également vivants.

Le massif montagneux de la Forêt-Noire s'étend le long de la vallée du Rhin, délimité au nord par l'ancienne résidence Karlsruhe et par la ville de l'or Pforzheim, et au sud par le cours supérieur du Rhin qui le sépare du Jura suisse. En tout, il est long de 160 km et sa largeur varie entre 20 et 60 km. Vu de l'est, il dissimule son caractère montagneux, car il ne descend que progressivement vers le Neckar, la Schwäbische Alb et le lac de Constance, interrompu par des vallées plus ou moins profondes. Il apparaît comme une immense forêt, d'où émergent de temps en temps quelques sommets. Un tout autre aspect s'offre aux yeux de celui qui vient de la plaine du Rhin. Ici, le massif s'élève sans transition. Au sud, où il culmine avec le Feldberg (1495 m) le contraste avec la plaine est encore plus grand qu'au nord, où la plus grande élévation, la Hornisgrinde, n'atteint que 1168 m. Par là, la Forêt-Noire ressemble à la Schwäbische Alb, qui, elle aussi, descend lentement vers l'est dans la vallée du Danube et brusquement, vers l'ouest, dans celle du Neckar. Seulement, le front abrupt que la Forêt-Noire présente à la vallée du Rhin forme un contraste encore beaucoup plus marqué entre la montagne couverte de sombres forêts et les jardins et vignobles de la vallée riante du Rhin supérieur. Ceci est particulièrement impressionnant quand, au printemps, les sommets sont encore enneigés tandis que dans la vallée tout est déjà en pleine floraison. Pourtant, aussi homogène qu'apparaisse la montagne, aussi variées en sont les diverses parties. Il est impossible de les définir d'après les différences naturelles, les structures économiques ou d'après les traditions populaires et les coutumes, car l'aspect de ce paysage est essentiellement défini par les différentes formations topographiques. A cela s'ajoutent les différences crées par l'évolution démographique et économique de cette région.

*

Ce qui caractérise la Forêt-Noire septentrionale, que s'étire schématiquement de Pforzheim-Karlsruhe jusqu'au sud de Freudenstadt, ce sont de vastes forêts couvrant des mamelons de grès bigarré. Les vallées à forte densité de population de la Murg, de l'Enz et de la Nagold qui coulent vers le nord ainsi que la vallée de la Rench qui s'écoule vers l'ouest en direction du Rhin, découpent la montagne. Autre caractéristique de ce paysage de vertes forêts: de nombreux lacs, tels le Mummelsee riche en légendes, le Wildsee que l'on appelle « l'oeil sombre de la Forêt-Noire », le Glaswaldsee et le Ellbachsee. Les principales portes d'accès aux vallées et aux sommets sont la ville de l'or et de l'orfèvrerie Pforzheim pour la vallée de l'Enz et de la Nagold, Karlsruhe pour la vallée de l'Alb, Rastatt pour la vallée de la Murg et la station thermale de renom international Baden-Baden pour la Route des Crêtes, la « route de parade » de la Forêt-Noire septentrionale. Cette route part de la vallée de l'Oos pour s'élancer sur les hauteurs où elle relie la Hornisgrinde, le Mummelsee, le parc national du Schliffkopf, le Kniebis et Freudenstadt l'ensoleillée, rescussitée de ses ruines. C'est là que prend fin le tronçon nord de la Route des Crêtes, dont le prolongement au sud va jusqu'au Rhin supérieur. La Route des Crêtes est l'une des routes de la Forêt-Noire qui permettent le mieux de jouir du paysage. Par temps clair on voit Strasbourg par delà la vallée du Rhin ainsi que le massif des Vosges. Dans les vallées se trouvent de célèbres stations thermales et climatiques: Baden-Baden dans la vallée de l'Oos, dont les sources chaudes furent déjà appréciées des Romains, Herrenalb dans la vallée de l'Alb, à la fois station thermale et station climatique, l'ancienne station thermale d'Etat Wildbad dans la vallée supérieure de l'Enz, Bad Liebenzell et Bad Teinach dans la vallée de la Nagold, et sur la hauteur la solitaire station climatique de Schömberg.

Formant un contraste saisissant avec la montagne le long de la Route des Crêtes, la riante route du vin de Bade arbore ses célèbres villages de vignerons dans un paysage de jardins et de vignobles, s'étirant au pied de la montagne jusqu'à Badenweiler au sud. Une route très en pente et aux virages en épingle à cheveux mène de Freudenstadt à Strasbourg en passant par le Kniebis et traversant l'idyllique vallée de la Rench.

*

Semblable et différente à la fois: la Forêt-Noire centrale. Elle comprend la région autour de la vallée de la Kinzig et le long de la Schwarzwaldbahn qui, partant d'Offenburg, traverse la Forêt-Noire avec un nombre imposant de tunnels et de virages sur un trajet de montagne entre Hausach et Villingen. Elle comprend également les hauteurs au sud jusqu'au Titisee, la porte de la haute Forêt-Noire. Ici nous ne retrouvons pas les contrastes qui caractérisent la Forêt-Noire septentrionale et surtout la haute Forêt-Noire. Mais le « pays du juste milieu verdoyant » avec ses charmantes vallées telles celles de la Wolf, de la Schiltach et de la Gutach, ses hauteurs variées où le paysage est marqué par l'alternance de forêts et de montagnes à vaches est presque plus diversifié que la Forêt-Noire septentrionale. On y trouve aussi des endroits sauvagement romantiques tels les cascades de Triberg, les plus grandes d'Allemagne et celles de la Wildgutach. Sur les hauteurs entre Villingen, St-Georgen, Schönwald et Furtwangen, la Forêt-Noire se scinde en deux virtuellement. C'est la ligne de partage des eaux entre le Rhin et le Danube, entre la mer Noire et l'Atlantique. Ce paysage que l'on a appelé à cause de sa diversité une « pharmacie du bon Dieu », offre encore d'autres particularités: c'est le royaume des costumes folkloriques des paysans de la Forêt-Noire qui se sont maintenus ici plus qu'ailleurs, et le royaume de l'horlogerie de la Forêt-Noire, jadis mondialement connue et qui s'est transformée en une industrie moderne d'importance mondiale, dont les centres sont aujourd'hui Schramberg, Triberg, Furtwangen, St-Georgen et Villingen. C'est également ici que nous pouvons admirer un des traits distinctifs de cette contrée: la ferme de la Forêt-Noire. Au Gutach on a crée avec un musée en plein air une documentation unique sur l'histoire culturelle et économique qui permet de comprendre l'art de vivre et de travailler de la population paysanne de la Forêt-Noire.

C'est dans la partie sud du massif avec la haute Forêt-Noire que la variété et les contrastes du paysage sont les plus saisissants. Tandis que la Hornisgrinde au nord n'atteint qu'une hauteur de 1168 m et que le Kandel dans la partie centrale marque 1248 m, le Feldberg culmine avec 1495 m. Entre la cathédrale de Freiburg et la plus haute église d'Allemagne, une nouvelle chapelle de montagne sur le Feldberg, il y a 1000 m de différence d'altitude. Tout autour du « roi des montagnes » de la Forêt-Noire, surtout au sud et à l'ouest, se groupent de magnifiques points de vue parmi lesquels il faut mentionner le Belchen (1414 m), considéré comme la plus belle montagne de la Forêt-Noire, le Schauinsland (1284 m) et le Blauen (1165 m), un promontoire vers la vallée du Rhin. Les profondes vallées qui coupent ces montagnes sont aussi dissemblables entre elles que le sont les massifs entre eux. Celles qui prennent naissance dans la région du Feldberg sont la Wiese, la Wutach, l'Alb et le Höllental. A côté des vallées riches en cluses, on note de nombreuses hautes vallées en auge qui sont caractéristiques pour la Forêt-Noire du sud, telles celles de la Menzenschwander et de la Bernauer Alb, le Bärental, la vallée de la Haslach et celle de l'Urach. La principale porte de la Forêt-Noire est le Höllental qui conduit de Freiburg vers le Titisee, le point de départ des routes qui mènent vers le massif, et du chemin de fer des trois lacs qui côtoie le Schluchsee, le plus grand lac de la Forêt-Noire. Deux localités à proximité du Titisee sont également situées à l'entrée de la haute Forêt-Noire: Hinterzarten, l'une des stations climatiques les plus connues, et Neustadt, l'une des cinq stations hydrothérapiques Kneipp de la Forêt-Noire, Friedenweiler, Schönmünzach, Villingen et Waldkirch. La région autour du Ferlberg offre plusieurs caractéristiques de la haute montagne. Dans les hauts pâturages fleurit la gentiane et l'implantation réussie de chamois et de marmottes souligne encore le caractère alpin de cette région dont les éminences et les vallées difficilement accessibles furent longtemps inexplorées. Aujourd'hui elles sont devenues, été comme hiver, un paradis pour ceux qui cherchent le repos ainsi que pour les amateurs de belles excursions. C'est la région de sports d'hiver la plus fréquentée aussi bien par les étrangers que par les autochtones.

*

Au sud, c'est la paisible région du Hotzenwald qui prolonge la haute Forêt-Noire, qui, sans être aussi imposante, n'en recèle pas moins quantités de beautés cachées. Le paysage boisé, parcouru de vallées riches en cluses, de Todtmoos, St-Blasien et Höchenschwand, trois des stations climatiques les plus connues, s'étend jusqu'au Rhin supérieur, jusqu'a la ville de forêts de Waldshut et à la ville du trompettiste de Säckingen. Le Hotzenwald délimite la Forêt-Noire au sud et forme la transition vers le Jura suisse.

*

L'image du paysage de la Forêt-Noire que nous venons de présenter schématiquement serait bien incomplète si l'on ne mentionnait pas la région de jardins et de vignobles qui s'étend entre la montagne et le Rhin. Comme au nord entre Baden-Baden et Offenburg, ici au sud, entre Badenweiler et Freiburg, c'est elle qui éclaire le tableau de la Forêt-Noire par sa gaîté et son charme. Badenweiler, les thermes de l'Allemagne du sud, le pendant de la célèbre Baden-Baden, se trouve directement au pied du massif du Blauen. Comme Baden-Baden, cette station est protégée des vents par la montagne et les Romains appréciaient déjà les vertus de ses eaux. Aujourd'hui elle est une des stations thermales les plus attirantes d'Allemagne. Au sud et au nord les thermes de Bellingen et de Krozingen sont devenus des stations modernes. Freiburg, la capitale du Breisgau fondée par les Zähringer, est le point lumineux de ce tableau de la Forêt-Noire avec sa cathédrale, appelée « la plus belle tour de la Chrétienté ». Etroitement liée à la Forêt-Noire par son histoire et dans le présent, c'en est aujourd'hui la porte d'entrée. En tant que capitale régionale sise sur la « route verte » qui mène d'Epinal à Donaueschingen et au lac de Constance en passant par Colmar et Breisach à travers la Forêt-Noire, elle constitue le pont reliant Français et Allemands.

*

Le portrait d'un paysage, surtout d'un paysage comme la Forêt-Noire, resterait incomplet s'il se bornait à énumérer les beautés des sites. Car la Forêt-Noire montre également ses particularités variées dans ce qui fut créé de main d'homme, qu'il s'agisse de villes, de châteaux-forts, de châteaux, d'édifices profanes ou sacrés, mais aussi de façons de vivre, de coutumes et d'habitudes de la population. Bon nombre de ces créations dans le domaine culturel et économique a été détruit ou s'est transformé, mais bien de belles choses ont été conservées. Celui qui veut apprendre à connaître la Forêt-Noire n'y restera pas insensible. Pensons par exemple aux monastères, qui jouèrent de même que les villes, un rôle important dans la colonisation et le défrichement du pays. Le plus important parmi ces monastères fut le monastère bénédictin de Hirsau dans la vallée de la Nagold, fondé en 1059, qui est devenu le centre du mouvement de la réforme, clunisienne, qui a également fortement influencé l'architecture de cette époque. Le monastère d'Alpirsbach, situé dans la vallée supérieure de la Kinzig, fondé en 1099, en est le témoin le plus impressionnant. Dans son cloître ont lieu chaque année des concerts exécutés par des orchestres de renom international. Parmi les fondations des Cisterciens au 12ième siècle mentionnons Herrenalb, le plus ancien monastère de cet ordre et le cloître de nonnes de Lichtental près de Baden-Baden. Il existe également un monastère des Prémontrés: Allerheiligen, construit entre 1192 et 1196 au pied du Schliffkopf dans la vallée solitaire du Lierbach et presque totalement ravagé par le feu en 1803, qui est aujourd'hui une ruine idyllique très fréquentée. De même dans la partie sud de la Forêt-Noire, la plupart des monastères sont des fondations des Bénédictins. Le plus ancien fut construit à St-Blasien vers l'an mille. C'est ici que, entre 1768 et 1783, l'architecte français d'Ixnard bâtit un des plus grands dômes d'Europe, symbole imposant de cette station climatique entourée de forêts. Toute une série d'édifices remarquables furent construits par le célèbre architecte du Vorarlberg Peter Thumb. Il a conçu entre autres le monastère bénédictin de St-Trudbert dans la vallée supérieure de la Münster et celui de St-Peter surplombant le Glottertal. Dans l'église baroque de St-Peter, construite entre 1724 et 1727, se trouvent les tombeaux de plusieurs ducs de Zähringen. Parmi les constructions les plus anciennes on compte la petite église de St-Oswald à Höllsteig dans le Höllental, inaugurée en 1148. L'église de Hinterzarten, construite au 15ième siècle, est remarquable par sa tour octogonale bulbeuse. En 1962/63 elle fut complétée par un bâtiment octogonal dont le toit descend presque jusqu'au sol. Cette construction nouvelle est un exemple intéressant pour une combinaison harmonieuse entre architectures traditionnelle et moderne. L'église et son clocher, construits en 1963 sur le Feldberg, sont intéressants par leur forme audacieuse qui peut paraître étrange au premier abord mais s'inscrit remarquablement dans le paysage. Le plus beau de tous ces édifices religieux est la cathédrale gothique de Freiburg, qui est entourée sur la place de la cathédrale d'une mairie et d'une halle marchande également de style gothique. Cela dépasserait le cadre de notre description de vouloir étudier le rôle des villes dans la colonisation et la culture de la Forêt-Noire. Ajoutons toutefois qu'a côté des très nombreux châteaux-forts, dont une minorité a été conservée, ce sont les villes qui ont le plus modifié l'unité du paysage, dans le passé comme de nos jours où l'industrialisation ne s'arrête même pas devant les barrières montagneuses. Mais justement les villes anciennes parmi lesquelles celles fondées par les Zähringer au 12ème siècle, sont les plus importantes, Freiburg et Villingen sont devenues des centres culturels influents et le sont restées comme plus tard les villes de résidence des seigneurs, et leurs bâtiments demeurent les témoins de leur grande tradition. C'est parce que dans les forêts ne pouvaient s'étendre de grandes villes – la plus grande d'entre elles est la ville horlogère de Schramberg qui n'a guère plus de 20 000 habitants – que la Forêt-Noire a conservé jusqu'à nos jours son caractère de région paysanne ainsi que sa culture terre à terre qui s'extériorise dans les us et coutumes et surtout dans les fermes de la Forêt-Noire.

*

Ce que nous venons de dire sur le paysage de la Forêt-Noire est également valable pour la ferme de cette région: il y en a plusieurs types qui, montrant maintes différences extérieures, sont toutes des fermes à toit unique qui réunissent sous un même toit les pièces habitées ainsi que les annexes et toutes furent jusqu'au début de notre siècle des entreprises autarques ce qui entraînait la nécessité de toute une série d'annexes pour abriter le grenier, le four, le moulin, la peigneuse de chanvre etc. C'est à Gutach qu'on a la meilleure possibilité de connaître les particularités de la ferme de la Forêt-Noire, car ici, les trois types principaux sont présentés dans un musée de plein air: la maison des landes, prédominante dans la haute Forêt-Noire, la ferme de Gutach et celle de la vallée de la Kinzig. Qui pense Forêt-Noire pense costumes folkloriques. C'est un costume tout à fait paysan qui s'est développé après la guerre de trente ans, à peu près à l'époque du baroque et du rococo, à partir de la mode de ce temps. Bien que l'évolution technique, les transformation dans les structures agricoles et l'exode rural l'aient fait

régresser fortement dans certaines régions, on le porte encore aujourd'hui dans quelques centres parmi lesquels il faut mentionner les vallées de la Forêt-Noire centrale, telles que la vallée de la Kinzig, de la Schapbach, de la Gutach, de l'Enz et le Glottertal. Heureusement, on observe aujourd'hui un regain d'intérêt pour le costume folklorique porté surtout lors de fêtes familiales, villageoises ou paroissiales. Le costume de Gutach est l'un des plus célèbres. Le chapeau à pompons rouges qui l'accompagne est devenu le symbole de la Forêt-Noire aussi bien en Allemagne qu'à l'étranger. D'une manière générale, les couvre-chefs assortis aux costumes folkloriques sont particulièrement charmants, comme p.ex. la « Backenhaube » que l'on porte dans la haute Forêt-Noire, le « Schnapphütchen » porté dans la vallée de l'Elz, la « Goldhaube » de la vallée de la Schutter, ou le « Schäppel », une sorte de couronne ornée de perles de verre, et beaucoup d'autres encore. C'est dans le maintien du costume folklorique que s'exprime le plus fortement l'attachement de la population à son terroir. On peut dire qu'il favorise l'épanouissement de la collectivité et par là on peut espérer que le costume folklorique, qui est aussi inséparable de l'image de la Forêt-Noire que l'est la ferme, ne tombera pas en désuétude malgré les difficultés à surmonter pour le conserver.

*

Le carnaval alémanique a aussi sa place dans l'image colorée du paysage de la Forêt-Noire. De même que le costume folklorique, il a ses racines dans de très anciennes coutumes qui datent parfois de l'ère préchrétienne. Quand l'hiver touche à sa fin, les hommes se transforment, pendant la période du carnaval, en personnages masqués et costumés, qui chassent l'hiver en faisant toutes sortes de pitreries et en organisant des représentations carnavalesques. Les « Narros », les sorcières, les « Fleckleshäs », les « Schuttigs » et bien d'autres tiennent le haut du pavé du Mardi Gras au mercredi des Cendres. Le plus grand et le plus célèbre cortège carnavalesque a lieu le « lundi des Roses » (Rosenmontag) dans l'ancienne ville impériale Rottweil et s'appelle « saut des fous » (Narrensprung). Les masques de tout le voisinage et même de localités éloignées s'y donnent rendezvous et donnent une représentation mémorable qui attire des dizaines de milliers de spectateurs.

*

En conclusion mentionnons encore une caractéristique qui n'est visible que d'après les effets qu'elle produit mais qui contribue largement au fait que la Forêt-Noire est une des régions d'Allemagne les plus fréquentées et appréciées. Non seulement elle ressemble à un vaste parc naturel dans lequel s'alignent dans un décor exceptionnel toute une série de stations climatiques et thermales, mais elle possède en outre un climat reposant, bon pour la santé, qui constitue un moyen de cure aussi valable que l'eau thermale dont les vertus bienfaisantes étaient déjà connues dans l'antiquité, puis sont tombées dans l'oubli et n'ont été redécouvertes que dans la deuxième moitié du 19ième siècle. C'est dans les montagnes richement boisées que les cures d'air se sont imposées le plus rapidement. C'est là que sont nées des stations climatiques dont les premiers hôtes furent appelés de façon ironique « renifleurs d'air pur ». Ces stations telles que Triberg, Freudenstadt, Hinterzarten, Herrenalb pour ne citer que celles-ci, ont acquis un renom parfois international en quelques décades et occupent le même rang que les stations thermales. Ce qui est vrai pour le paysage montagneux l'est aussi pour son climat: il est très varié. On trouve une échelle des climats qui va du climat doux des vallées au climat tonique des stations de montagnes et qui ont en commun leur valeur thérapeutique pour la santé. Si le land de Bade-Wurtemberg peut s'appeler le pays des excursions et des bains, c'est à cause du fait que la Forêt-Noire à elle seule possède plus de stations climatiques et thermales aux installations modernes que tout le reste de l'Allemagne. C'est là que s'exprime le plus distinctement la liaison harmonieuse entre les beautés de la nature et celles forgées de main d'homme.

*

Ainsi, dans la région montagneuse du sud-ouest de l'Allemagne qui, à partir de la «terrifiante forêt hercynienne», est devenue un paysage au charme indéfinissable, s'harmonisent tous les éléments qui rendent une région intéressante et aimable: les beautés de la nature qui réjouissent l'homme, le climat qui est favorable à sa santé, la tradition qui conserve dans ses us et coutumes les choses de valeur sans refuser le progrès. Des détails de cette image peuvent se modifier au cours de l'histoire, bien des œuvres humaines peuvent disparaître et ne survivre que sous forme de monuments ou dans le souvenir qu'elles ont laissé. Mais le paysage restera. Et c'est notre devoir, surtout de nos jours où la pollution gagne du terrain, de préserver ses beautés naturelles et ses particularités.

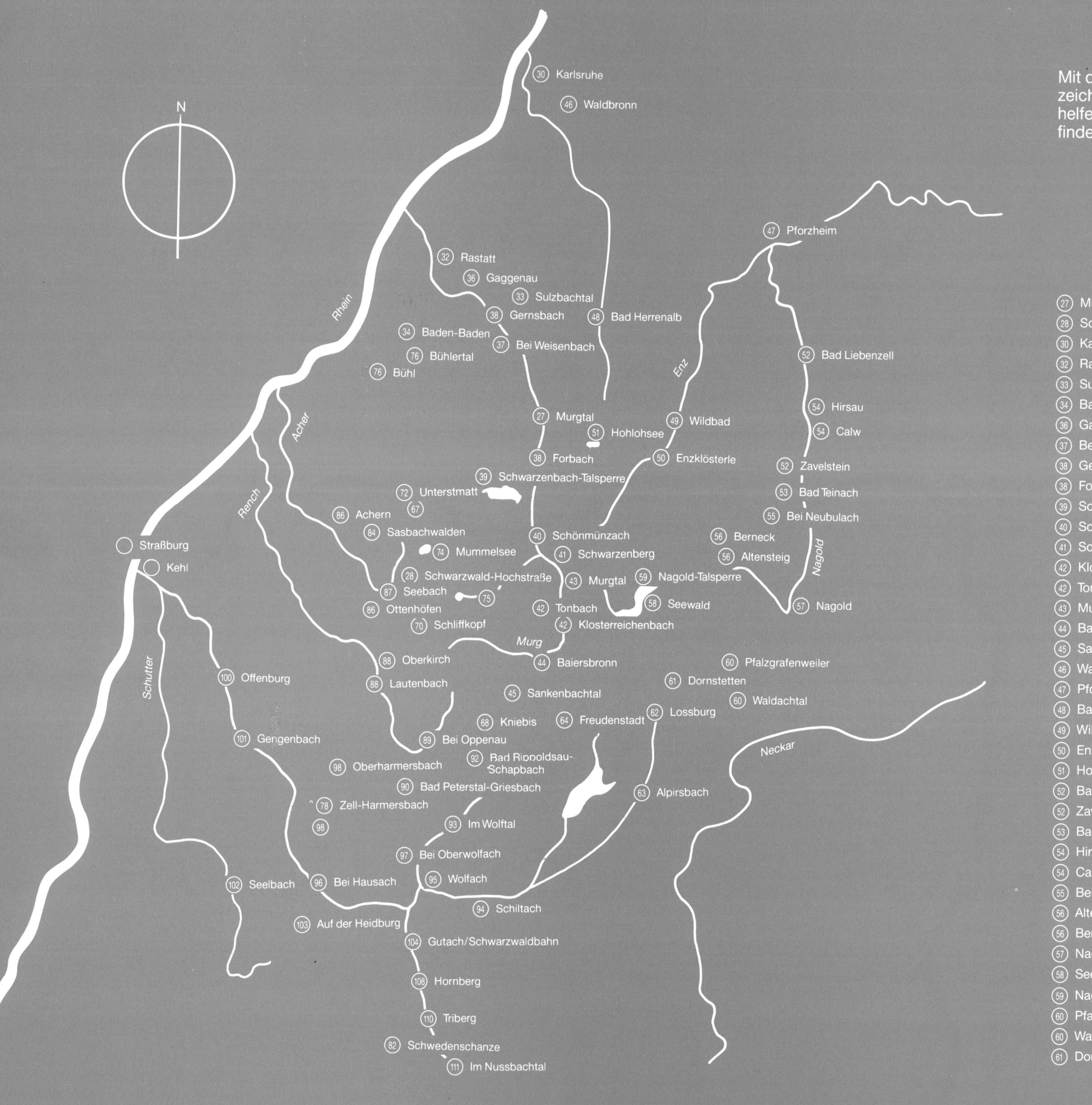

With these two sketches containing the numbers of the pages (27) we want to help you to find quickly and easily the corresponding photos.

Avec ces deux croquis comprenant les numéros des pages (27) nous voulons vous aider à repérer plus facilement les photos correspondantes.

- (112) St. Georgen
- (112) Königsfeld
- (113) Im Brigachtal
- (114) Tennenbronn
- (114) Schramberg
- (116) Bad Dürrheim
- (117) Villingen
- (118) Unterkirnach
- (119) Linach
- (120) Im Rohrbachtal
- (122) Schönwald
- (123) Am Blindensee
- (124) Furtwangen
- (125) Schonach
- (126) Mühle im Hexenloch
- (127) Am Thurner
- (129) Bei Freiamt
- (130) Am Feldsee
- (133) Im Bärental
- (134) Das Feldbergmassiv
- (136) Freiburg
- (138) Im Simonswäldertal
- (138) Waldkirch
- (138) Emmendingen
- (139) Auf dem Kandel
- (141) Am Schauinsland
- (142) Im Glottertal
- (144) St. Peter
- (146) St. Märgen
- (149) Bei Neukirch
- (151) Am Thurner
- (152) Hinterzarten
- (154) Titisee-Neustadt
- (156) Friedenweiler
- (157) Im Bärental
- (160) Am Schluchsee
- (162) Grafenhausen
- (164) Bonndorf

- (165) Birkendorf-Ühlingen
- (166) Menzenschwand
- (166) Höchenschwand
- (166) St. Blasien
- (167) Häusern
- (168) Bad Säckingen
- (168) Waldshut
- (169) Herrischried
- (170) Dachsberg
- (171) Das Albtal
- (172) Auf dem Feldberg
- (173) Menzenschwander Hütte
- (174) Am Notschrei
- (175) Bernau
- (177) Bei Hofsgrund
- (178) Todtmoos
- (178) Ibach
- (179) Bei Präg
- (180) Auf dem Belchen
- (181) Böllen
- (182) Wiedener Tal
- (183) Am Belchen
- (184) Kleines Wiesental
- (185) Nonnenmattweiher
- (186) Kanderner Tal
- (187) Bei Steinen
- (188) Lörrach
- (188) Schloß Bürgeln
- (189) Inzlinger Wasserschloß
- (190) Bad Bellingen
- (190) Badenweiler
- (191) Am Kaiserstuhl
- (192) Im Münstertal
- (192) Bad Krozingen
- (200) Kinzig-Talsperre

Der nördliche Teil

Bergland der stillen weiten Wälder

The northern region
Mountain country of broad, silent forests

La partie septentrionale
Montagne couverte de vastes forêts tranquilles

...Man kann diese herrlichen Wälder nicht beschreiben und auch nicht die Empfindungen, womit sie einen erfüllen. Eine davon aber ist ein tiefes Gefühl der Zufriedenheit. Außerdem eine sprudelnde knabenhafte Fröhlichkeit. Und eine dritte, aber sehr deutliche Empfindung ist das Gefühl der Entfernung von der Alltagswelt und die glänzende Befreiung davon und von ihren Angelegenheiten. Die Wälder erstrecken sich ununterbrochen über eine weite Gegend und überall sind sie so dicht, so still, tannenreich und duftend!...
Mark Twain (1880)

...Il n'est pas possible de décrire ces forêts magnifiques ni les sensations qu'elles éveillent en nous. Une de ces sensations pourtant est un profond sentiment de satisfaction. Une autre une gaîté vive et enfantine. Une troisième, très distincte, le sentiment d'être loin de la vie quotidienne et d'être totalement libéré des affaires de tous les jours. Les forêts s'étendent sans interruption sur une grande partie du pays et partout elles sont si denses, si tranquilles, pleines de sapins et odorantes!...
Mark Twain (1880)

...One cannot describe these magnificent woods, nor the sensations with which they fill one. However one is a feeling of deep contentment. And a bubbling boyish gaiety. And a third but very clear sensation it the feeling of remoteness and complete freedom from the everyday world and its affairs. The woods stretch without interruption over a broad area and everywhere they are so thick and still, filled with pines and fragrance!...
Mark Twain (1880)

Lebendige Großstadt:	Karlsruhe
Stadt des Türkenlouis:	Rastatt
Das deutsche Weltbad:	Baden-Baden
Im Murgtal:	Gaggenau, Rotenfels, Michelstadt Heustadel bei Weisenbach Gernsbach und Forbach Schwarzenbach-Talsperre Schönmünzach/Schwarzenberg Klosterreichenbach und Tonbach Baiersbronn Sankenbachtal bei Baiersbronn
In den Tälern der Alb, Enz, Nagold und Kinzig:	Goldstadt Pforzheim Waldbronn Die Heilbäder Bad Herrenalb, Wildbad, Bad Liebenzell und Bad Teinach Enzklösterle Der romantische Hohlohsee Zavelstein Hirsau, Calw Dachshof bei Neubulach Altensteig und Berneck, Nagold Seewald, Nagold-Talsperre Pfalzgrafenweiler, Lützenhardt Dornstetten, Lossburg und Alpirsbach
An der Schwarzwaldhochstraße:	Die sonnige Höhenstadt und Heilklimatischer Kurort Freudenstadt Im Naturschutzgebiet am Höhenweg Pforzheim–Basel Kniebis, Sandkopf, Schliffkopf Wildsee, Mummelsee, Hornisgrinde Skiarena Schwarzwaldhochstraße
Im Garten der Oberrheinischen Tiefebene:	Zwetschgenstadt Bühl Bühlertal

Im Murgtal

Der Ausblick bei Sonnenuntergang von den Höhen der Schwarzwaldhochstraße ins Rheintal gehört zu den unvergeßlichen Eindrücken, die der nördliche Schwarzwald bietet. Ob im Frühjahr, wenn auf den Bergen noch der Schnee liegt und in den Tälern eine verschwenderische Blütenpracht das Auge entzückt, oder wenn im Herbst dicker Nebel sich in den Tallagen ausbreitet und auf den Höhen herrliche Ausblicke und Fernsichten zu erleben sind; immer beeindrucken Gegensätze und Vielgestaltigkeit dieser Landschaft. Der Dichter Gustav Schwab charakterisiert sie treffend, wenn er schreibt: „Seine Wunder erschließt er erst im Schoße der Täler, wo die Natur vom Erhabensten und Schauerlichsten allmählich ins Lieblichste und Mildeste übergeht, so daß der Wanderer, der am Morgen von Gebirgssturm umsaust unter verkrüppelten Fichten einherschreitet, am Abend zwischen Hirsefeldern, Kastanien und Weinbergen wandert."

The view at sunset from the hills along the Black Forest Mountain Road down into the Rhine Valley is one of the most unforgettable and impressive experiences the Northern Black Forest has to offer. Whether in spring, when there is still snow in the mountains and a profuse display of blossom delights the eye in the valleys, or in autumn, when a thick haze pervades the low-lying ground and magnificent panoramic views unfold from the hill-tops, the varied nature of this countryside with its striking contrasts is always apparent. The poet Gustav Schwab aptly described its character when he wrote: "It first reveals its wonders in the heart of the valleys where Nature gradually changes from her supremely awesome and terrifying image to her most delightful and gentle aspect so that the traveller who, in the morning, battled his way forward in the teeth of mountain gales raging beneath stunted spruce forests is, by evening, proceeding serenely past millet-fields, chestnut-trees and vineyards."

Le panorama que l'on découvre du haut de la Route des Crêtes de la Forêt-Noire sur la vallée du Rhin, au coucher du soleil, est un spectacle inoubliable. Que ce soit au printemps, quand les montagnes sont encore couvertes de neige et que les vallées resplendissent de fleurs, ou en automne quand un brouillard épais emplit les vallées et que sur les sommets s'ouvrent de superbes points de vue: les contrastes et la grande variété de ces paysages sont toujours impressionnants. Le poète Gustav Schwab les caractérise parfaitement quand il écrit, parlant de la Forêt-Noire: « Pour en découvrir les merveilles, il faut pénétrer au cœur de ses vallées, là où la nature passe progressivement des paysages sublimes et effrayants aux paysages doux et pleins de charme, si bien que le promeneur qui chemine le matin, fouetté par le vent de la montagne, parmi les sapins déchiquetés, se promène le soir entre des champs de millet, des châtaigniers et des vignobles. »

Karlsruhe, Residenzstadt bis 1918, vom Schloß aus fächerförmig angelegt, ist heute das Verwaltungs-, Wissenschafts- und Wirtschaftszentrum am Nordschwarzwald. So haben unter anderem die Universitäten mit verschiedenen Hochschulen, das Kernforschungszentrum, der Bundesgerichtshof, das Bundesverfassungsgericht und das Regierungspräsidium hier ihren Sitz. Die bedeutenden Kunstschätze von Karlsruhe werden in der Staatlichen Kunsthalle, dem Badischen Landesmuseum und anderen Kunstgalerien bewahrt. An die Vergangenheit der Stadt erinnern zahlreiche Bauten, vor allem das Schloß (rechts). Die Schwarzwaldhalle im Gelände des Stadtgartens (unten links) und das neuerbaute Kongreßzentrum (unten rechts) sind wesentliche Einrichtungen, die dazu beitragen, Karlsruhe auch als Kongreßstadt bekannt zu machen.

Karlsruhe, with its fan-shaped lay-out radiating outwards from the royal palace and a seat of government until 1918, is today the administrative, academic and commercial centre of the Northern Black Forest. It is here, for example, that the University and various institutes of higher education, the Atomic Research Centre, the Federal German Supreme Court, the Federal German Constitutional Court and the regional administrative offices have been established. Karlsruhe's most important art treasures are housed in the National Art Gallery, the Baden Regional Museum and other art galleries. Numerous buildings remind us of the city's past history, in particular the Palace (right). The Black Forest Hall, situated in the municipal gardens (below, left), and the new Congress Centre (below, right) are important institutions which have helped to enhance Karlsruhe's reputation as a conference venue.

Karlsruhe, ville de résidence jusqu'en 1918, construite à partir du château d'après un plan en éventail, est aujourd'hui le centre administratif, scientifique et économique de la Forêt-Noire du Nord. Karlsruhe est entre autres le siège de différents établissements d'enseignement supérieur, du Centre de recherches nucléaires, de la Cour suprême fédérale et de la Cour constitutionnelle fédérale. Les principaux trésors artistiques de Karlsruhe sont conservés au Musée des Beaux-Arts, au Musée régional de Bade et dans d'autres galeries d'art. D'innombrables édifices, le château en particulier (à droite), évoquent le passé de la ville. La Schwarzwaldhalle, construite dans le Parc municipal (en bas, à gauche) et le Centre des Congrès nouvellement aménagé (en bas, à droite) sont des réalisations importantes qui contribuent aussi au renom de Karlsruhe comme ville de congrès.

Am Eingang zum romantischen Murgtal gelegen, ist Rastatt eine traditionsreiche und moderne „Große Kreisstadt". Heute von der Industrie geprägt, besitzt sie mit ihrem Schloß, nach Versailler Vorbild von 1699 bis 1705 erbaut, ein herrliches Meisterwerk barocker Baukunst, Zeuge der einstigen Bedeutung als Residenzstadt des „Türkenlouis", Markgraf Ludwig Wilhelm von Baden (unten rechts, oben). Seine Witwe Augusta Sybilla ließ das Lustschloß Favorite (unten rechts, unten), dessen Inneneinrichtung samt der Küche bis heute unverändert erhalten blieb, und die Pagodenburg (unten links) errichten. Im Schloß ist das Wehrgeschichtliche und das Armeemuseum untergebracht. – Zur Murg führen zahlreiche malerische Seitentäler, wie das Sulzbachtal (rechts).

Rastatt, situated at the entrance to the romantic Murg Valley, is at one and the same time a traditional old, yet modern "large county town". Today, although industry is the keynote, it possesses in the form of its Palace—built between 1699 and 1705 in imitation of Versailles—a superb masterpiece of Baroque architecture and a living testimony to the town's erstwhile importance as the royal capital of "Turkish Louis", the margrave Ludwig Wilhelm of Baden (below, right and above). His widow, Augusta Sybilla, was responsible for the building of the Pagodenburg (below, left), and "Favorite", a royal country seat (below, right and below), the interior of which, including the kitchen, has been preserved in its original state. The Palace houses an Army Museum and Museum of Military History. – Numerous picturesque side-valleys such as the Sulzbach Valley (right) lead down to the Murg.

Située à l'entrée de la vallée romantique de la Murg, Rastatt est une « grande ville de district » moderne qui a un riche passé historique. Les industries y ont aujourd'hui leur place mais son château construit entre 1699 et 1705 sur le modèle du Château de Versailles est un superbe chef-d'œuvre de l'architecture baroque, témoin de l'importance qu'eut à l'époque la ville de résidence sous le « Türkenlouis », le comte Louis-Guillaume de Bade (en bas à droite, en bas). Sa veuve, Augusta Sybilla, fit construire le château Favorite (en bas à droite, en bas), dont l'aménagement intérieur et même la cuisine sont demeurés intacts, et le Pagodenburg (en bas, à gauche). Le château abrite le Musée d'Histoire militaire et le Musée de l'Armée. De nombreuses vallées latérales pittoresques, la vallée de la Sulzbach par exemple, débouchent dans la vallée de la Murg.

Umgeben von Wald und Weinbergen liegt das deutsche Weltbad Baden-Baden im Tal der Oos. Schon von den Römern wurden seine heilkräftigen Thermalquellen genutzt (siehe Seite 194), doch erlebte es Anfang des vorigen Jahrhunderts seinen großen Aufschwung. Nach Eröffnung des von Weinbrenner 1822–1824 erbauten Kurhauses mit der prächtigen Spielbank (rechts und unten rechts) entwickelte sich Baden-Baden zum Treffpunkt der eleganten Welt. Großzügig angelegte Badeanlagen und luxuriöse Hotels kennzeichnen die Stadt als ein Heilbad von Weltgeltung. Mit seiner neuerbauten Caracalla-Therme (unten links) hat es einen weiteren Anziehungspunkt erhalten. Seit 1479 war das Neue Schloß (1573 im Renaissance-Stil umgebaut) zeitweilig Residenz der Markgrafen von Baden.

The German international spa of Baden-Baden lies in the valley of the River Oos surrounded by woods and vineyards. The healing powers of its thermal springs were exploited as long ago as Roman times (see page 194), but it was not until the beginning of the previous century that the town achieved supreme status as a spa. Following the opening of the Kurhaus, built by Weinbrenner between 1822 and 1824, with its magnificent Casino (right and below, right) Baden-Baden became the rendezvous of the elegant world. Thanks to its magnificently designed bathing facilities and luxurious hotels, the Spa enjoys international standing. The newly-built Caracalla thermal bath (below, left) has provided a further attractive feature. From 1479 onwards the New Palace (rebuilt in 1573 in Renaissance style) was from time to time the royal seat of the margraves of Baden.

Entourée de forêts et de vignobles, la station thermale internationale de Baden-Baden est située dans la vallée de l'Oos. Ses sources curatives étaient déjà utilisées par les Romains (voir page 194) mais c'est au début du siècle dernier qu'elle connut un grand essor. Après l'ouverture du Kurhaus fondé en 1822–1824 par Weinbrenner (à droite et en bas à droite), Baden-Baden devint le rendez-vous de la société élégante. De très belles installations thermales et des hôtels de haut niveau ont contribué au renom international de la station. Avec ses thermes Caracalla qui viennent d'être reconstruits (en bas, à gauche), elle offre un autre pôle d'attraction. Depuis 1479, le Nouveau Château (qui avait été transformé dans le style Renaissance en 1573) servit de temps en temps de résidence aux margraves de Bade.

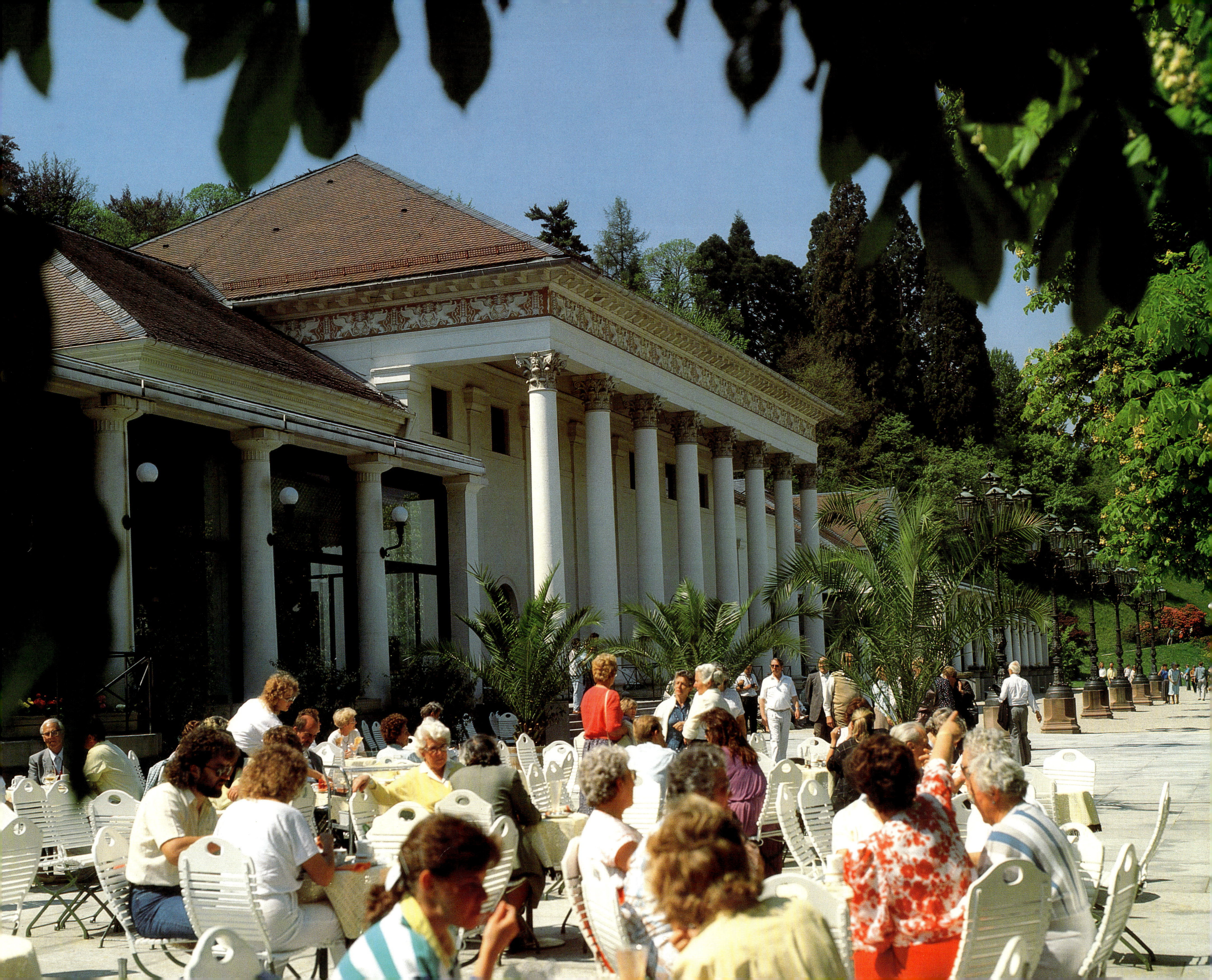

Im unteren Murgtal gelegen, hat Gaggenau (unten links) sich mit Erfolg bemüht, den industriellen Eindruck des Städtchens durch vorbildliche Grünanlagen aufzulockern. – Das nahe Bad Rotenfels nutzt seine 1839 erbohrte Elisabethenquelle in einem modernen Badezentrum (unten rechts, oben). – Ebenfalls zu Gaggenau gehört das idyllische, über 900 Jahre alte Michelbach (unten rechts, unten). – Ein Charakteristikum des mittleren Murgtales, vor allem der Seitentäler, sind die über die Hänge verstreuten Heuhütten (rechts). Tiroler und Bayern, die nach dem 30jährigen Krieg als Holzhauer hierher kamen, brachten diese Art der Heuaufbewahrung in Stadeln aus ihrer Heimat ins Murgtal mit. Im außeralpinen Raum sind, mit ganz wenigen Ausnahmen, nur im Murgtal die Heustadel in einer solchen Anzahl anzutreffen. Sie überziehen die steilen Hänge und geben diesem engen, wildromantischen Teil des Tales einen zusätzlichen malerischen Reiz.

Gaggenau (below, left), situated in the lower part of the Murg Valley, has successfully contrived to modify the town's essentially industrial aspect by the provision, in exemplary fashion, of parks and green open spaces. – The nearby spa of Bad Rotenfels uses its "Elisabethenquelle"–a hot spring drilled in 1839–in a modern bathing establishment (below, right and above). – Gaggenau also includes the delightful township of Michelbach (below, right and below), which is over 900 years old. – Characteristic features of the central Murg Valley and the side-valleys in particular are the hay sheds scattered along the hillsides (right). Tyroleans and Bavarians who came here as woodcutters after the Thirty Years' War brought this method of storing hay in barns with them from their homeland to the Murg Valley. With very few exceptions, it is only in the Murg Valley that hay barns are to be found in such quantities outside the Alpine region. They cover the steep hillsides and give this narrow, wild and romantic part of the valley an additional picturesque charm.

Située dans la vallée inférieure de la Murg, Gaggenau (en bas à gauche) s'est efforcée de corriger l'impression de petite ville industrielle en aménageant de magnifiques jardins. La station thermale de Rotenfels, située à proximité, utilise la source Elisabeth, que l'on a fait jaillir en 1939, dans un centre thermal moderne (en bas à droite, en haut). La petite ville idyllique de Michelbach (en bas à droite, en bas) a plus de 900 ans et fait également partie de Gaggenau. L'une des caractéristiques de la moyenne vallée de la Murg et surtout des vallées latérales sont les fanoirs à traverse disséminés sur les pentes (à droite). Des bûcherons tyroliens et des Bavarois qui vinrent dans cette région après la Guerre de Trente Ans importèrent de chez eux cette façon de conserver le foin. Dans l'espace subalpin, ce n'est que dans la vallée de la Murg que l'on voit autant de fanoirs. Ils se dressent sur les pentes abruptes et donnent un charme particulier à cette partie étroite de la vallée au romantisme sauvage.

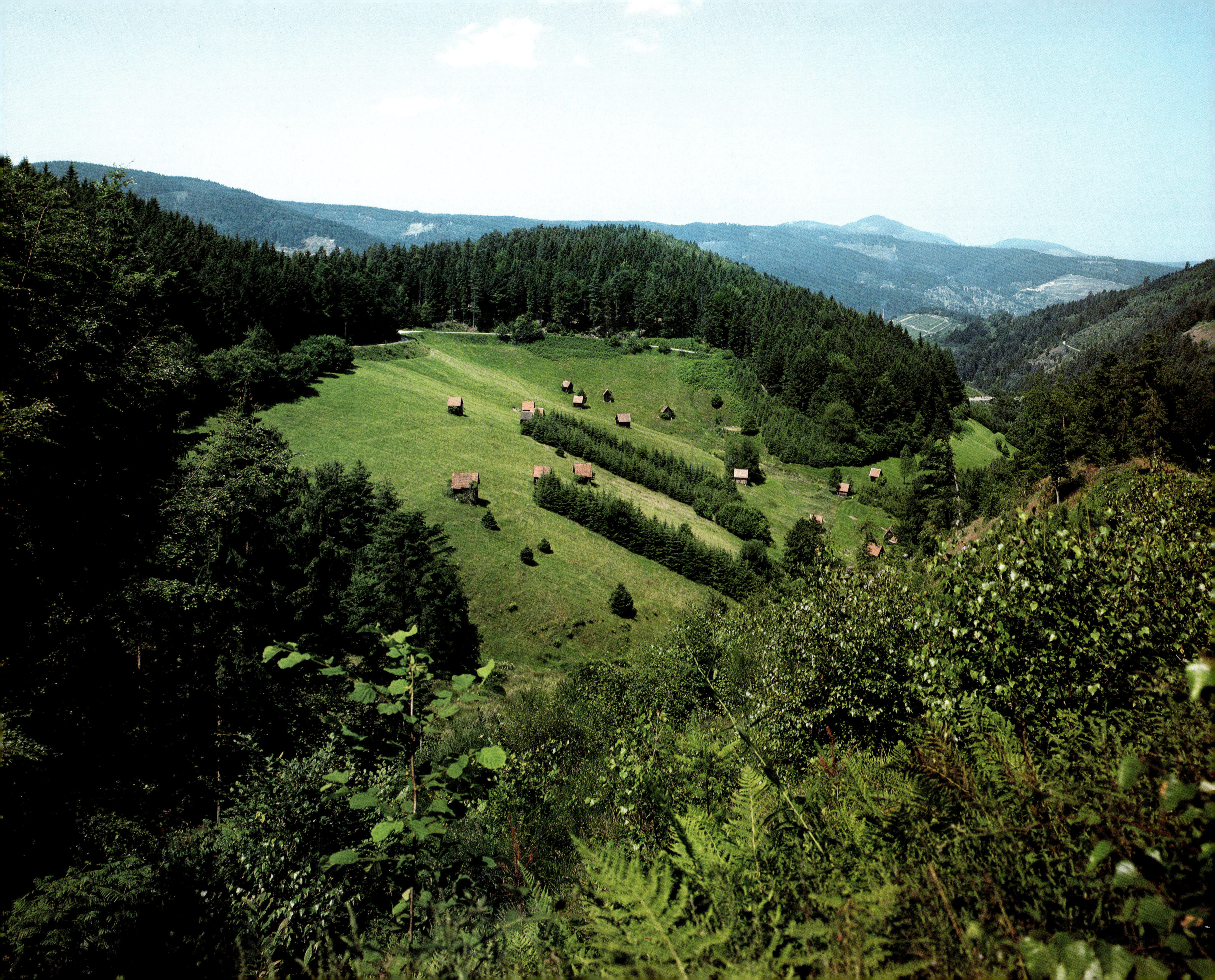

Tradition und Fortschritt verbinden sich in dem freundlichen Städtchen Gernsbach (unten links), das im 15. und 16. Jahrhundert durch die Murgflößerei zu wirtschaftlicher Blüte gelangte und heute als Luftkurort beliebt ist. – Das Wahrzeichen für den gernbesuchten Luftkurort Forbach (unten rechts) ist die mächtige, die Murg überspannende überdachte Holzbrücke, die von der handwerklichen Fertigkeit in der Holzverarbeitung zeugt. – Zu der großen Gemeinde Forbach gehört auch die auf der Höhe, in der Nähe der Schwarzwaldhochstraße gelegene Schwarzenbach-Talsperre. Ihre Wasser dienen der Energiegewinnung ebenso wie den Wassersportlern zu ihren erfrischenden Vergnügungen (rechts).

Tradition and progress are combined in the delightful little township of Gernsbach (below, left), which enjoyed economic prosperity in the 15th and 16th centuries through rafting logs down the River Murg and which is now a popular climatic health resort. – Symbolic of another popular climatic health resort, Forbach (below, right), is the huge covered timber bridge spanning the Murg – a testimony to the woodworkers' skill. – Also part of the Forbach district is the Schwarzenbach Dam, situated in the hills near the Black Forest Mountain Road. Its water, besides generating electricity, is also a source of pleasure for water sports enthusiasts (right).

Tradition et progrès s'allient dans la sympathique petite ville de Gernsbach (en bas à gauche) qui connut aux 15ème et 16ème siècles une grande prospérité économique grâce au flottage du bois sur la Murg, et qui est aujourd'hui fréquentée comme station climatique. Le symbole de Forbach, une station climatique également fréquentée (en bas à droite) est l'immense pont de bois couvert jeté au-dessus de la Murg, témoignage de l'adresse des artisans dans le travail du bois. Fait aussi partie de la grande commune de Forbach le barrage de Schwarzenbach construit sur les hauteurs à proximité de la Route des Crêtes de la Forêt-Noire. Ses eaux servent à produire de l'énergie et offrent aux amateurs de sports nautiques d'innombrables possibilités (à droite).

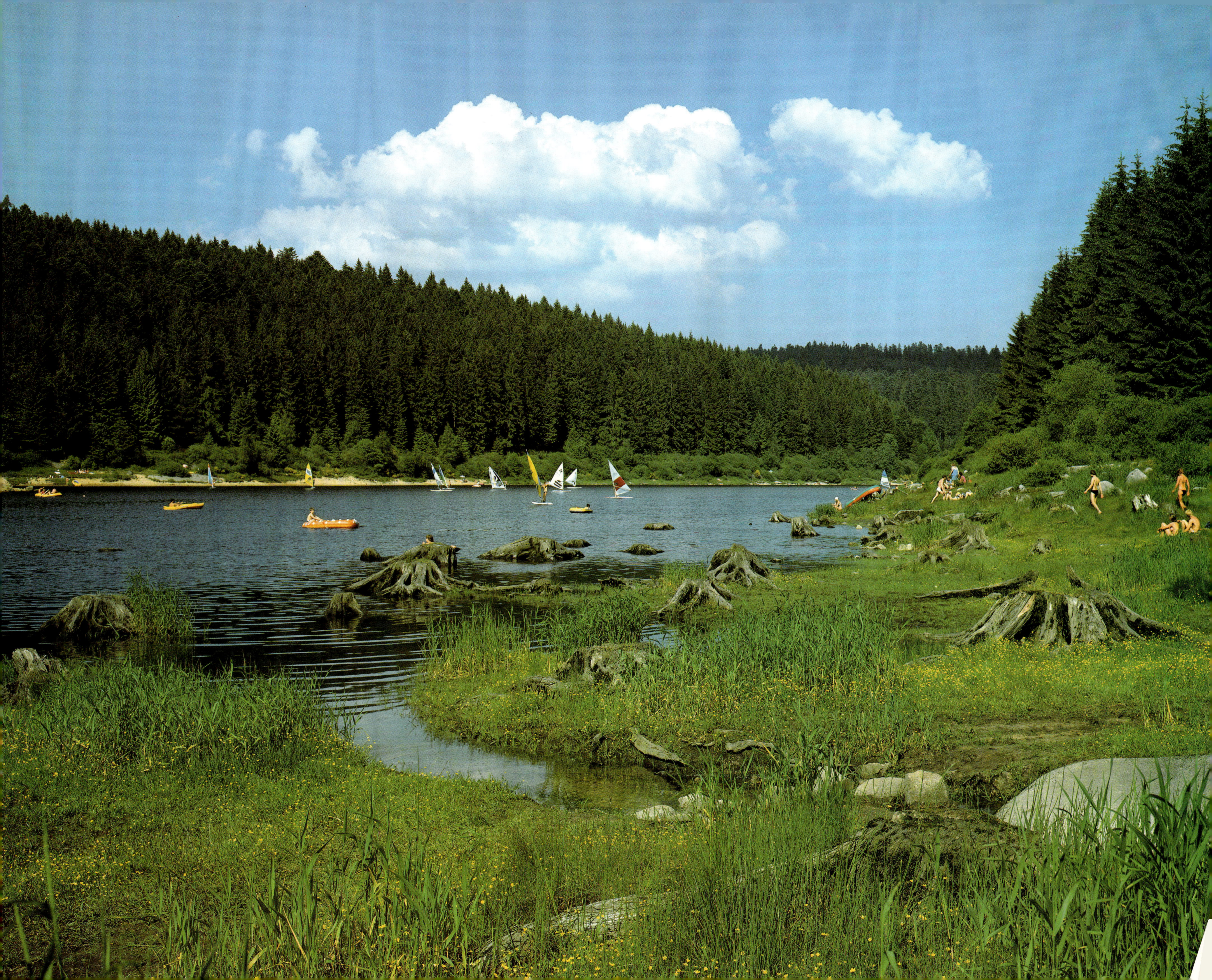

Der frühere Glasmacherort Schönmünzach (unten links: Blick vom Verlobungsfelsen) liegt an der Mündung der Schönmünz in die Murg, inmitten des „Schifferschaftswaldes". Der gepflegte Kneippkurort ist Ausgangspunkt für genußreiche Wanderungen in die umliegenden Nebentäler. – Die Murg, die sich durch hohe Felswände, über große Steinbrocken hinweg ihren Weg sucht, zeigt etwas unterhalb des Ortes sehr eindrucksvoll die Romantik des Tales (unten rechts). – Die Kneippkur in Schönmünzach findet eine glückliche, natürliche Ergänzung durch die Luftkur im zugehörigen Schwarzenberg, dessen anmutiges Kirchlein beschützend vom Berg herab grüßt (rechts).

The former glass-making centre of Schönmünzach (below, left: view from the "Betrothal Rock") lies at the confluence of the Schönmünz and the Murg, in the middle of the "Murg Navigators' Corporation Forest". This pleasant hydropathic spa is the starting-point for enjoyable walks into the surrounding side-valleys. – At a point just below the town the Murg displays, in impressive fashion, the romantic nature of the valley as it cuts its way through steep, high cliffs and past huge boulders (below, right). – Hydropathic treatment in Schönmünzach is supplemented by natural climatic health resort amenities in Schwarzenberg, where the attractive little hillside church casts its protective aura over the town (right).

Le village de Schönmünzach, où l'on fabriquait autrefois du verre (en bas à gauche: vue du Verlobungsfelsen) est situé au confluent de la Schönmünz et de la Murg, dans le « Schifferschaftswald ». Cette jolie station de cures Kneipp est le point de départ de magnifiques randonnées dans les vallées voisines. La Murg, qui cherche son chemin entre les hautes parois et d'énormes blocs de rochers, forme un peu en contrebas du village une vallée romantique impressionnante (en bas à droite). La cure Kneipp de Schönmünzach trouve un très heureux complément naturel dans la cure climatique de Schwarzenberg dont la gracieuse petite église perchée semble protéger les environs.

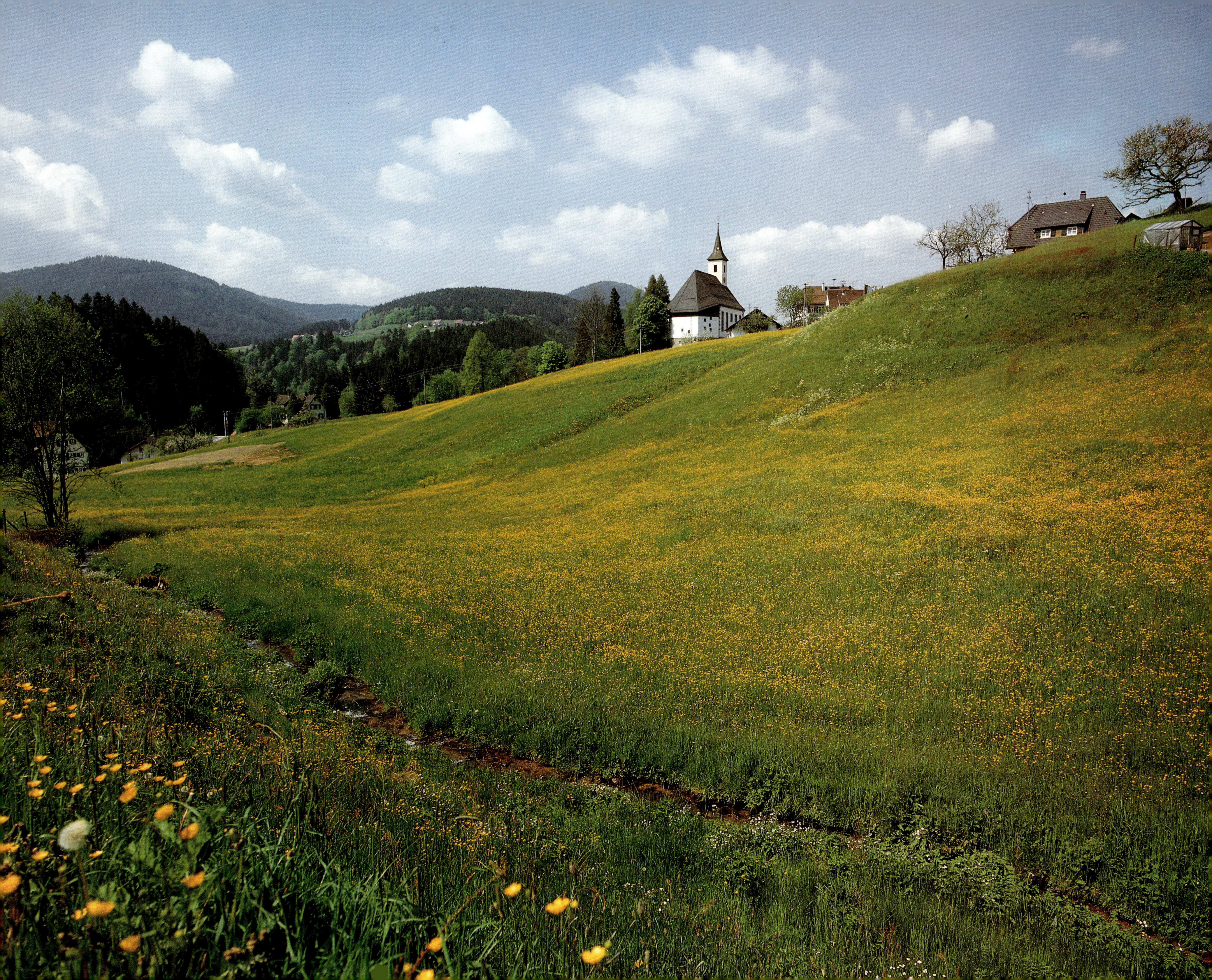

Im oberen Murgtal (rechts) bestimmen Wiesen und Wälder das Landschaftsbild, das sich im Herbst besonders stimmungsvoll darbietet. In diesem Teil fließt die Murg, anders als im unteren, felsenreichen Abschnitt, ruhig durch die weite Talaue. – Die zwei mächtigen Türme des von den Hirsauer Benediktinermönchen 1082 gegründeten Klosters bestimmen das Ortsbild des Luftkurortes Klosterreichenbach (unten links). In seiner frühromanischen Kirche finden zur Sommerzeit Kammerkonzerte statt (siehe Seite 204), die sich eines großen Freundeskreises erfreuen. – Der Blick vom Rinkenturm in das ruhige, vom Durchgangsverkehr unberührte Tonbachtal (unten rechts), in dem große Hotels Akzente setzen, vermittelt den Eindruck einer von weiten Wäldern umschlossenen Oase der Ruhe.

In the upper regions of the Murg Valley (right) the main features of the scenery, particularly attractive in autumn, are woods and meadows. Here, in contrast to the lower, rock-strewn section, the Murg flows gently through wide river meadows. – The townscape of the climatic health resort of Klosterreichenbach (below, left) is dominated by the two huge towers of the monastery founded in 1082 by the Hirsau Benedictine monks. In summer, highly-popular concerts of chamber music (see page 204) are held in the Early Romanesque church here. – The view from the Rinkenturm Tower down into the secluded Tonbach Valley, which has no through traffic and where large hotels are notable features, conveys the impression of an oasis of peace and quiet enclosed by vast forests.

Dans la vallée supérieure de la Murg (à droite), forêts et prairies caractérisent le paysage qui se présente en automne sous un aspect particulièrement séduisant. Cette partie, où la Murg coule paisiblement à travers la large vallée, est bien différente de la vallée inférieure, beaucoup plus rocheuse. Les deux tours imposantes de l'abbaye fondée en 1082 par les Bénédictins de Hirsau donnent son originalité à la station climatique de Klosterreichenbach (en bas à gauche). Pendant l'été, des concerts ont lieu dans son église romane (voir page 204). Le panorama que l'on découvre de la tour dite Rinkenturm sur la paisible vallée du Tonbach, située à l'écart de la grande circulation (en bas à droite), donne l'impression d'une oasis de calme dans un cadre de vastes forêts.

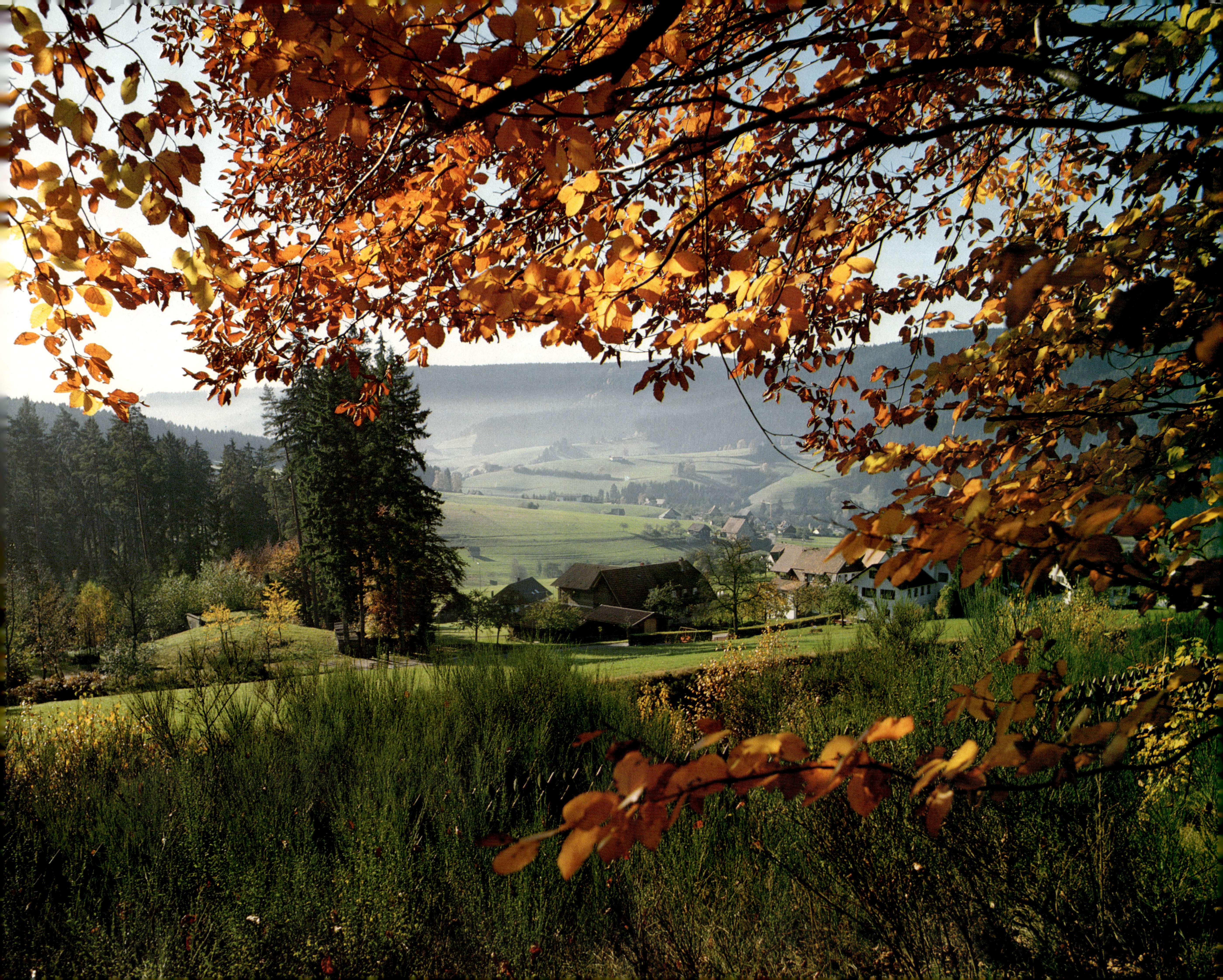

Mit seinen zahlreichen Teilgemeinden im oberen Murgtal, bis Schönmünzach-Schwarzenberg talabwärts und auf der Höhe bis zum Schliffkopf an der Schwarzwaldhochstraße, ist Baiersbronn (unten) die flächengrößte Gemeinde Baden-Württembergs und gehört zu den am meisten besuchten Luftkurorten Deutschlands. Der große Waldreichtum macht den Ort zum idealen Ausgangspunkt für Wanderungen in seine idyllischen Seitentäler, wie z.B. das Sankenbachtal mit Wasserfall und kleinem See (rechts). Baiersbronn, in gelockerter Bauweise auf Haupt- und Nebentäler ausgebreitet, kann auch auf eine lange Tradition als Wintersportplatz zurückblicken. Mit der Schwarzwaldhochstraße zusammen bildet es das Hauptwintersportgebiet des nördlichen Schwarzwaldes.

With its numerous outlying districts in the upper reaches of the Murg Valley extending downstream as far as Schönmünzach-Schwarzenberg and uphill as far as the Schliffkopf on the Black Forest Mountain Road, Baiersbronn (below) covers the largest area of any community in Baden-Württemberg and is one of Germany's most popular climatic health resorts. The vast woodlands make the spa an ideal starting-point for walks into the delightful side-valleys such as the Sankenbach Valley with its waterfall and small lake (right). Baiersbronn, which straggles along the main valley and into side-valleys, can boast a long tradition as a winter sports centre. Together with the Black Forest Mountain Road it forms the main area for winter sports in the Northern Black Forest.

Avec ses nombreuses communes annexes qui s'étendent de la vallée supérieure de la Murg jusqu'à Schönmünzach-Schwarzenberg dans le creux de la vallée et sur les hauteurs du Schliffkopf le long de la Route des Crêtes de la Forêt-Noire, Baiersbronn (en bas) est la commune la plus étendue du Bade-Wurtemberg et compte parmi les stations climatiques les plus fréquentées d'Allemagne. L'importance de ses forêts fait de cette région un point de départ idéal pour les randonnées dans les vallées latérales idylliques, pour découvrir par exemple la vallée du Sankenbach, sa cascade et son petit lac (à droite). Baiersbronn, qui s'étend sur la vallée principale et les vallées secondaires, a une longue tradition de station de sports d'hiver. Avec la Route des Crêtes de la Forêt-Noire, elle constitue le plus grand domaine de sports d'hiver de la Forêt-Noire du Nord.

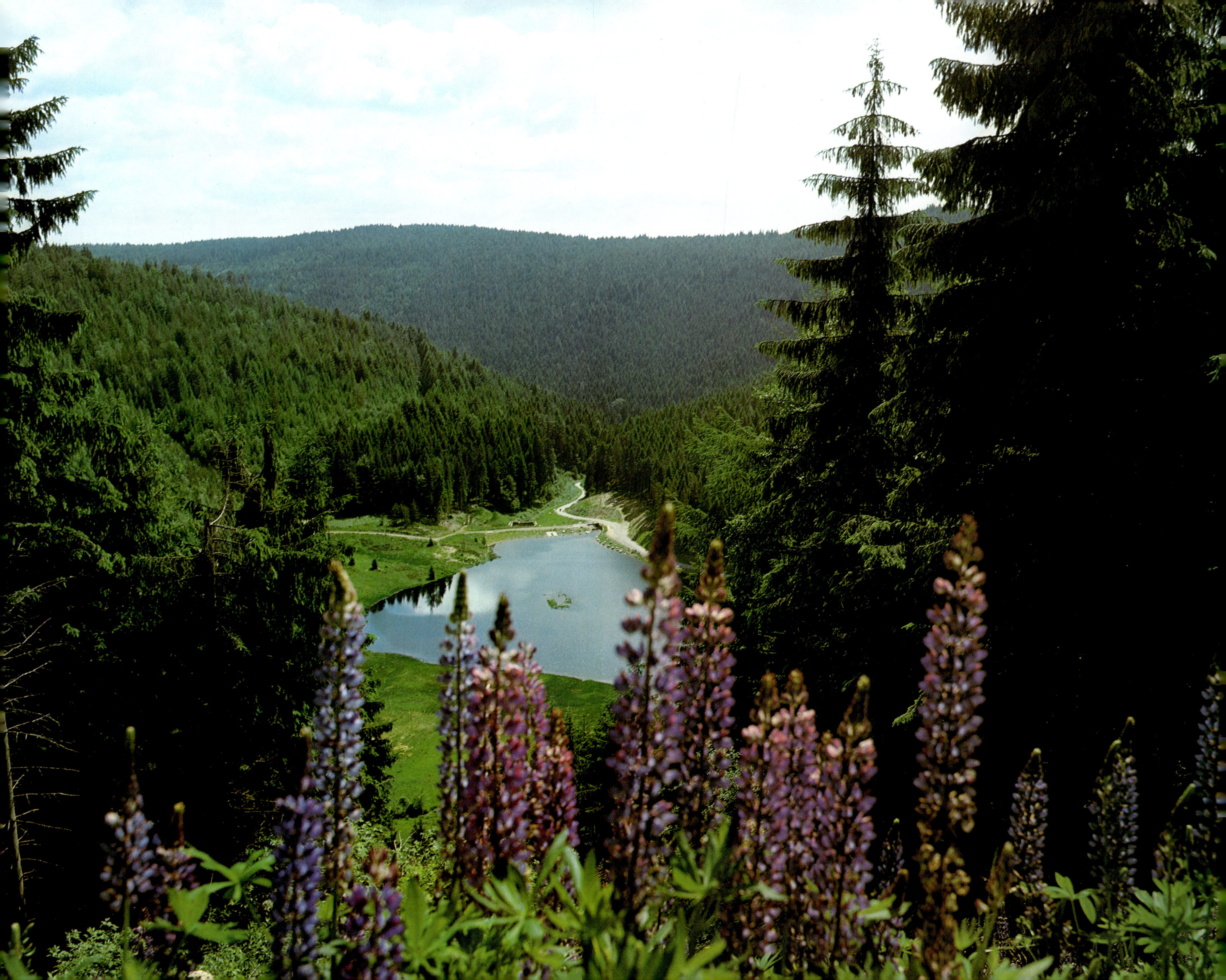

Pforzheim (rechts), die Goldstadt, am Zusammenfluß von Enz, Nagold und Würm, ist eines der Haupteingangstore zum nördlichen Schwarzwald. Als Zentrum der deutschen Schmuckwarenindustrie hatte es schon vor dem Krieg internationalen Ruf, den es durch einen raschen Wiederaufbau nach seiner schweren Zerstörung im Jahre 1945 wiedergewonnen und ausgebaut hat. Eine einzigartige Dokumentation der Geschichte des Schmuckes über Jahrtausende ist die Schmucksammlung im Reuchlinhaus, dem kulturellen Mittelpunkt der Stadt (unten rechts). Hier werden auch, einmalig in der Welt, etwa 1200 Ringe aus vier Jahrtausenden gezeigt. – Zwischen Pforzheim und Karlsruhe lädt das hübsche Waldbronn mit neuem, attraktivem Thermalbad und heimeligen Fachwerkhäusern ein (unten).

Pforzheim (right), the "golden city", situated at the confluence of the Enz, Nagold and Würm, is one of the main gateways to the Northern Black Forest. As the centre of the German jewelry trade it already enjoyed an international reputation before the war–a reputation which it quickly restored and increased by virtue of rapid reconstruction following the severe damage the city suffered in 1945. The Reuchlinhaus (below, right), focal point of cultural life in Pforzheim, provides a unique documentation of the history of jewellery over thousands of years. Here, too, a unique collection of some 1,200 rings, covering a period of four thousand years, is on display. – Between Pforzheim and Karlsruhe is the pretty township of Waldbronn with its attractive new thermal baths and snug half-timbered houses (below).

Pforzheim (à droite), la ville de l'or, située au confluent d'l'Enz, de la Nagold et de la Würm, est l'une des portes principales de la Forêt-Noire du Nord. Centre de l'industrie allemande du bijou, elle avait déjà avant-guerre un renom international qu'elle a reconquis et consolidé après avoir rapidement reconstruit les quartiers qui avaient subi de graves dommages en 1945. La Collection de bijoux de la Reuchlinhaus, centre culturel de la ville (en bas à droite), est une documentation unique sur l'histoire du bijou. On y présente ce que l'on ne peut voir nulle part ailleurs: environ 1200 bagues originaires de 4 millénaires. Entre Pforzheim et Karlsruhe, la jolie ville de Waldbronn, avec sa nouvelle piscine thermale et ses maisons à colombages typiques, a beaucoup d'attrait.

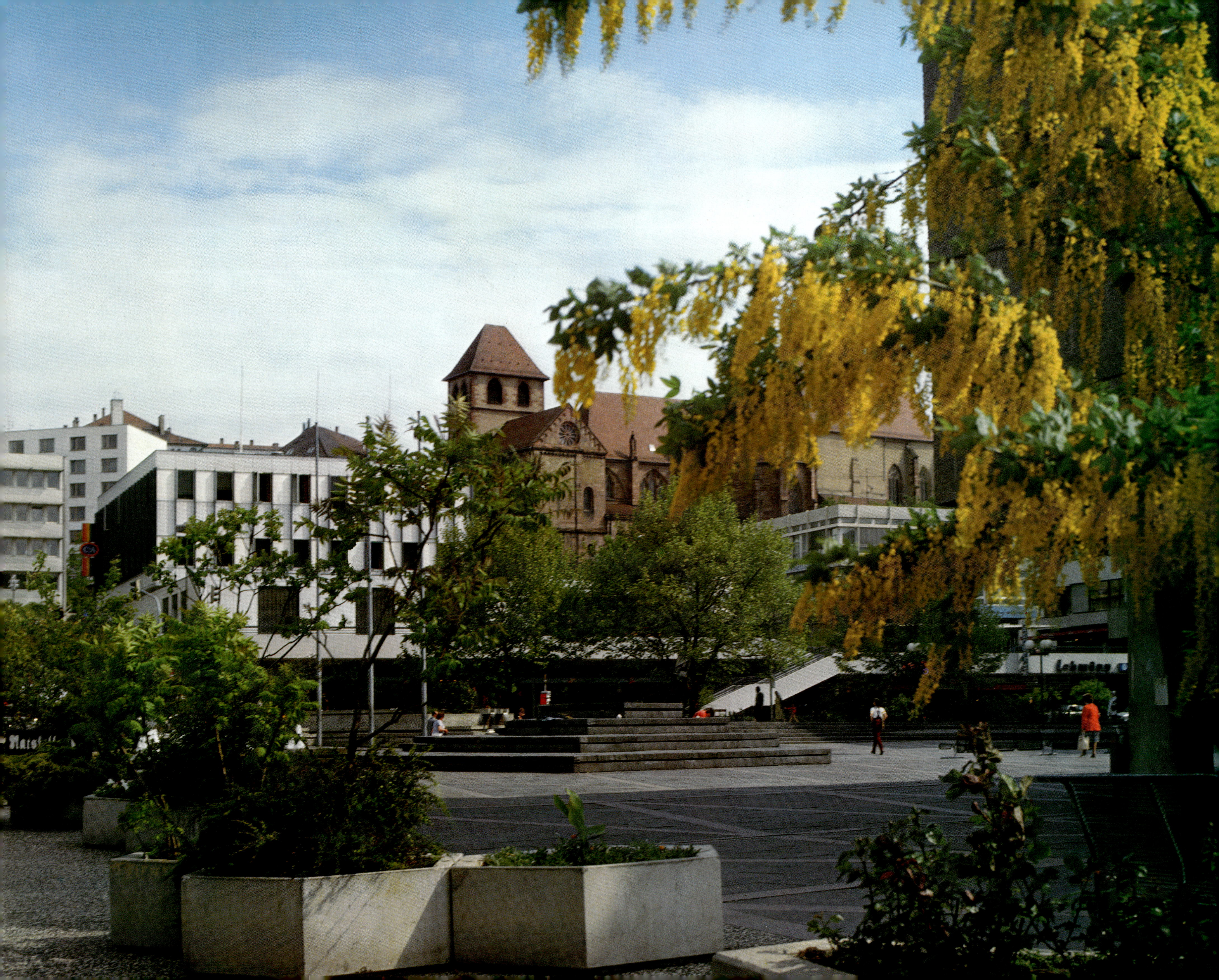

Bad Herrenalb (unten links), in einem aus sieben Tälern gebildeten schützenden Kessel gelegen, geht auf die Gründung eines Zisterzienserklosters im Jahre 1150 zurück, dessen Ruinen das Wahrzeichen des Ortes bilden. Während einerseits seine reizmilde Thermalquelle im Mineral-Thermalbadezentrum des Heilbades therapeutisch genutzt wird, ist andererseits die weitgehend nebelfreie Lage im Mittelgebirgsklima des heilklimatischen Kurortes für einen Kurerfolg besonders günstig. – Wildbad, traditionsreiches, früher württembergisches Staatsbad im oberen Enztal, von Paracelsus empfohlen als „heilsames und stärkendes Wasser, das heiß ist, wie man es vertragen kann, indem es denselben Grad von Wärme wie das lebende Blut hat", gehört zu den bekanntesten Thermalbädern Deutschlands. In seinen modernen Badeanlagen (unten rechts) und Kurmittelhäusern finden viele Badegäste Heilung. Einen besonderen Reiz haben die gepflegten Kuranlagen entlang der Enz (rechts).

Bad Herrenalb (below, left), situated in a sheltered hollow formed by seven valleys, dates back to the founding of a Cistercian monastery in the year 1150; the ruins of this monastery are now the town's symbol. While, on the one hand, the mild yet bracing waters of the mineral spring are used in the thermal bathing centre for therapeutic purposes, the health resort's largely fog-free location, on the other, together with its medium-altitude mountain climate, provide particularly favourable conditions for successful spa treatment. – Wildbad, a traditional former Württemberg state health resort in the Upper Enz Valley, recommended by Paracelsus for its "salubrious and bracing waters which are hot yet bearable, having the same degree of heat as living blood", is one of Germany's best-known thermal spas. Many spa visitors are successfully treated in its modern baths (below, right) and medical centres. Specially attractive are the carefully-tended spa gardens along the Enz (right).

Bad Herrenalb (en bas, à gauche) située dans un creux formé par six vallées, a pour origine la fondation d'un couvent de Cisterciens en 1150, dont les ruines sont devenues l'emblème de la ville. Tandis que l'on utilise sa source thermale dans le centre d'eaux thermales et minérales de la station de cures à des fins thérapeutiques, l'on peut aussi profiter du climat de montagne moyenne de la station et de sa situation privilégiée. Wildbad, autrefois station thermale de l'Etat de Wurtemberg, est l'une des stations thermales les plus réputées d'Allemagne. Elle est située dans la vallée supérieure de l'Enz; Paracelse en conseillait les eaux « curatives et vivifiantes, d'une chaleur supportable parce qu'elles sont à la même température que le sang vivant ». Nombreux sont ceux qui trouvent la guérison dans ses installations thermales (en bas à droite). Les beaux jardins aménagés le long de l'Enz ont beaucoup de charme (à droite).

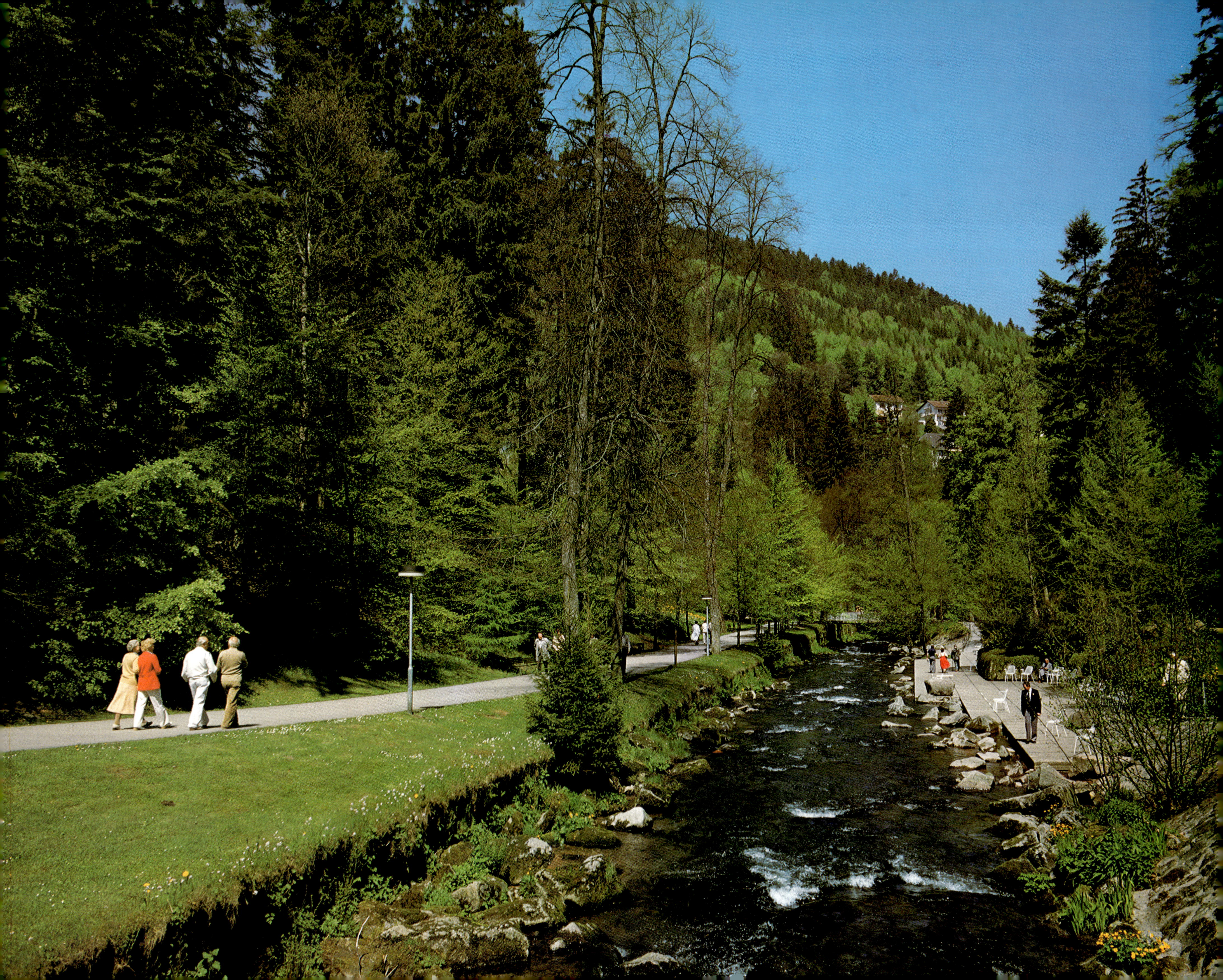

Am Beginn des Enztales, hübsch gelegen, erhielt der beliebte Luftkurort Enzklösterle (unten) von einem kleinen, schon im 15. Jahrhundert aufgehobenen Kloster seinen Namen. Heute unterhält der Ort mit der Pflege des Brauchtums, wie z. B. der Wiederinbetriebnahme eines alten Kohlenmeilers und der „Tanzmühle" seine Gäste. Die „Riesenrutschbahn" im nahegelegenen Poppeltal ist im Sommer, ebenso wie der Abfahrtshang mit Lift und Flutlicht im Winter, ein Gaudium für Jung und Alt. – Die Stille und Alltagsferne des Hohlohsees (rechts) werden von Naturliebhabern besonders geschätzt. Mit dem nahen Wildsee und Hornsee liegt er in der ausgedehntesten Hochmoorplatte Deutschlands. Diese Überbleibsel der Eiszeitgletscher sind nur über einen Knüppeldamm zu erreichen.

Prettily situated at the entrance to the Enz Valley, the popular climatic health resort of Enzklösterle (below) owes its name to a monastery which was dissolved as long ago as the 15th century. Nowadays the township entertains its guests with the preservation of old customs and usages such as the resurrection of an old charcoal kiln and the "Black Forest Dance Mill". In summer, the "giant chute" in the nearby Poppel Valley is a source of enjoyment for young and old alike as are, in winter, the skiing slopes and ski-lift. – The quietness and seclusion of the Hohloh lake (right) are particularly appreciated by nature lovers. The spa, together with the Wildsee and Hornsee lakes, lies in Germany's largest expanse of upland moors. These relics of Ice Age glaciers are only accessible along a corduroy road.

Située à l'orée de la vallée de l'Enz, la station climatique très appréciée d'Enzklösterle (en bas) tient son nom d'un petit couvent qui avait déjà été construit au 15ème siècle. Aujourd'hui, la station sait aussi divertir ses hôtes en faisant revivre les traditions, la remise en activité d'une ancienne meule de charbonnier et du moulin « Tanzmühle » par exemple. Le toboggan géant de la vallée de la Poppel toute proche fait en été la joie des petits et des grands, et la piste de ski éclairée est en hiver appréciée de tous. Le calme et la solitude du lac Hohlohsee (à droite) séduisent particulièrement les amoureux de la nature : il est situé sur le haut plateau de fagnes le plus vaste d'Allemagne, à proximité des lacs Wildsee et Hornsee. On ne peut atteindre ces vestiges de l'époque glaciaire que par un caillebotis.

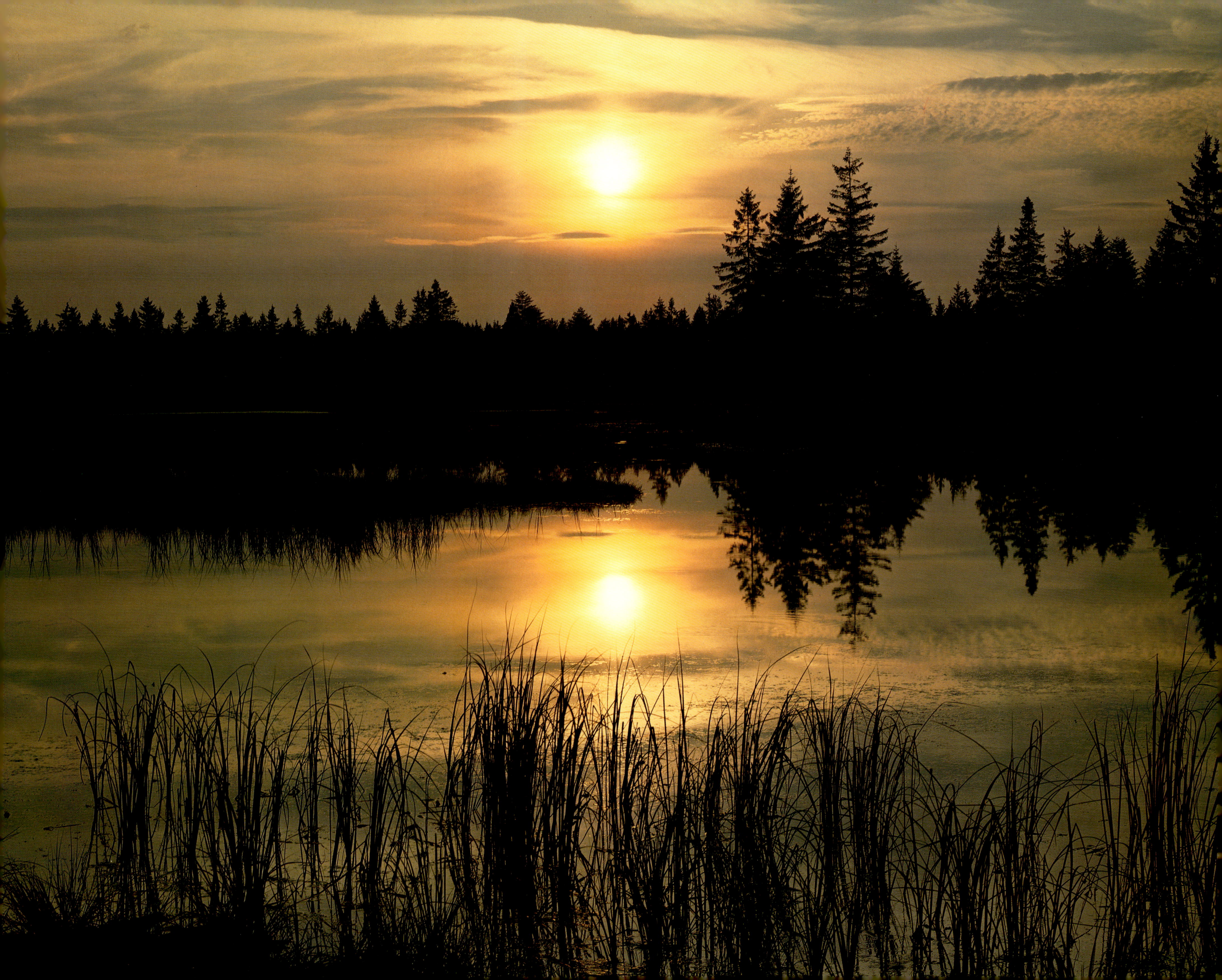

Das liebenswürdige Heilbad im Nagoldtal Bad Liebenzell (unten) verfügt mit modernem Kurmittelhaus und neuerbautem Paracelsusbad über zeitgemäße Therapieeinrichtungen. Burg Liebenzell, um 1200 erbaut, 1954 restauriert, steht wie ein Hüter über dem Ort und ist heute ein internationales Jugendzentrum. – Das traditionsreiche Bad Teinach (rechts) liegt im anmutigen Teinachtal, eingebettet in die umgebenden Berge. Bereits 1345 erstmals urkundlich erwähnt, erlebte es manche Glanzzeit, besonders nachdem der württembergische König Wilhelm I. 1835 seine Sommerresidenz hierher verlegte. Die Wasser der fünf heilkräftigen Quellen, unter ihnen die bekannte Hirschquelle, finden nicht nur für die Bäder-Therapie Verwendung, sondern werden auch als Tafelwasser verschickt. – Auf einer Felsnase über dem Teinachtal kündet die Burgruine Zavelstein, um das Jahr 1100 erbaut, von bewegter Vergangenheit. – Den 12 Häusern bei der Burg mit ihren ca. 250 Einwohnern verlieh Graf Eberhard von Württemberg als Dank für den Schutz nach einem Überfall die Stadtrechte. So war Zavelstein (unten rechts) lange Zeit die kleinste Stadt Deutschlands.

The delightful health resort of Bad Liebenzell (below) in the Nagold Valley with its modern treatment centre and newly-built Paracelsus baths possesses the most up-to-date therapeutic facilities. Liebenzell Castle, built around 1200 and restored in 1954, stands guard, as it were, over the resort; it is now used as a youth centre. – The traditional old township of Bad Teinach (right) lies in the attractive Teinach Valley, nestling amidst the surrounding mountains. First referred to in an official document as long ago as 1345, it experienced many glorious eras, particularly after King Wilhelm I of Württemberg moved his summer residence there in 1835. The water from the five medicinal springs, including the well-known "Hirschquelle", is not only used for therapeutic purposes; it is also exported as mineral water for drinking. – The ruins of Zavelstein Castle, built around 1100 on a ledge of rock jutting out over the Teinach Valley, stand as mute testimony to its turbulent history. Count Eberhard of Württemberg granted a town charter to the 250 inhabitants of the 12 houses beside the castle as a token of his gratitude for shelter after a surprise attack. Thus Zavelstein (below, right) was for many years the smallest town in Germany.

La ravissante station de cures de Bad Liebenzell, située dans la vallée de la Nagold, dispose, avec son établissement thermal moderne et sa piscine Paracelse, construite récemment, d'installations thérapeutiques adaptées aux exigences modernes. Le château de Liebenzell, construit vers 1200, restauré en 1954, semble se dresser comme un gardien au-dessus du village. Il est aujourd'hui un centre international de la jeunesse. Bad Teinach (à droite), aux très anciennes traditions, est située dans la jolie vallée de la Teinach, encastrée dans les montagnes qui l'entourent. Elle est mentionnée pour la première fois dès 1345 dans un document et connut un certain éclat lorsque le roi Guillaume Ier de Wurtemberg en fit en 1835 sa résidence d'été. Les eaux des cinq sources curatives (la Hirschquelle en particulier est très célèbre) ne sont pas uniquement utilisées à des fins thérapeutiques, mais aussi comme eau de table. Les ruines du château de Zavelstein, construit vers 1100, se dressent sur un promontoire rocheux au-dessus de la vallée de la Teinach et évoquent un passé mouvementé. Le Comte Eberhard de Wurtemberg offrit aux 12 maisons situées près du château et à leurs 250 habitants les droits de cité pour les remercier d'avoir protégé la ville lors d'une attaque ennemie. Ainsi Zavelstein (en bas à droite) fut-elle pendant longtemps la plus petite cité d'Allemagne.

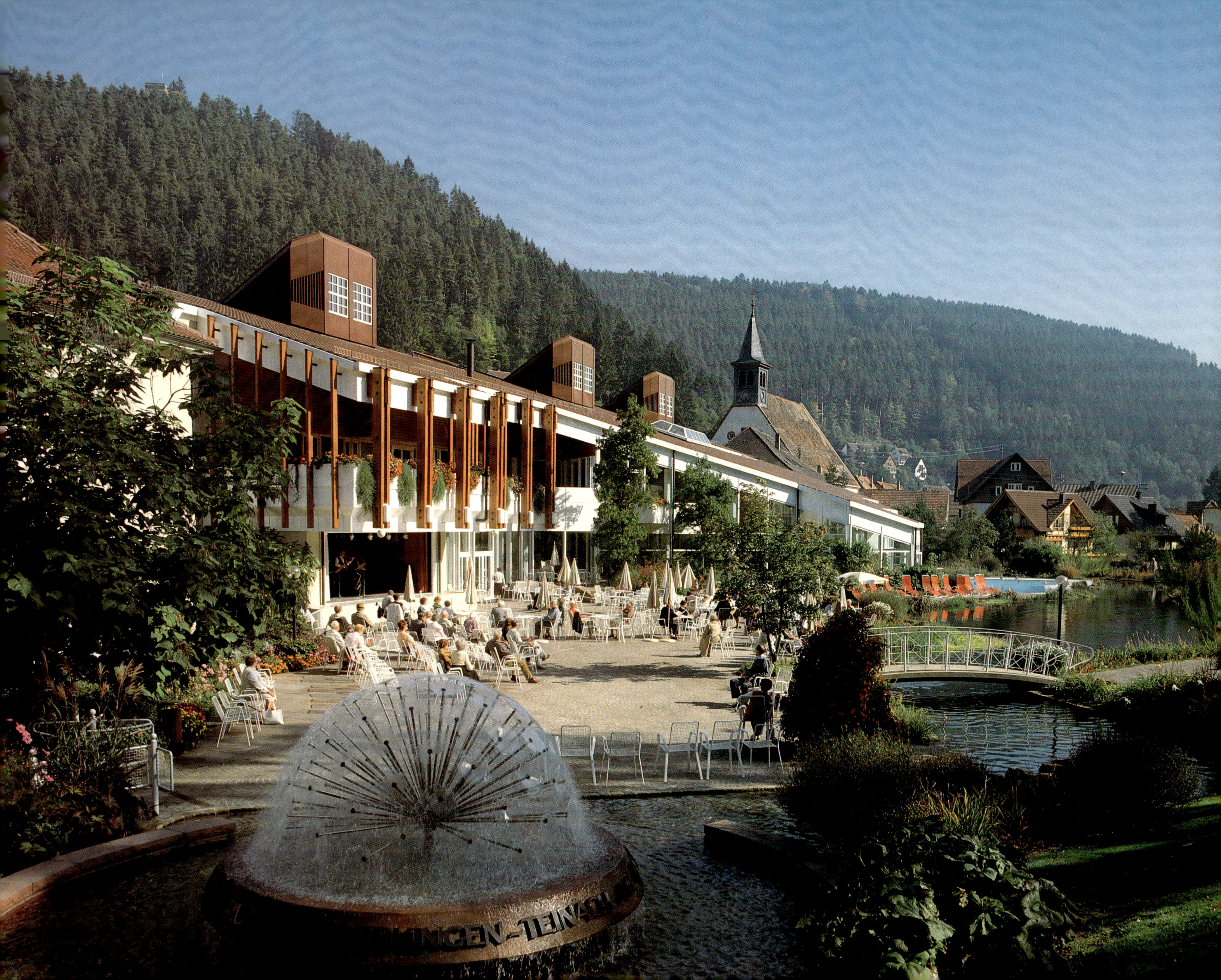
TEINACH

Von den Anlagen des einst so bedeutungsvollen Benediktinerklosters Hirsau aus dem 9. Jahrhundert sind nur noch der Eulenturm der Peter- und Paul-kirche, die Marienkapelle, das Langhaus der Aureliuskirche und Teile des spätgotischen Kreuzganges erhalten. Hier werden zur Sommerzeit Klosterspiele aufgeführt (siehe Seite 204). Vom 1586 erbauten herzoglichen Jagdschloß stehen nur noch die Außenmauern (unten links). – Der sorgsam restaurierte mittelalterliche Stadtkern von Calw (unten rechts) mit stattlichen Fachwerkhäusern und bemerkenswertem Rathaus von 1673 beeindruckt in seiner Geschlossenheit die Besucher dieser Stadt. Im Nagoldtal gelegen, einst ein bedeutender Schwerpunkt des Gerber- und Tuchmachergewerbes, war sie im 17. und 18. Jahrhundert Sitz der „Calwer Zeughandlungskompagnie". Der Handel wie auch die Flößerei, die bis Ende des 19. Jahrhunderts betrieben wurden, vermehrten den Reichtum der Stadt. Das Andenken an den bedeutendsten Sohn der Stadt, den Dichter Hermann Hesse, bewahren die Calwer liebevoll in einer Gedenkstätte und einem Hermann-Hesse-Gedächtnisbrunnen. – Auf der Höhe über dem Nagoldtal liegt der freundliche Ferienort Neubulach. Seine Blütezeit erlebte der Ort vom 13. bis 15. Jahrhundert durch den lohnenden Silberbergbau. – In der Nähe findet sich der malerische Dachshof (rechts).

Of all the buildings comprising the once important 9th century Benedictine monastery in Hirsau, only the "Owl Tower" of the Church of St. Peter and St. Paul, St. Mary's Chapel, the main aisle of the Church of St. Aurelius and parts of the Late Gothic cloisters remain. Here, in summer, festival plays are performed (see page 204). Of the ducal hunting-lodge built in 1586 only the outer walls have survived (below, left). – The compact and uniform appearance of the carefully restored medieval centre of Calw (below, right) with its handsome half-timbered houses and notable Town Hall dating from 1673 impresses all visitors. Situated in the Nagold Valley and once an important centre of the tanning and cloth-making industries, it was, in the 17th and 18th centuries, the headquarters of the "Calw Cloth Trading Company". Commerce, together with the rafting of timber along the river–which lasted until the end of the 19th century–increased the town's affluence. The inhabitants lovingly cherish the memory of the town's most illustrious son, the poet Hermann Hesse, in the form of a memorial and a Hermann Hesse commemorative fountain. – In the hills overlooking the Nagold Valley is the pleasant holiday resort of Neubulach, which enjoyed its greatest period of prosperity–due to the mining of silver–between the 13th and 15th centuries. – Nearby is the picturesque Dachshof (right).

De tout l'ensemble architectural de l'abbaye des Bénédictins de Hirsau, qui date du 9ème siècle et eut à l'époque un grand rayonnement, il ne reste plus que la Tour aux Chouettes de l'église St-Pierre et St-Paul, la chapelle de la Vierge, la grande nef de l'église St-Aurélien et quelques parties du cloître de style gothique tardif où, pendant l'été, l'on représente les Jeux de l'Abbaye (voir page 204). Du château de chasse ducal construit en 1586 (en bas, à gauche) ont seuls subsisté les murs extérieurs. Le cœur médiéval de la ville de Calw (en bas à droite), restauré avec beaucoup de soin, avec ses maisons à colombages imposantes et son splendide hôtel de ville de 1673, produit sur les visiteurs une forte impression. Située dans la vallée de la Nagold, autrefois centre important de drapiers et de tanneurs, Calw fut aux 17ème et 18ème siècles le siège de la « Compagnie de commerce de tissus de Calw ». Le commerce et le flottage du bois qui y furent pratiqués jusqu'à la fin du 19ème siècle contribuèrent à la prospérité de la ville. Un monument commémoratif et une fontaine érigés en souvenir de Hermann Hesse témoignent de l'affection des habitants pour l'enfant du pays le plus célèbre. Sur les hauteurs qui dominent la vallée de la Nagold se trouve la jolie ville de Neubulach, villégiature très appréciée des vacanciers. L'exploitation très lucrative des mines d'argent contribua à l'essor de la ville entre le 13ème et le 15ème siècle. A proximité de Neubulach, l'on peut voir le très pittoresque Dachshof (à droite).

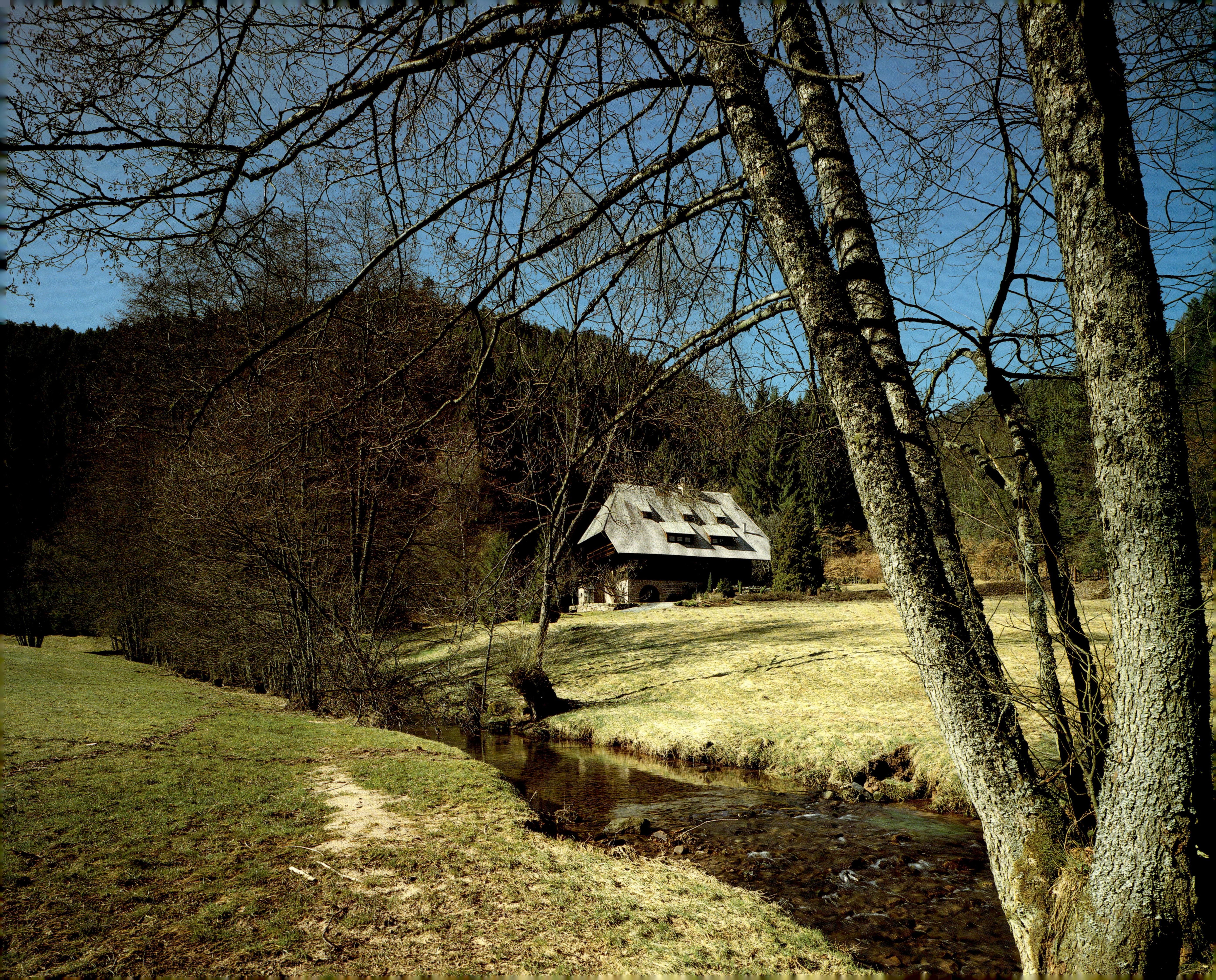

„Altensteig sehen, heißt es liebgewinnen." So charakterisiert Max Rieple das Bergstädtchen an der Nagold, das mit seinen, an steiler Bergflanke in Terrassen gestaffelten Bürgerhäusern, dem alten Schloß aus dem 13. Jahrhundert, seinem gotischen Rathaus und der Rokokokirche zu den reizvollsten Kleinstädten des Landes gehört (unten links). – Ähnlich an einem Bergrücken emporsteigend bietet das malerische Berneck eine außergewöhnliche Kulisse: Eine gewaltige, 38 m hohe, romanische Schildmauer aus dem 12. Jahrhundert, mit einem zweigiebeligen Schlößchen davor, überragt als Schutz bergseits das Städtchen (unten rechts). – Wo sich das Tal weitet, liegt der Luftkurort Nagold (rechts). Bereits 786 erwähnt, hat die Stadt eine reiche Tradition, wovon die Gottesackerkirche St. Remigius aus dem 8. Jahrhundert und die Ruinen der Burg Hohennagold Zeugnis ablegen. Von hier oben ist ein herrlicher Blick auf die Stadt zu genießen, die in ihrem Kern mit gepflegten Fachwerkhäusern einen kleinstädtischen Charakter bewahrt hat, jedoch mit der Ansiedlung von Industriebetrieben an ihrer Peripherie zu einem leistungsfähigen Mittelzentrum ausgebaut wurde.

"To see Altensteig is to fall in love with it." Thus did Max Rieple describe this mountain township on the Nagold which, with its houses rising in serried ranks up the steep mountain-side, its old 13th century castle, its Gothic town hall and rococo church, is one of the country's most charming little towns (below, left). – Also built on a mountain slope is the picturesque township of Berneck which boasts an unusual background: a huge 12th century, 38-metres high Romanesque curtain wall, fronted by a small two-gabled castle, which overlooks the town and protects it on the side facing the mountain (below, right). – At the point where the valley widens out lies the climatic health resort of Nagold (right). Documented as early as the year 786, the town is rich in tradition, as is evidenced by the 8th century Church of St. Remigius and the ruins of Hohennagold Castle. From here there is a superb view of Nagold which, with its neat half-timbered houses, has contrived to retain the character of a small township despite having become an efficient medium-sized business centre through the establishment of industrial firms on its outskirts.

« Voir Altensteig, c'est l'aimer ». C'est ainsi que Max Rieple caractérise la petite ville située sur les bords de la Nagold qui, avec ses maisons bourgeoises érigées en terrasse sur un flanc de montagne abrupt, son vieux château du 13ème siècle, son hôtel de ville gothique et son église rococo, est l'une des plus ravissantes petites villes du pays (en bas à gauche). Berneck, construite elle aussi à flanc de montagne, est une ville pittoresque dans un site étonnant: un imposant mur de protection de 38 m de haut, de style roman, datant du 12ème siècle avec, en avant, un petit château à deux frontons, protège la petite ville du côté de la montagne (en bas à droite). La station climatique de Nagold (à droite) se trouve à l'endroit où la vallée s'élargit. Déjà mentionnée en l'an 786, la ville a une longue tradition dont témoignent l'église St-Remigius datant du 8ème siècle et les ruines du château de Hohennagold. Le panorama que l'on découvre des hauteurs est superbe. La ville a conservé un caractère de petite ville médiévale avec, en son centre, des maisons à colombages très coquettes; mais les usines qui se sont implantées à la périphérie ont fait de Nagold une ville moyenne très dynamique.

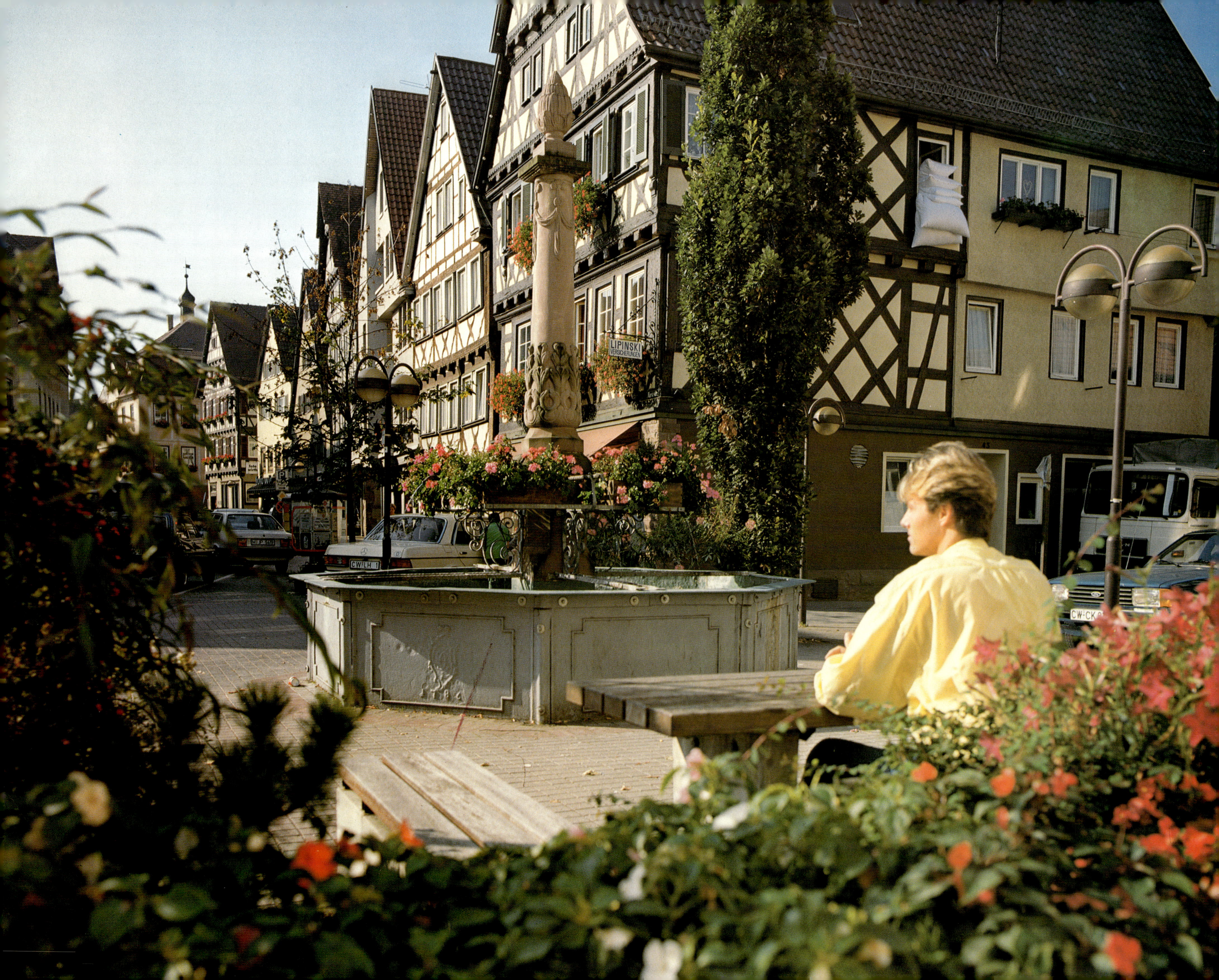

Im Quellgebiet der Nagold, auf weiter Hochfläche, liegt Urnagold mit seiner im 15. Jahrhundert erbauten Wehrkirche, die dem Apostel Johannes geweiht wurde. Nahebei hat sich Besenfeld, das mit seinen zahlreichen Teilorten die Gemeinde Seewald bildet, zu einem gernbesuchten Erholungsort entwickelt (unten: Geschwisterpärchen der Trachtengruppe Seewald). Am Anfang ihres Laufes, dort wo sie erst ein Bächlein ist, wird die Nagold bei Erzgrube, dessen Name auf den früher hier betriebenen Bergbau hinweist, in zwei harmonisch in die Landschaft eingefügten Becken aufgestaut. Eine Vielzahl von Wassersportlern trifft sich zur Sommerzeit in diesem herrlichen Naherholungsgebiet (rechts). Die weiten Wälder in seiner Umgebung laden auch zu ausgedehnten Wanderungen ein.

Urnagold, with its 15th century fortified church dedicated to John the Baptist, stands on a broad plateau near the source of the River Nagold. Nearby Besenfeld which, together with its numerous component districts, forms the community of Seewald, has become a popular health resort (below: brother and sister members of the Seewald local costume group). At Erzgrube (the name of which recalls the mining industry once carried out there), near the source of the Nagold and while it is still only a brook, the water has been dammed to form two small lakes which merge harmoniously into the surrounding countryside. In summer a large number of water sports enthusiasts congregate here in this superb recreational area (right). There are also extensive footpaths through the vast forests in the vicinity.

Dans la région où la Nagold prend sa source, Urnagold est située sur un large plateau. L'église, construite au 15ème siècle, fut érigée en l'honneur de l'apôtre Jean. A proximité, Besenfeld, qui forme avec ses nombreuses localités la commune de Seewald, est devenue une station de vacances très appréciée (en bas: un couple de frère et sœur du groupe folklorique de Seewald). Au début de son cours, à l'endroit où elle n'est encore qu'un petit ruisseau, près d'Erzgrube, les eaux de la Nagold sont rassemblées dans deux bassins qui s'intègrent harmonieusement au paysage. D'innombrables amateurs de sports nautiques se rencontrent l'été dans cette magnifique zone de détente (à droite). Les immenses forêts de la région invitent aussi à faire de grandes randonnées.

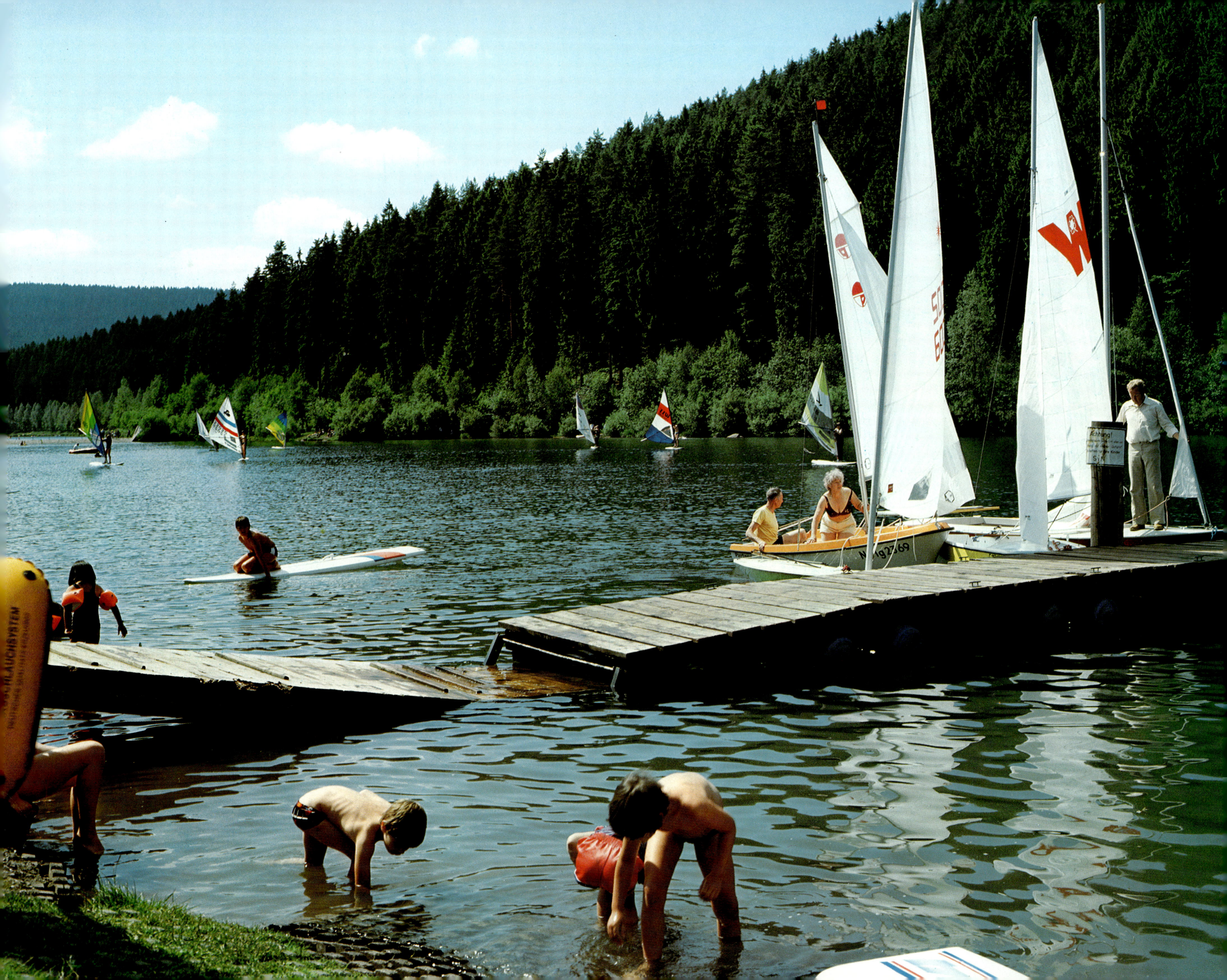
Achtung!

In einem ausgezeichneten Wandergebiet liegt auf sonniger Höhe der Luftkurort Pfalzgrafenweiler, umgeben vom ausgedehnten „Weiler Wald" (unten links: Jakobskirche und Pfarrhaus, das einzige Haus, welches den verheerenden Brand 1798 überstanden hat). Eine von den Römern angelegte Straße, die nach Altensteig führte, wurde von den nahen, heute nur noch als Ruinen bestehenden früheren Burgen Vörbach, Mandelberg und Rüdenberg beschützt. – An die sanften Ausläufer des östlichen Schwarzwaldes schmiegt sich Lützenhardt im Waldachtal. Das milde Klima und der Bau von modernen Hotels verhalf dem Ort in den letzten Jahrzehnten zu seiner Bedeutung als fortschrittlicher Luftkurort (unten rechts). – Im Frühlingskleid bietet sich der 1270 gegründete, traditionsreiche Luftkurort Dornstetten dar (rechts). Auf einer Bergnase sitzend, scharen sich die vorbildlich sanierten, im 17. Jahrhundert erbauten Fachwerkhäuser des stolzen Städtchens um die spätgotische Martinskirche. Bereits 1270 erhielt es Stadtrechte und hatte sowohl wirtschaftlich als auch kulturell bis 1807 als Oberamtsstadt eine führende Stellung.

The climatic health resort of Pfalzgrafenweiler lies on a sunny hillside surrounded by the "Weiler Wald" forest, a superb countryside for keen hikers (below, left: the Church of St. James and parsonage, the only house which survived the disastrous fire of 1798). A Roman road which led to Altensteig was guarded by the nearby castles of Vörbach, Mandelberg and Rüdenberg– now merely ruins. – Lützenhardt nestles among the gentle foothills of the Eastern Black Forest in the Waldach Valley. The mild climate and the construction of modern hotels have enabled it to attain importance in recent years as a progressive climatic health resort (below, right). – A springtime view of the traditional old township of Dornstetten, founded in 1270 and now a climatic health resort (right). Perched on a hillside, the magnificently-restored 17th century half-timbered houses of this stately little town cluster around the Late Gothic Church of St. Martin. The town obtained its charter as early as 1270 and occupied a leading position both as a cultural and administrative centre until 1807.

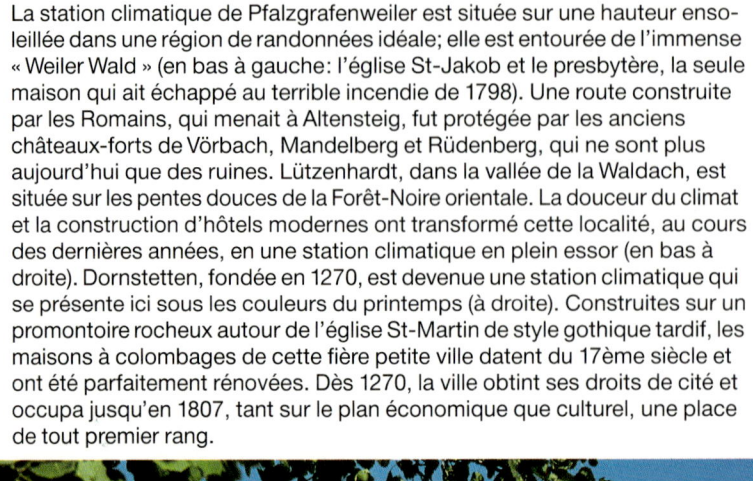

La station climatique de Pfalzgrafenweiler est située sur une hauteur ensoleillée dans une région de randonnées idéale; elle est entourée de l'immense « Weiler Wald » (en bas à gauche: l'église St-Jakob et le presbytère, la seule maison qui ait échappé au terrible incendie de 1798). Une route construite par les Romains, qui menait à Altensteig, fut protégée par les anciens châteaux-forts de Vörbach, Mandelberg et Rüdenberg, qui ne sont plus aujourd'hui que des ruines. Lützenhardt, dans la vallée de la Waldach, est située sur les pentes douces de la Forêt-Noire orientale. La douceur du climat et la construction d'hôtels modernes ont transformé cette localité, au cours des dernières années, en une station climatique en plein essor (en bas à droite). Dornstetten, fondée en 1270, est devenue une station climatique qui se présente ici sous les couleurs du printemps (à droite). Construites sur un promontoire rocheux autour de l'église St-Martin de style gothique tardif, les maisons à colombages de cette fière petite ville datent du 17ème siècle et ont été parfaitement rénovées. Dès 1270, la ville obtint ses droits de cité et occupa jusqu'en 1807, tant sur le plan économique que culturel, une place de tout premier rang.

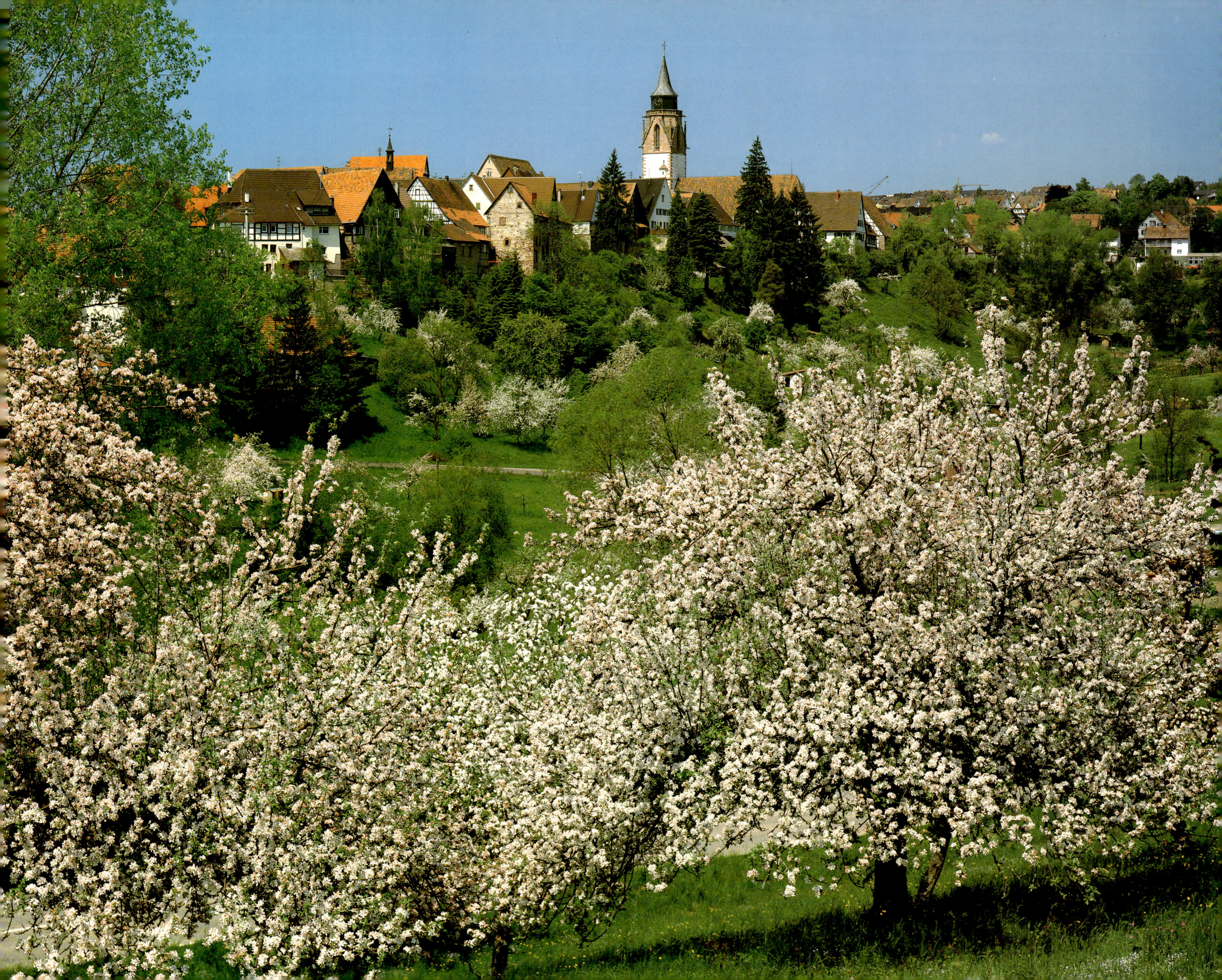

An der Quelle der Kinzig, wo das längste der Schwarzwaldtäler beginnt, genießen die vielen Besucher des „fröhlichen Luftkurortes" Loßburg einen weiten Blick ins Land (unten links). Bei klarem Wetter reicht die Fernsicht bis zur Schwäbischen Alb und zu den Alpen. Die Trachtengruppe Loßburg (unten rechts, oben) erfreut die vielen Gäste des Kurortes, pflegt die Heimatverbundenheit und hilft, das Prädikat „fröhlich" zu unterstreichen. – Alpirsbach, der bekannte Luftkurort im Kinzigtal, hat in seiner 1099 geweihten Kirche des Benediktinerklosters eine der wenigen gut erhaltenen und großartigen Schöpfungen der Hirsauer Baukunst, die den Stil der Kirchenbauten im Schwarzwald jahrhundertelang bestimmte. Ebenso eindrucksvoll wie die romanische Säulenbasilika ist der gotische Kreuzgang, in dem jeden Sommer ein Konzertzyklus berühmter Kammerorchester stattfindet. Mit schönen Fachwerkhäusern, historischen Gebäuden wie dem stattlichen Rathaus aus dem Jahre 1566, ist auch das freundliche Städtchen selbst sehenswert. Eine der wenigen ehemals von den Mönchen im Schwarzwald betriebene, jetzt in Privathand befindliche „Klosterbrauerei" trägt ebenfalls zur Bekanntheit des Städtchens bei.

At the source of the River Kinzig, where the longest of the Black Forest valleys begins, the many visitors to the "happy climatic health resort" of Lossburg can enjoy a panoramic view of the countryside (below, left)—on a clear day as far as the Swabian Alb and the Alps. The Lossburg local costume group (below, right and above) entertains the spa's many guests, preserves the community spirit and helps to accentuate the attribute of "happiness". – In Alpirsbach, another well-known climatic health resort in the Kinzig Valley, the Benedictine monastery church, consecrated in 1099, is one of the few well-preserved examples of Hirsau architecture which for centuries determined the style of ecclesiastical buildings in the Black Forest. Just as imposing as the Romanesque pillared basilica are the Gothic cloisters where, every summer, concerts of chamber music are given by famous orchestras. The pleasant little town itself, with its beautiful half-timbered houses and historic old buildings such as the magnificent Town Hall (1566), is also well worth visiting. It is also notable for having one of the few remaining "monastery breweries" in the Black Forest; formerly run by monks, it is now in private ownership.

Là où la Kinzig prend sa source et où commence la plus longue vallée de la Forêt-Noire, les nombreux hôtes de la « joyeuse station climatique » de Loßburg découvrent un vaste panorama sur les environs (en bas à gauche). Quand le temps est clair, la vue s'étend jusqu'au Jura souabe et aux Alpes. Le groupe folklorique (en bas à droite, en haut) divertit les hôtes de la station, entretient les coutumes locales et contribue à créer une atmosphère « joyeuse ». Alpirsbach, la célèbre station climatique de la vallée de la Kinzig, possède avec son église de l'abbaye bénédictine, consacrée en 1099, l'un des rares et splendides édifices subsistant encore de l'architecture des Bénédictins de Hirsau, qui pendant des siècles a déterminé le style des églises de la Forêt-Noire. Le cloître gothique où se déroulent chaque été des cycles de concerts donnés par des orchestres de chambre réputés, est aussi impressionnant que la basilique romane à colonnes. Cette sympathique petite ville est aussi très intéressante par ses belles maisons à colombages et ses monuments historiques, l'hôtel de ville fort imposant par exemple, qui date de 1566. Une des rares brasseries d'abbaye, dirigée autrefois par des moines et qui est maintenant propriété privée, contribue aussi au renom de la ville.

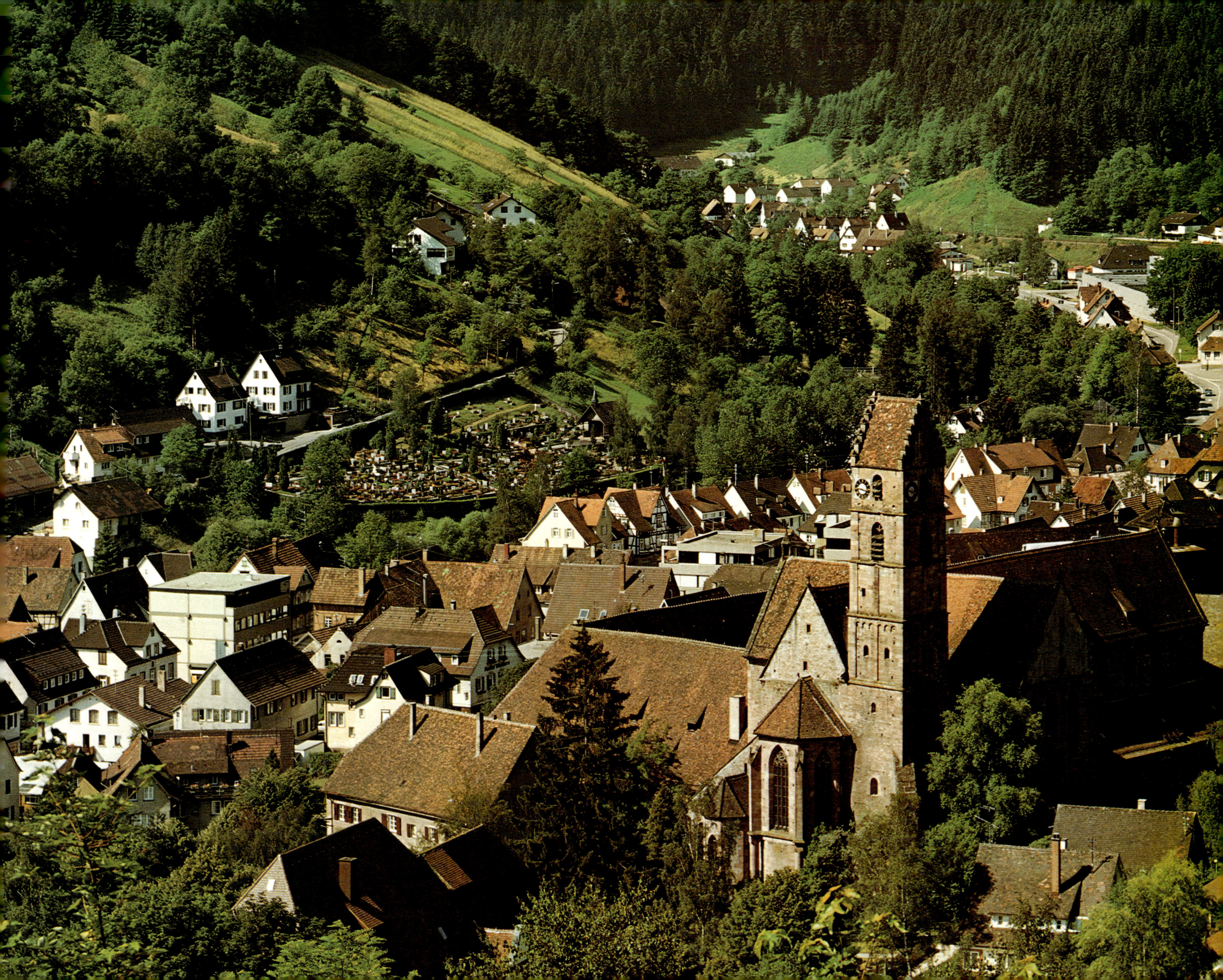

Freudenstadt, heilklimatischer Kurort und höchstgelegene Stadt im Schwarzwald, hat durch seine geographische und verkehrsgünstige Lage auf der Paßhöhe zwischen Kinzig- und Murgtal eine zentrale Stellung im nördlichen Schwarzwald. 1599 begann der Bau der Stadt, der nach den Plänen des Architekten Heinrich Schickhardt in Form eines Mühlebrettspiels ausgeführt wurde. Die Mitte des arkadenumsäumten Marktplatzes, der in seiner beeindruckenden Größe von 220 x 210 m einmalig in Deutschland ist, sollte ursprünglich durch ein Schloß für den Stadtgründer Herzog Friedrich von Württemberg geschmückt werden. Doch wurden diese Pläne aufgegeben, nachdem im nahen Christophstal die reichen Silbervorkommen versiegten. Die Stadtkirche, die mit zwei rechtwinklig zueinanderstehenden Schiffen sehr eigenwillig eine Ecke des Marktplatzes bildet, bewahrt drei Kleinodien (unten rechts): das Kruzifix aus dem 15. Jahrhundert, den Taufstein und das von vier Evangelisten getragene, farbige Lesepult, beide aus dem 12. Jahrhundert. Schon seit Mitte des 19. Jahrhunderts hat hier der Fremdenverkehr eine große Bedeutung. Nach der Zerstörung des Stadtkerns im Jahre 1945 erfolgte der vorbildlich gelungene Wiederaufbau, der eine erneute Belebung des Tourismus nach sich zog.

Freudenstadt, a climatic health resort and the highest town in the Black Forest, is, by virtue of its geographical position on the mountain pass between the Kinzig and Murg valleys and its excellent communications, a focal point of the Northern Black Forest. Construction of the town began in 1599; the lay-out, as planned by the architect, Heinrich Schickhardt, was in the form of a board for the game of merils. The centre of the arcaded market-square (its imposing size of 220 x 210 metres is unique in Germany) was originally to have been occupied by a palace for the town's founder, Duke Friedrich of Württemberg, but these plans were abandoned when the rich deposits of silver in the nearby valley of Christophstal were exhausted. The municipal church which, with its two naves at right-angles to each other, forms one corner of the market-square in a most unusual way, contains three rare treasures (below, right): a 15th century crucifix, a baptismal font and a painted reading-desk borne by four evangelists; both the latter date from the 12th century. Tourism was very important here as early as the mid-19th century. The centre of the town, destroyed in 1945, has been reconstructed in exemplary fashion and has helped to revive the tourist trade.

Freudenstadt, station climato-thérapique et ville la plus haute de Forêt-Noire, bénéficie d'une situation géographique favorable, au sommet du col reliant les vallées de la Kinzig et de la Murg, ce qui lui confère une position centrale dans la Forêt-Noire du Nord. La construction de la ville fut commencée en 1599, d'après les plans de l'architecte Heinrich Schickhardt, établis sur le modèle du jeu de la « marelle assise ». Le centre de la Place du Marché entourée d'arcades, unique en Allemagne par ses dimensions impressionnantes de 220 m x 210 m, devait être orné à l'origine d'un château destiné au fondateur de la ville, le duc Frédéric de Wurtemberg, mais ces projets furent abandonnés lorsque les riches gisements d'argent de la proche vallée de St-Christophe furent épuisés. L'église de la ville, constituée de deux nefs disposées perpendiculairement, forme l'un des angles, étonnant, de la Place du Marché et abrite trois curiosités de grande valeur (en bas à droite) : le crucifix datant du 15ème siècle, les fonts baptismaux et le lutrin polychrome porté par les quatre évangélistes (ces deux derniers objets datant du 12ème siècle). Depuis le milieu du 19ème siècle déjà, le tourisme revêt ici une grande importance. Après la destruction de la ville en 1945, la reconstruction fut entreprise de façon exemplaire, entraînant un renouveau du tourisme.

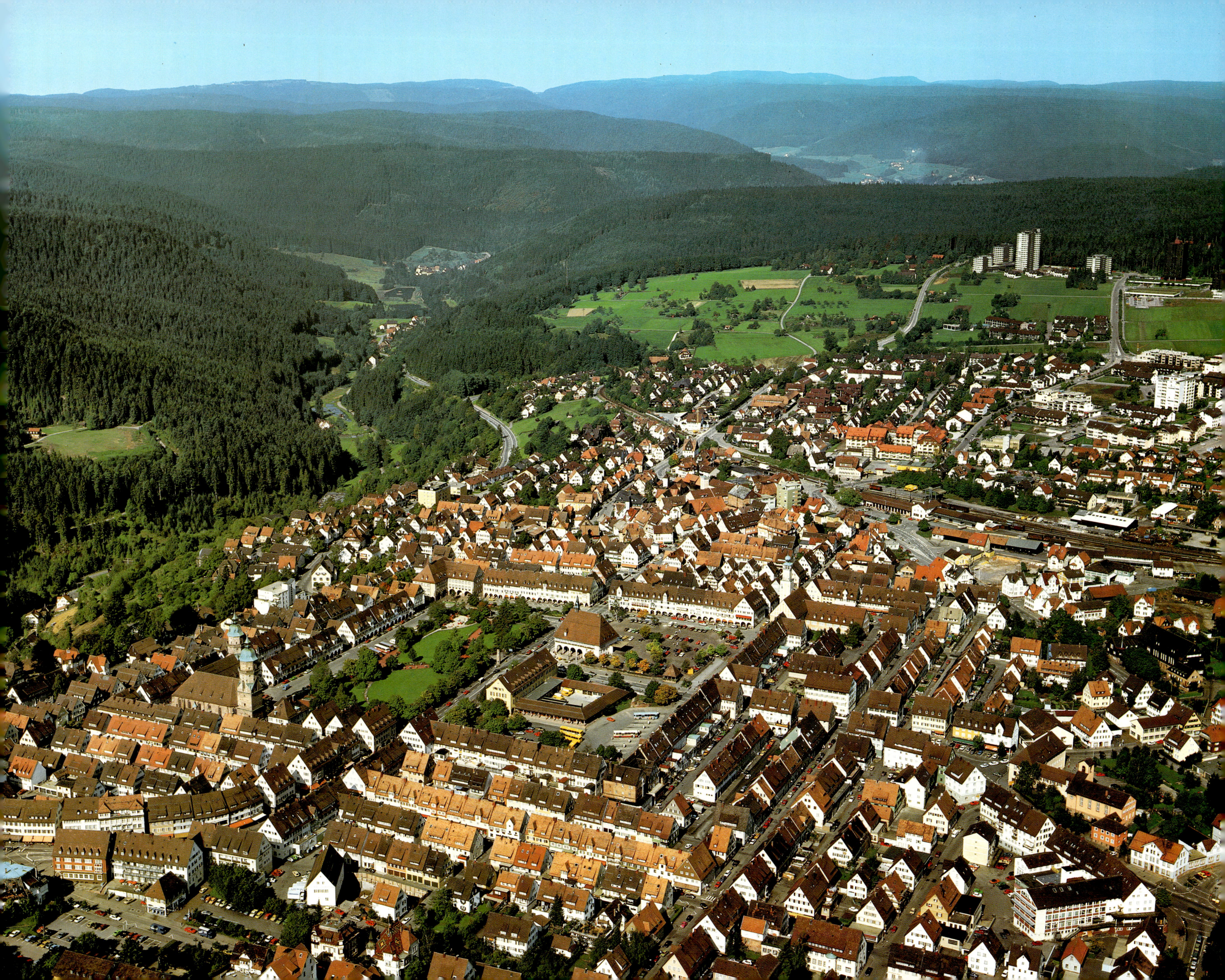

Die herrliche Umgebung Freudenstadts animiert nicht nur im Sommer die vielen Gäste zu Spaziergängen und ausgedehnten Wanderungen, auch im Winter hat sie ihren besonderen Reiz (unten) und stärkt den Ruf der Stadt als Winterkurort und Wintersportplatz. – Im Anschluß an den gepflegten Parkwald von Freudenstadt beginnt das Gebiet der Schwarzwaldhochstraße, die sich von Baden-Baden her über die aussichtsreichen Höhen zieht. Diese Verbindung der beiden Schwarzwaldmetropolen gehört zu den schönsten Aussichtsstraßen, ist sie doch in einen einzigartigen Naturgarten eingebettet. Ein goldener Sonnenaufgang in dieser noch weitgehend von Lärm und Alltag fernen Natur stellt ein eindrückliches Erlebnis dar (rechts).

The superb surroundings of Freudenstadt not only encourage the many visitors to go walking and hiking in summer; they also have their own particular charm in winter (below) and enhance the town's reputation as a winter spa and winter sports resort. – Adjoining Freudenstadt's carefully-tended forest park is the area of the Black Forest Mountain Road which leads from Baden-Baden across the hills with their many fine panoramic views. This link between the two Black Forest conurbations is one of Germany's finest scenic routes traversing, as it does, a region of unique natural beauty. To watch the sunrise in this delightful part of the world, still largely untroubled by the noise and bustle of everyday life, is an impressive experience (right).

Les magnifiques paysages des environs de Freudenstadt attirent en été les amateurs de promenades et de longues randonnées pédestres, mais présentent également en hiver un charme bien particulier (en bas), contribuant à la réputation de la ville à la fois station de cures hivernale et station de sports d'hiver. Aux portes mêmes du parc de la ville, parfaitement entretenu, commence le domaine de la Route des Crêtes de la Forêt-Noire, qui s'étend de Baden-Baden aux sommets d'où l'on découvre de vastes panoramas. Cette route reliant les deux métropoles de la Forêt-Noire est l'une des plus belles routes panoramiques, car elle est insérée dans un remarquable jardin naturel. Assister à un lever de soleil au milieu de cette nature encore si protégée du bruit et de l'agitation quotidienne est un moment inoubliable (à droite).

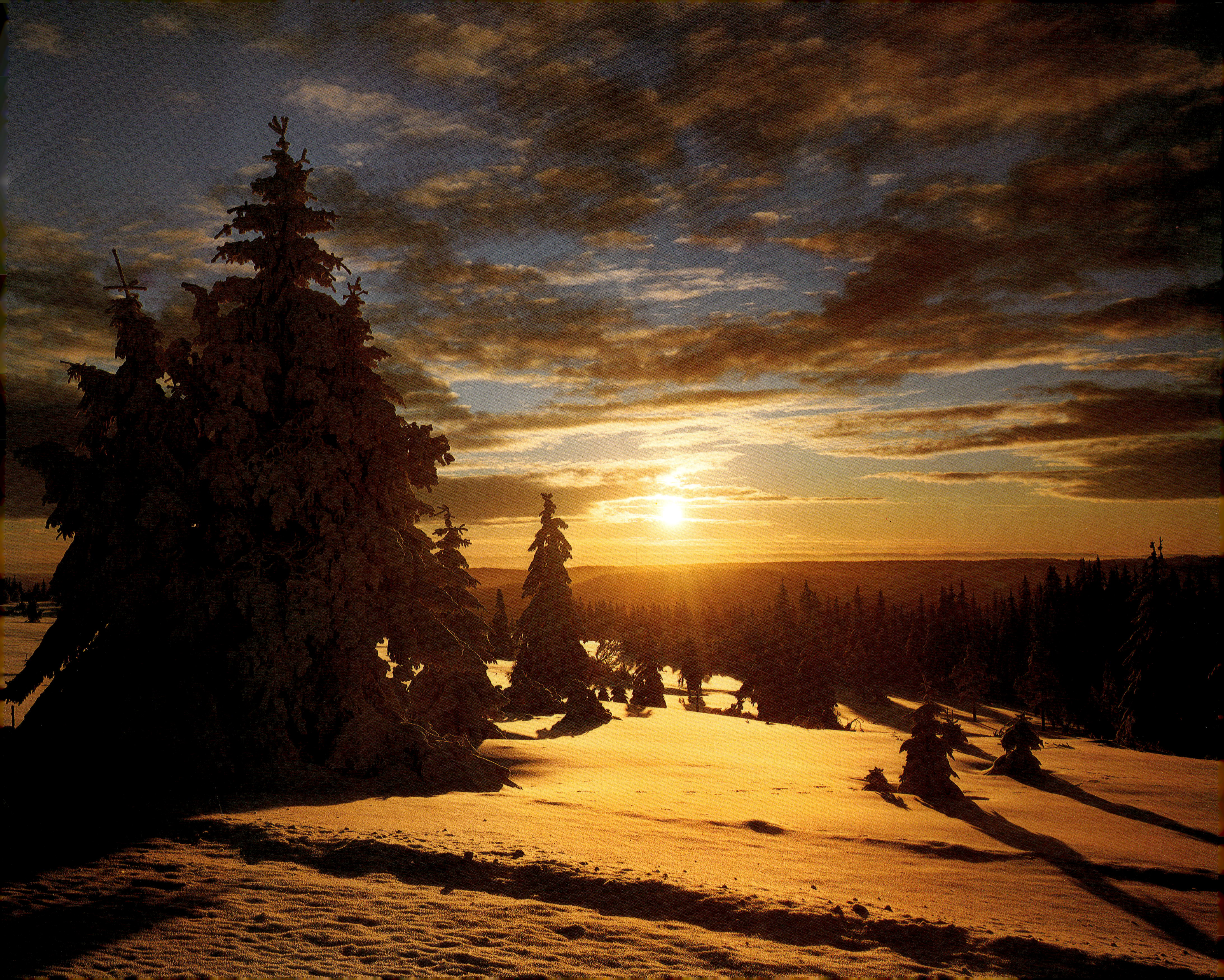

Der bekannte Sommerkurort und Wintersportplatz Kniebis (unten) ist mit 971 m der höchstgelegene Teil von Freudenstadt. Auf dem langgezogenen Höhenrücken, der Naturschutzgebiet ist, finden Wanderer ideale Bedingungen für Touren in außergewöhnlicher Heide- und Hochmoorlandschaft. Im Winter gehört der Kniebis zu den bevorzugten Wintersportgebieten des Schwarzwaldes.
Vom Leben der Klausner hier in dem kleinen, aus dem 13. Jahrhundert stammenden, 1799 zerstörten Kloster erzählt Grimmelshausen in seinem Simplizissimus. Herzog Karl Alexander von Württemberg ließ im 18. Jahrhundert Befestigungsanlagen auf diesem strategisch wichtigen Paß erbauen, wie die nach ihm benannte Alexanderschanze. – Wenn im Herbst ein Blick über die nebelverhangenen Täler geht, ist eine Rast während einer Wanderung in klarer Luft und wärmender Sonne besonders wohltuend (rechts).

The well-known summer spa and winter sports resort, the Kniebis (below), reaches an altitude of 971 metres and is the highest part of Freudenstadt. Here on this long ridge of hills, which is a nature reserve, keen walkers will find ideal conditions for hiking in an unusual countryside of heaths and upland moors. In winter the Kniebis is one of the favourite winter sports areas in the Black Forest.
Grimmelshausen, in his "Simplizissimus", tells of the lives of the hermits here in the small 13th century monastery which was destroyed in 1799. In the 18th century Duke Alexander of Württemberg had fortifications built on this strategically important pass, including the "Alexanderschanze", a field-work named after him. During an autumn walk, a brief stop in the clear air and warm sunshine to gaze down upon the mist-enshrouded valleys below is a particularly enjoyable experience.

Kniebis, célèbre endroit de cures estivales et station de sports d'hiver (en bas), située à une altitude de 971 m, est la plus haute des localités rattachées à Freudenstadt. Les amateurs de randonnées trouvent sur les longues crêtes, classées réserve naturelle, les conditions idéales pour leurs marches à travers un paysage de lande et de fagnes. En hiver, le Kniebis est l'un des domaines de sports d'hiver privilégiés de la Forêt-Noire. Dans son livre « Simplizissimus », Grimmelshausen raconte la vie que menaient ici les moines du petit couvent datant du 13ème siècle et détruit en 1799. Le duc Charles-Alexandre de Wurtemberg fit édifier au 18ème siècle des fortifications sur ce col dont l'importance stratégique est évidente: l'« Alexanderschanze » par exemple, qui porte son nom. En automne, quand le regard parcourt les vallées où s'accrochent les écharpes de brouillard, on aime, au cours d'une randonnée, faire ici une halte au soleil dans l'air limpide des hauteurs (à droite).

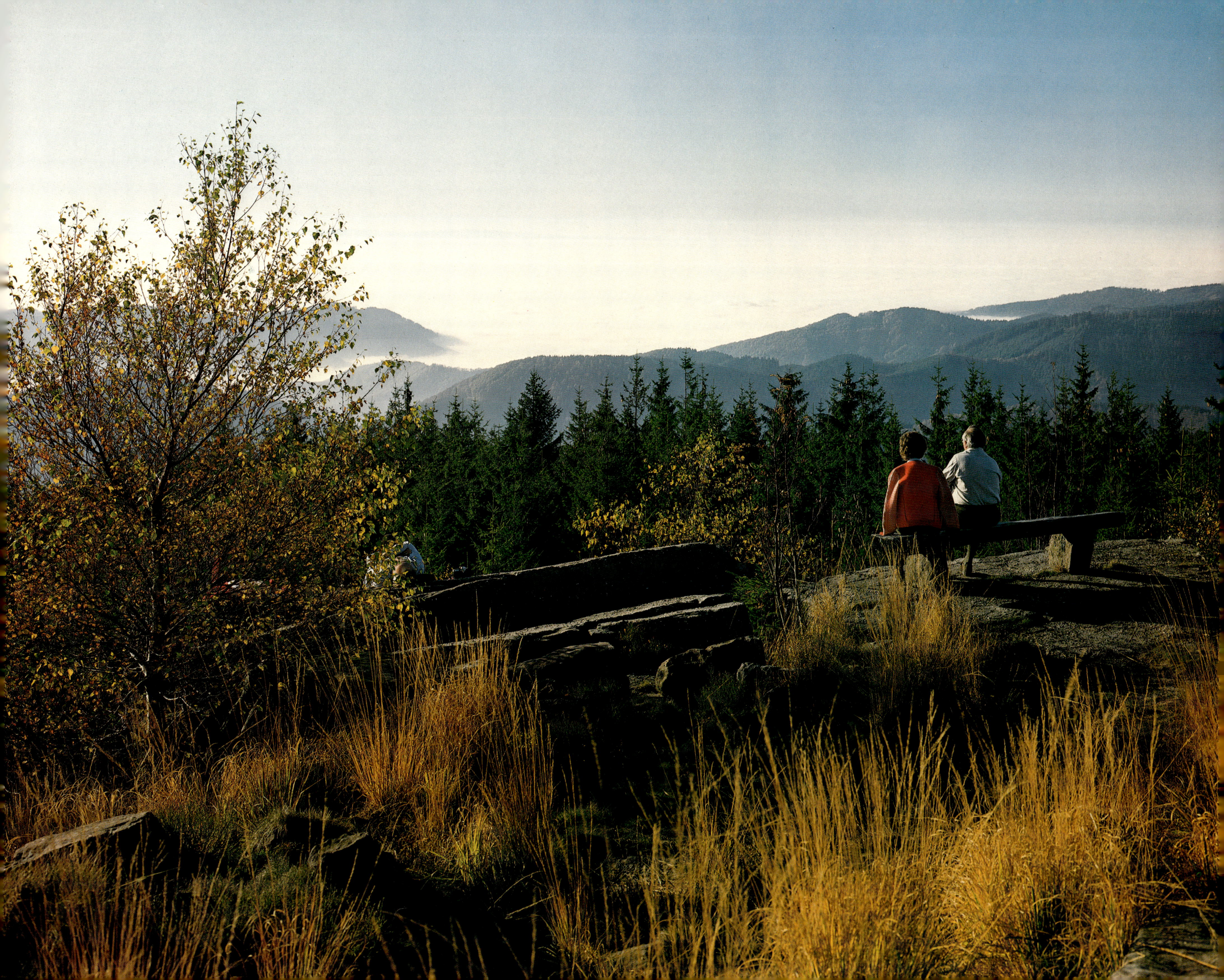

Die Trassenführung der Schwarzwaldhochstraße, an der eine Reihe renommierter Hotels sich aufreihen, ist besonders geglückt. Abschnitte, die durch Wälder und die typischen Legföhrenbestände führen, wechseln ab mit Strecken, die herrliche Ausblicke auf die Schwarzwaldberge, in die Rheinebene, zu den Vogesen und den Alpen gestatten (unten). Gut markierte Wege führen durch die Hochmoorlandschaft im Naturschutzgebiet Schliffkopf (rechts), das zu durchwandern zur Blütezeit von Wollgras und Heidekraut besonders reizvoll ist. Der hier vorbeiführende, ca. 200 km lange, von Pforzheim nach Basel führende Westweg ist eine verlockende Herausforderung für den passionierten Wanderer.

The route followed by the Black Forest Mountain Road, along which a number of notable hotels are located, is a particularly attractive one. Sections traversing forests and groups of typical mountain pines alternate with others which afford superb views of the Black Forest mountains, the Rhenish Plain and as far as the Vosges and the Alps (below). Well-signposted footpaths lead through the upland moors in the Schliffkopf nature reserve (right); a walk here when the heather and cotton-grass are in full bloom is particularly enjoyable. The Westweg, a footpath which runs for some 200 km between Pforzheim and Basle and passes this area, provides a tempting challenge for hiking enthusiasts.

Le tracé de la Route des Crêtes de la Forêt-Noire, où se succèdent des hôtels réputés, est particulièrement réussi. Certaines parties traversent les forêts et plantations d'épicéas, tandis que d'autres permettent de découvrir de magnifiques panoramas sur les montagnes de la Forêt-Noire, la plaine du Rhin, les Vosges et les Alpes (en bas). Des sentiers bien balisés conduisent à travers un paysage de fagnes, dans la réserve naturelle du Schliffkopf (à droite), que l'on aimera surtout parcourir à pied à l'époque où fleurissent la linaigrette et la bruyère. Le sentier de randonnée ouest, long de 200 km et conduisant de Pforzheim à Bâle, passe par ici: un défi lancé aux vrais amateurs de randonnées.

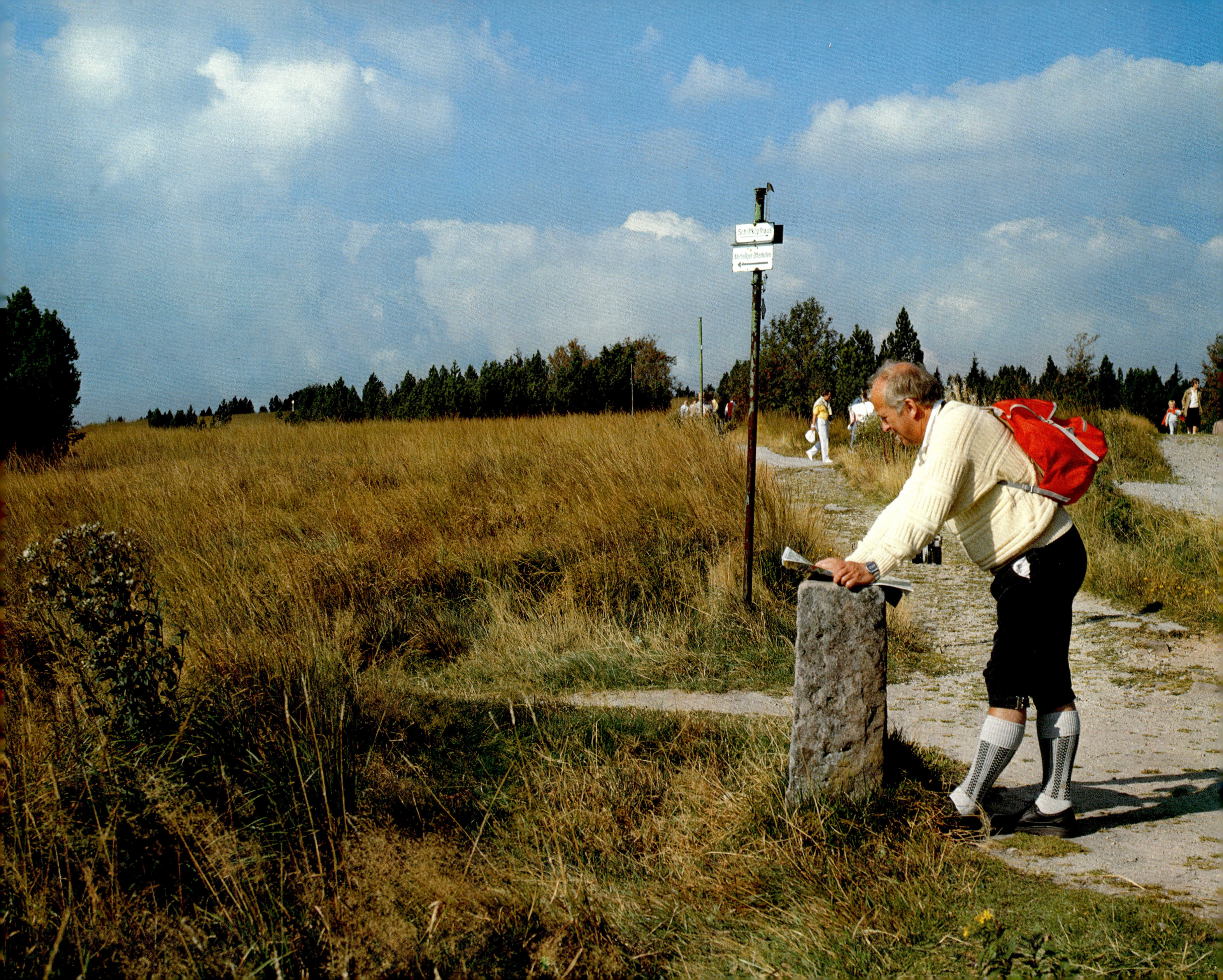

In der „Skiarena" an der Schwarzwaldhochstraße (unten, bei Unterstmatt) bieten sich für Skiläufer ideale Bedingungen für Wintersport und Wintervergnügen. Zwischen Freudenstadt und Baden-Baden sind über 20 Skilifte, z. T. mit Flutlicht, an Abfahrtshängen mit unterschiedlichen Schwierigkeitsgraden in Betrieb. Viele doppelt gespurte Loipen sind Teil des insgesamt über 250 km langen „Fernskiwanderwegs Nordschwarzwald", der die schönsten Langlaufstrecken dieser Region einschließt. Eine Waldeisbahn rundet das Angebot für Wintersportler ab. Schneekanonen an den Abfahrtshängen bei Unterstmatt und am Mehliskopf sind bei Schneemangel im Einsatz, so daß die Skibegeisterten ihr winterliches Vergnügen nicht entbehren müssen.

The "ski-arena" on the Black Forest Mountain Road (below: near Unterstmatt) provides skiers with ideal conditions for winter sports and recreation. Between Freudenstadt and Baden-Baden there are over 20 ski-lifts in operation, some floodlit, and giving access to skiing-slopes of varying degrees of difficulty. Many double cross-country skiing-tracks form part of the "Northern Black Forest Long-Distance Skiing Route", which is over 250 km long and includes the finest long-distance sections in the region. A woodland ice-rink completes the facilities available to winter sports enthusiasts. Whenever there is a lack of snow on the slopes near Unterstmatt and on the Mehliskopf, snow spreaders are employed so that skiing enthusiasts need never be deprived of their winter fun.

Dans l'« arène du ski », sur la Route des Crêtes de la Forêt-Noire (en bas, à Unterstmatt), les skieurs trouveront les conditions idéales pour s'adonner aux plaisirs de l'hiver et de ses activités: entre Freudenstadt et Baden-Baden, on trouve plus de 20 téléskis, certains avec éclairage, donnant accès à des pistes de difficultés variées. De nombreuses pistes de ski de fond tracées constituent une partie du « sentier de randonnée à ski de la Forêt-Noire du Nord », long au total de 250 km et qui inclut les plus beaux parcours de ski de fond de la région. Une patinoire en forêt complète cet équipement de sports d'hiver, et des canons à neige disposés le long des pistes d'Unterstmatt et du Mehliskopf sont mis en action dès que la neige est insuffisante, garantissant aux amateurs de ski le plaisir de se livrer à leur sport favori.

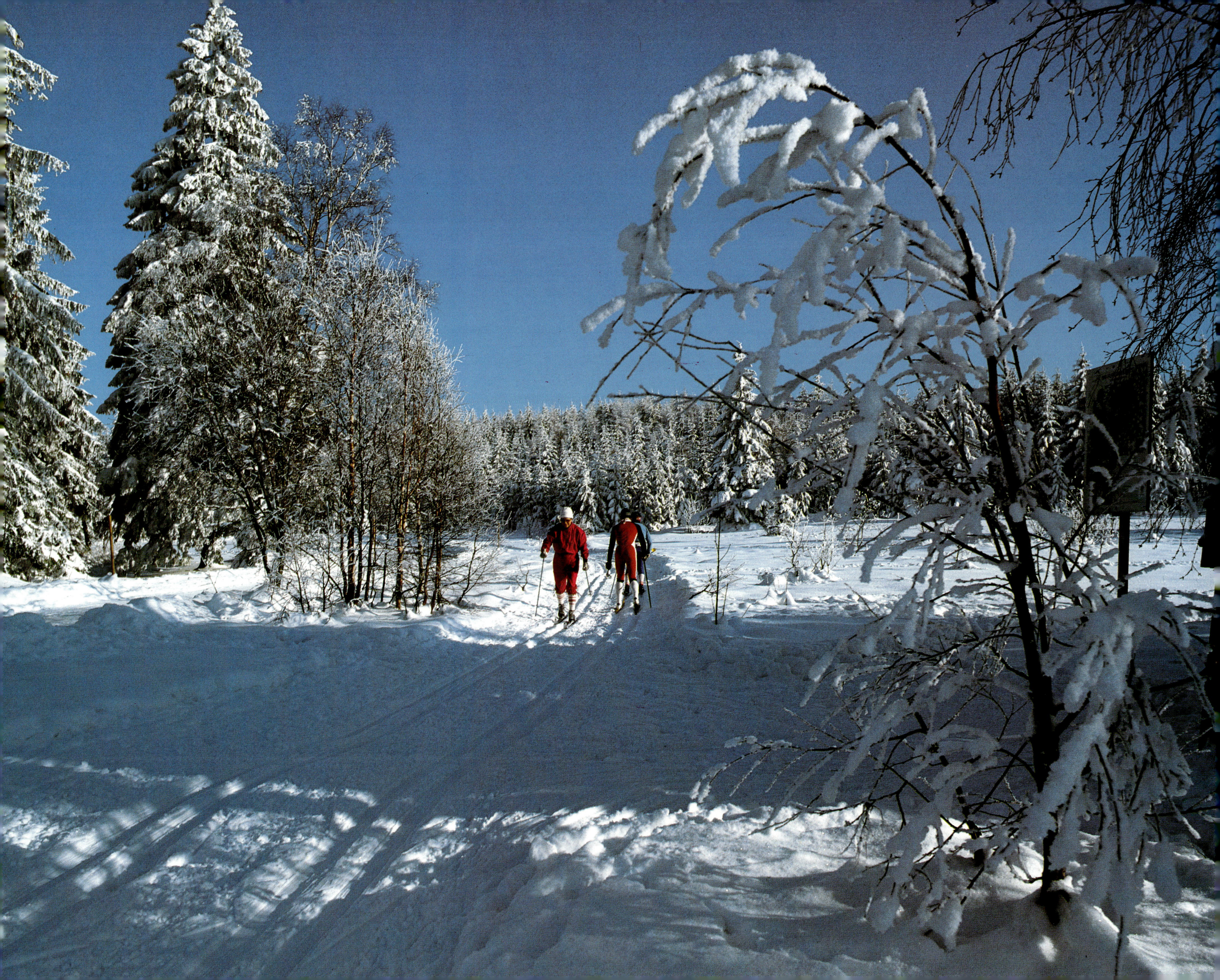

Als Überreste der Eiszeit haben sich in ausgeformten Gletschermulden zwei Karseen gebildet: der Mummelsee und der Wildsee. Am Fuße der steilen Flanke der Hornisgrinde, dem höchsten Berg des Nordschwarzwaldes, unmittelbar an der Schwarzwaldhochstraße, ist der geheimnisvolle Mummelsee (unten links) zu einem starken Anziehungspunkt für den Ausflugsverkehr geworden. – So vielbesucht der eine, so wird Abgeschiedenheit und Unberührtheit des anderen der beiden Seen kaum von Menschen gestört. Unterhalb vom „Wildseeblick", der vom Ruhestein aus in ca. 20 Minuten erwandert werden kann, grüßt der Wildsee (unten rechts) herauf, still und in sich ruhend, umgeben von einem seit 1911 in Bann gelegten Urwald. – Zur Gemarkung Baiersbronn gehört Hinterlangenbach, nahe dem Wildsee. Hier die Wildfütterung zu beobachten, ist ein besonderes Erlebnis.

Two firn lakes—relics of the Ice Age—have formed in glacier synclines: the Mummelsee and the Wildsee. The mysterious Mummelsee (below, left), on the steep side of the Hornisgrinde, the highest mountain in the Northern Black Forest, and directly adjoining the Black Forest Mountain Road, has become extremely popular with excursionists. – But whereas the one lake attracts many visitors, the seclusion and unspoilt nature of the other are scarcely disturbed by human presence. From the "Wildsee View", which can be reached on foot in some 20 minutes from the Ruhestein, the Wildsee lake itself (below, right) can be seen, motionless and brooding, surrounded by a primeval forest which has been a protected area since 1911. The Baiersbronn district includes Hinterlangenbach, near the Wildsee. Watching the wild animals feeding here is a very special experience.

Dans des cuvettes de glacier se sont formés deux lacs, vestiges de l'époque glaciaire: le Mummelsee et le Wildsee. Au pied des pentes abruptes du Hornisgrinde, le plus haut sommet de la Forêt-Noire du Nord, sur la Route des Crêtes de la Forêt-Noire, le mystérieux Mummelsee (en bas, à gauche) est devenu un pôle d'attraction et un but d'excursions très fréquenté. L'autre lac, au contraire, est un site solitaire dont très peu de visiteurs viennent troubler le silence. En contrebas du « Wildseeblick », accessible en 20 minutes de marche environ, on aperçoit le Wildsee (en bas, à droite), paisible et silencieux, entouré d'une forêt primitive dont l'accès est interdit depuis 1911. Hinterlangenbach, à proximité du Wildsee, fait partie de Baiersbronn. On peut assister ici au spectacle toujours intéressant de l'afourragement du gibier.

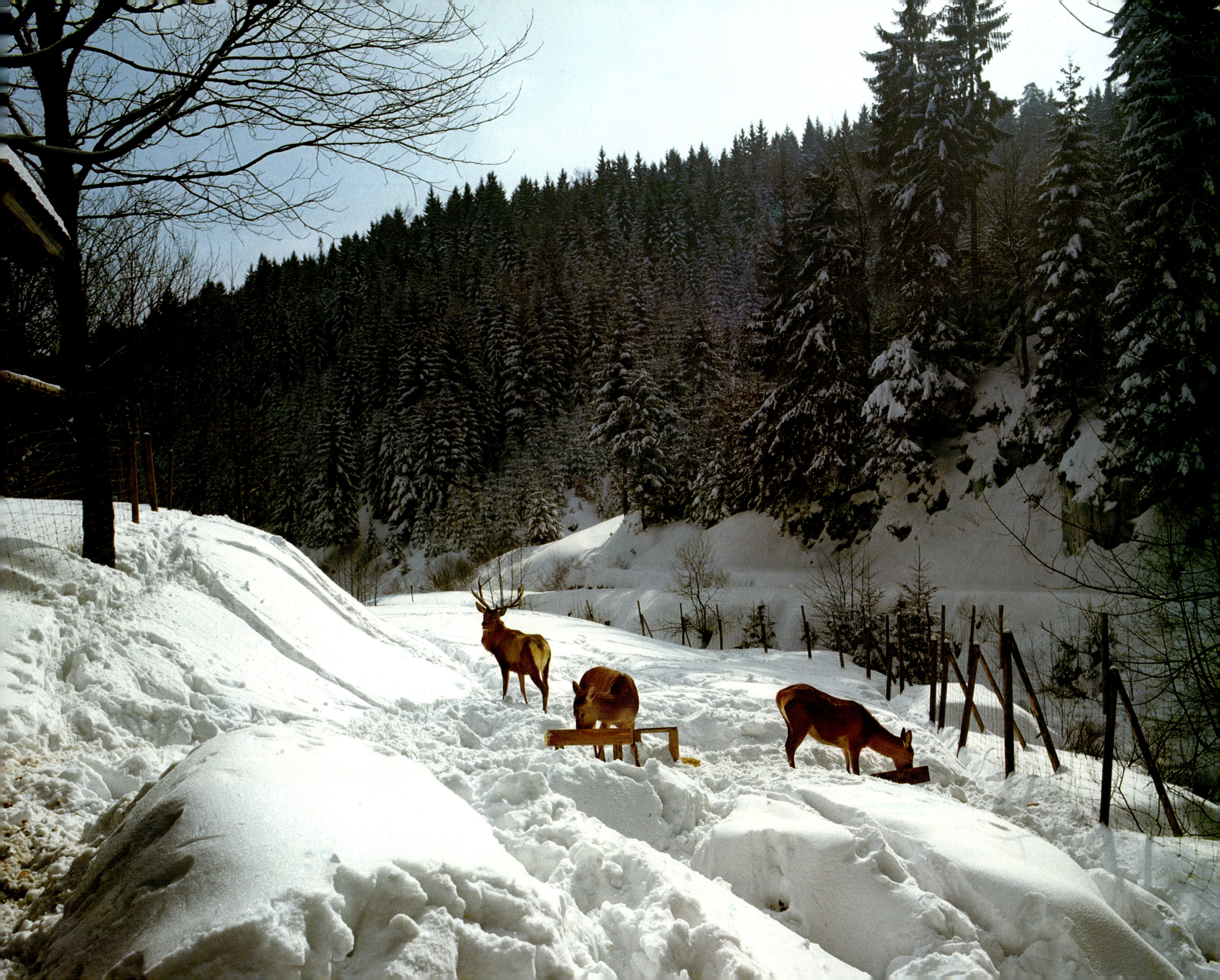

Bühl (unten links), die gepflegte Stadt am Fuße der Schwarzwaldberge, ist vor allem bekannt durch seine Zwetschgen. Im Frühjahr präsentiert sich die Stadt, gekrönt von der im 13. Jahrhundert erbauten Burg Alt-Windeck (siehe auch Seite 202), inmitten ausgedehnter Obstbaumkulturen in einer üppigen Blütenpracht. Zur Stadt gehören die im Bühler Rebland gelegenen bekannten Weinorte Affental, Eisental und Altschweier mit gemütlichen blumen- und fachwerkgeschmückten Gasthäusern, in denen der Besucher verwöhnt wird. In Kappelwindeck, einem weiteren Ortsteil von Bühl, ist die Barockkirche St. Maria eine Sehenswürdigkeit. Herrliche Blicke übers Rheintal zu den Vogesen gewähren die Aussichtspunkte beim Wiedenfelsen und den Steinblöcken bei der Kapelle Maria Frieden in der Nähe des traditionsreichen, feudalen Schloßhotels und Kurhauses Bühlerhöhe.

Inmitten sonniger Hänge, an denen Reben und Obst reifen, zieht sich der beliebte Luftkurort Bühlertal an der Bühlott hinauf (unten rechts). Ein felsenreicher Klettergarten und die Gertelbachwasserfälle sind besondere Attraktionen dieses Ortes. – Die Pflege der Weingärten erfordert trotz aller Mechanisierung immer noch viel Handarbeit (rechts).

Bühl (below, left), a neat little town at the foot of the Black Forest Mountains, is specially noted for its damsons. In spring the town, surmounted by the 13th century Alt-Windeck Castle (see also page 202) and surrounded by vast orchards, is a mass of luxuriant fruit blossom. In the Bühl vineyard region, but also forming part of the town, are the well-known wine villages of Affental, Eisental and Altschweier with their flower-decked, half-timbered inns where visitors are lavishly entertained. In Kappelwindeck, also a part of Bühl, the Baroque Church of St. Mary is well worth visiting. Magnificent views across the Rhine Valley as far as the Vosges can be obtained from the vantage-points near Wiedenfelsen and at the rocks by the "Maria Frieden" Chapel in the vicinity of the traditional, feudal "castle" hotel and Kurhaus in Bühlerhöhe. – The popular climatic health resort of Bühlertal extends along the Bühlott amidst sunny hillsides on which vines and fruit flourish (below, right). A rock garden and the Gertelbach waterfalls are among the resort's special attractions. – Despite mechanization, the tending of the vineyards still entails a great deal of manual labour (right).

Bühl (en bas, à gauche), jolie ville située au pied des montagnes, est surtout connue pour ses quetsches. Au printemps, la petite ville que domine le château d'Alt-Windeck (voir également page 202) construit au 13ème siècle, revêt sa splendeur florale, au milieu de ses vastes cultures d'arbres fruitiers. Font également partie de la ville de Bühl les célèbres localités viticoles d'Affental, d'Eisental et d'Altschweier, avec leurs accueillantes auberges fleuries à colombages, où l'on sait choyer ses hôtes. A Kappelwindeck, une autre localité de Bühl, l'église baroque Ste-Marie est une intéressante curiosité. Du haut des points de vue de Weidenfelsen et des rochers situés près de la chapelle « Maria Frieden », à proximité du château-hôtel féodal et Kurhaus de Bühlerhöhe, s'offre un splendide panorama sur la vallée du Rhin et jusqu'aux cimes des Vosges.

La station climatique très appréciée de Bühlertal, sur la Bühlott, s'étire sur les pentes ensoleillées où mûrissent la vigne et les fruits (en bas, à droite). Un jardin d'escalade garni de rochers, et les cascades du Gertelbach sont les attractions particulières de ce site. La culture de la vigne exige encore, en déplit de la mécanisation, beaucoup de travail à la main (à droite).

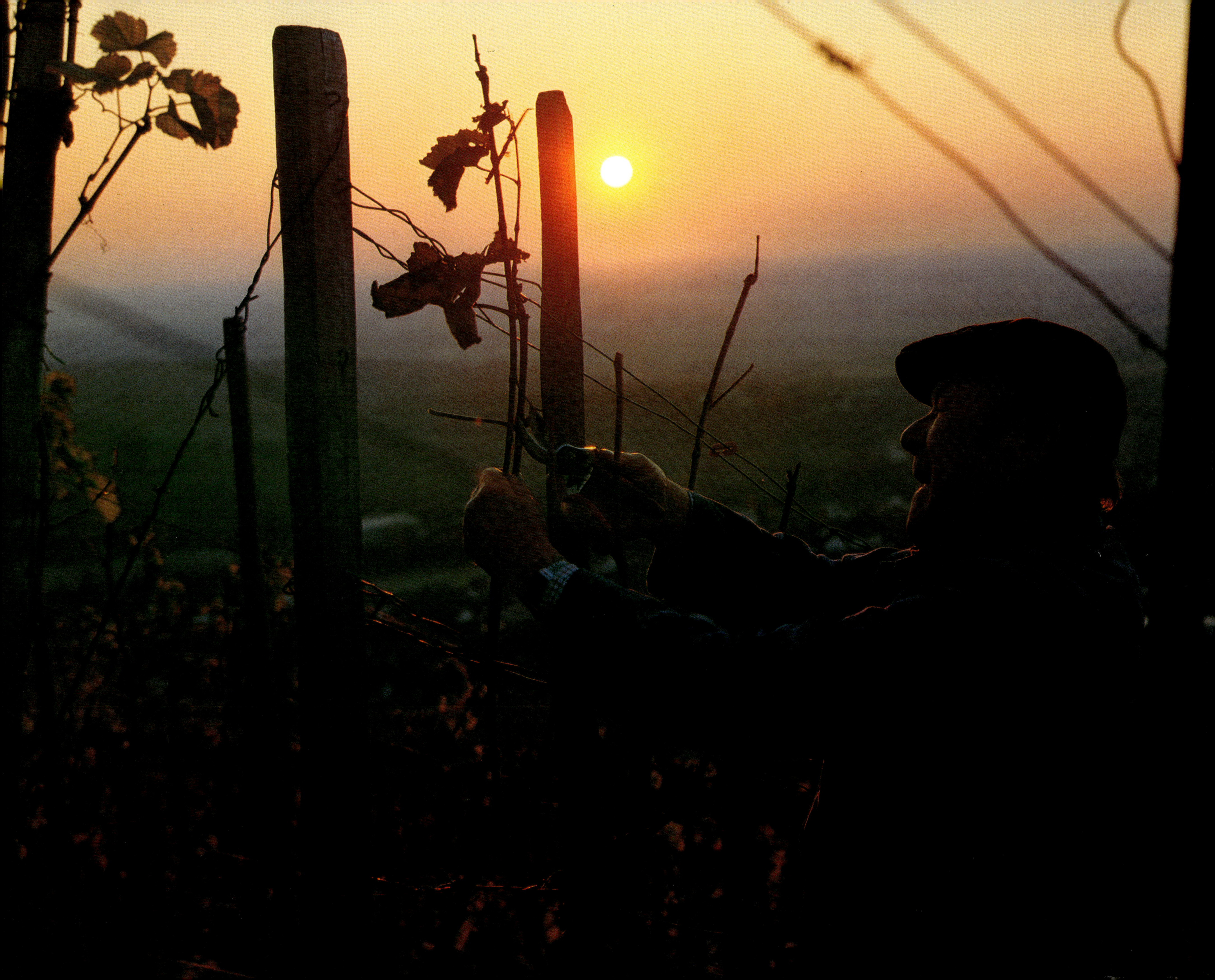

Fürstenhof in Oberharmersbach

Der mittlere Teil

Hofbauernland zwischen Kinzig und Titisee
Im Reich der Bollenhüte und der Kuckucksuhren

The middle region

Peasant owned farmland between Kinzig and
the Titisee lake
In the land of "Bollen" hats und cuckoo clocks

La partie centrale

Pays de fermiers entre la Kinzig et le Titisee
Au royaume des chapeaux à pompons et des coucous

...Wenn der Wanderer von Hausach gegen Mittag zieht, so gelangt er in das Tal der Gutach, eine wegen ihrer Trachten und anderer Eigentümlichkeiten berühmte Gegend...
Diese angenehme Berggegend hat übrigens allerlei Vorzüge, welche gerühmt zu werden verdienen. In der schönen Tracht stecken liebenswürdige Menschen, der Boden ist fruchtbar, die Bäche bieten ausgezeichnete Forellen und aus der reichen Kirschenernte weiß man ein vortreffliches Wasser zu brennen.
Ludwig Steub (1873)

...If the wanderer leaves Hausach towards midday, he will reach the valley of the Gutach, a region renowned for its costumes and other specialities...
This pleasant mountain district has all sorts of advantages worthy of mention. The lovely costumes are worn by attractive people, the ground is fertile, excellent trout swim in the streams and the plentiful cherry harvest is used to distil an excellent schnaps!
Ludwig Steub (1873)

...Le promeneur qui, venant de Hausach, se dirige vers le sud, entre dans la vallée de la Gutach, région connue pour ses costumes folkloriques et autres particularités...
Cette région montagneuse a d'ailleurs bien des qualités qui méritent qu'on en parle: des personnes sympathiques portent les costumes folkloriques, le sol est fertile, les ruisseaux abondent d'excellentes truites et on sait distiller une remarquable eau de vie avec les riches cueillettes de cerises.
Ludwig Steub (1873)

In den Tälern des mittleren Schwarzwaldes:	Sasbachwalden und die Weinkönigin Kappelrodeck und Ottenhöfen mit der Achtertalbahn Seebach und Hoferles Mühle Achern mit Nikolauskapelle Oberkirch und die Schauenburg Lautenbach – ein Juwel im Renchtal Frühling im Lierbachtal bei Oppenau
Die Kniebis-Bäder:	Bad Peterstal-Griesbach und Bad Rippoldsau mit Schapbach Im Wolftal
Kinzigtal:	Schiltach und Wolfach Gengenbach und Offenburg
Harmersbacher Tal:	Zell/Harmersbach – der Storchenturm Oberharmersbach und seine Bürgermiliz
Gutachtal:	Schwarzwälder Freilichtmuseum Hornberg, Triberg
Elztal:	Fasnachtsmasken in Elzach und Rottweil Ginsterblüte auf der Heidburg
Auf weiten Höhen:	Schwedenschanze – Wasserscheide zwischen Rhein und Donau St. Georgen, Königsfeld, Brigach Tennenbronn und seine Uhrenträger Bad Dürrheim, Villingen, Unterkirnach Schönwald und Schonach Blindensee – ein Moorsee Furtwangen mit seinem Uhrenmuseum Uhrenschildermaler in Linach Alte Mühle im Hexenloch Frühling bei Freiamt

Trachtenhochzeit in Gutach

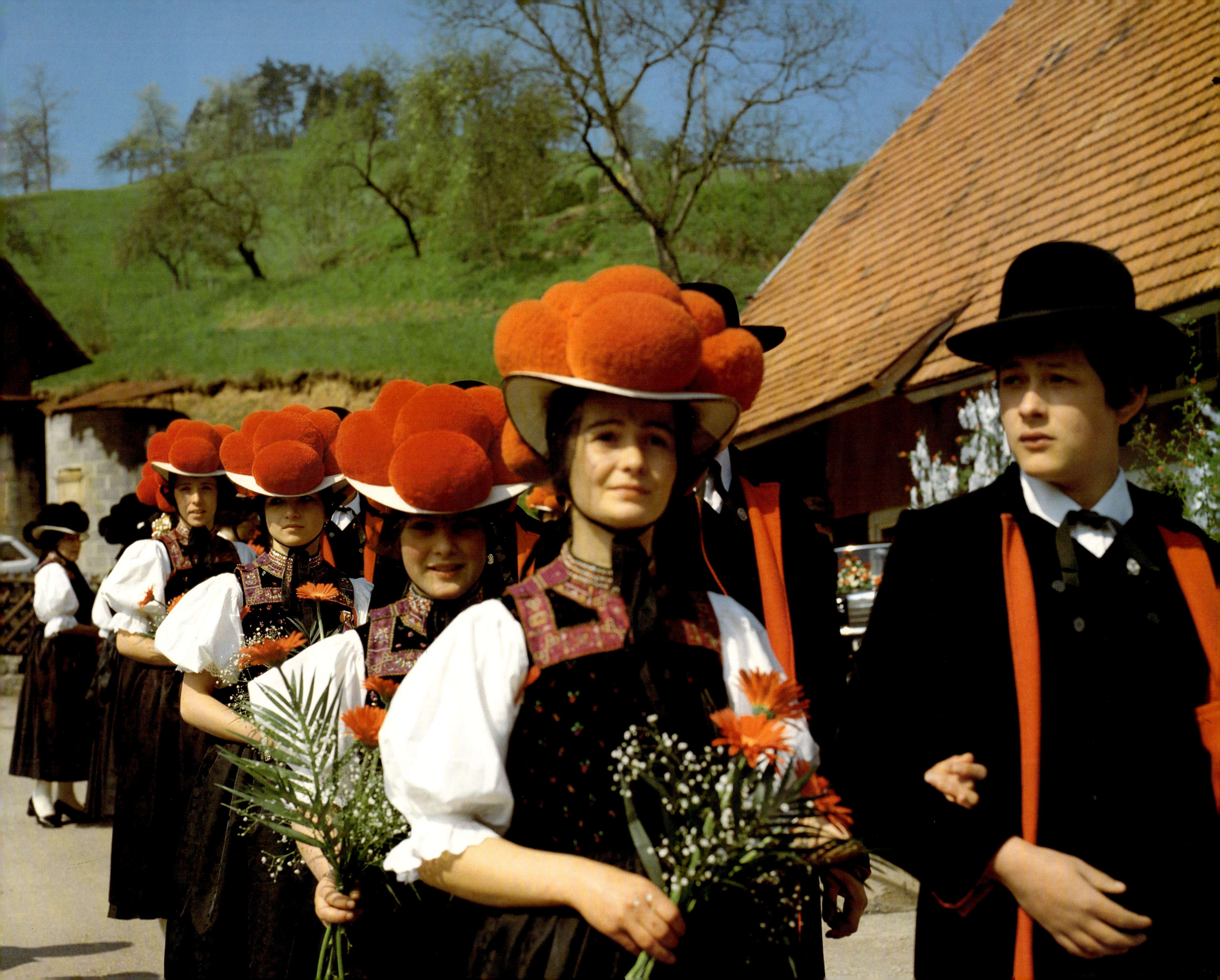

Besonders beeindruckend bietet sich auf nebenstehendem Bild die typische Landschaft des mittleren Schwarzwaldes dar. Lichte Höhen mit weitem Blick ins Land wechseln mit tief eingeschnittenen Tälern, in denen behäbige Bauernhäuser sich an den Hang schmiegen. Die Vielgestaltigkeit dieser Region äußert sich freilich erst in der weiträumigen Betrachtung: Während im Westen das Gebirge in steilen Stufen abfällt und in der heiteren, rebenbewachsenen Vorbergzone ausschwingt, flacht es sich nach Osten hin allmählich ab und läuft im Schwarzwald-Baar-Kreis sanft aus. Eine Besonderheit gibt es auf der Schwedenschanze bei Schonach (rechts), unsichtbar zwar, doch darum nicht weniger interessant: hier verläuft die europäische Wasserscheide zwischen Rhein und Donau.

The adjoining picture provides a particularly impressive view of the typical scenery in the Central Black Forest. Open hilltops with panoramic views of the countryside alternate with narrow, steep-sided valleys where capacious farmhouses cling to the slopes. The varied nature of the region actually only becomes apparent when considered from an overall point of view: whereas, in the west, the mountains descend in steep, abrupt stages to end up in the serene, vineyard-clad foothills, they gradually flatten out towards the east and finish gently int the Black Forest-Baar district. A peculiar feature–invisible but none the less interesting for that–is to be found at the Schwedenschanze near Schonach (right): this is the European watershed between the Rhine and the Danube.

La photographie ci-contre montre de façon particulièrement frappante les paysages typiques de la moyenne Forêt-Noire. Les hauteurs dégagées offrant une large vue alternent avec les vallées encaissées où d'imposantes fermes se tapissent à flanc de côteau. La diversité de cette région ne se révèle assurément que si on la considère à l'échelle du monde : tandis qu'à l'ouest la montagne descend en degrés abrupts jusqu'à une zone souriante couverte de vignobles, à l'est elle vient s'étaler lentement, en pente douce, jusqu'à la région de « Schwarzwald-Baar ». Près de Schonach, au lieu-dit de la « Schwedenschanze », se situe une particularité géographique certes invisible, mais non moins intéressante : c'est là que passe la ligne de partage des eaux européennes, entre le Rhin et le Danube.

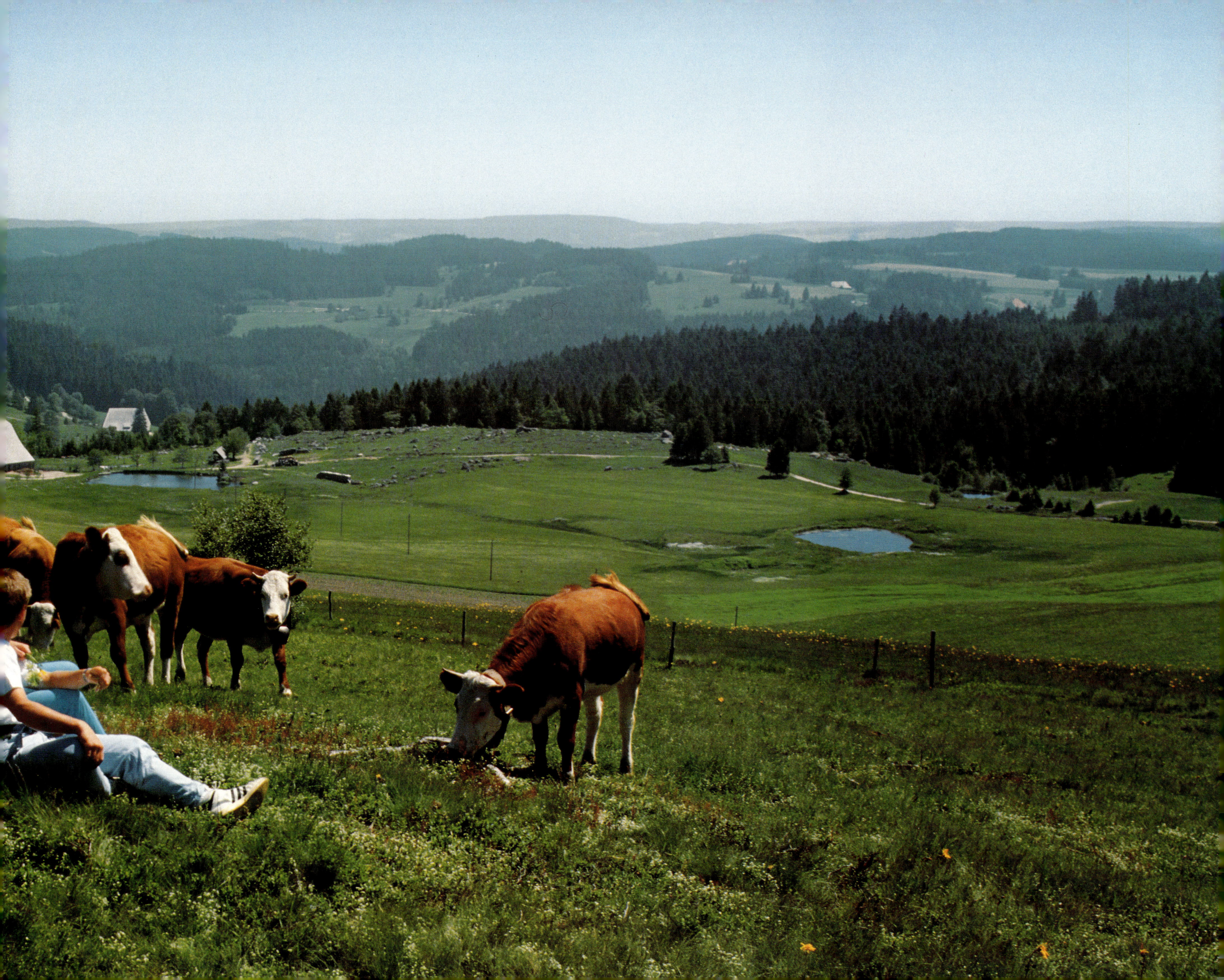

Das heitere Blumen- und Weindorf Sasbachwalden (unten), am Fuße der Hornisgrinde gelegen, entzückt jeden Besucher. Bundesweit ausgezeichnet als „schönstes Dorf", reiht sich der Kneipp- und Luftkurort in die Kette bedeutender Weinorte an der Badischen Weinstraße, die sich von Baden-Baden kommend am westlichen Rande des Berglandes durch sonnenverwöhnte Rebhänge windet. Die liebevoll mit vielen Blumen geschmückten Fachwerkhäuser bestimmen das Bild des Ortes, der jeden Herbst als Höhepunkt des Jahres sein traditionelles und vielbesuchtes Winzerfest feiert (rechts). Wunderschöne Ausblicke bieten sich an der Strecke zur Schwarzwaldhochstraße und von der aus dem 11. Jahrhundert stammenden Burgruine Hohenrod oberhalb Sasbachwaldens, um die sich als „Brigittenschloß" schaurige Sagen weben.

Every visitor is entranced by the flower and wine village of Sasbachwalden (below) at the foot of the Hornisgrinde. Acknowledged throughout the Federal Republic as the country's "prettiest village", this hydropathic spa and climatic health resort is one of a series of important wine-producing centres on the "Baden Wine Road", which starts in Baden-Baden and winds its way along the western edge of the mountains past sun-drenched vineyard slopes. Half-timbered houses lovingly decorated with flowers are the dominating feature of the village, where the annual highlight, each autumn is the celebration of the popular traditional vintners' festival (right). There are marvellous views on the route to the Black Forest Mountain Road and, above Sasbachwalden, from the ruins of the 11th century Hohenrod Castle, the origin of the weird "Brigittenschloss" legends.

Le charmant village viticole fleuri de Sasbachwalden (en bas), situé au pied du Hornisgrinde, séduit tous ses visiteurs. Cette station climatique et de cure Kneipp qui a acquis, au niveau fédéral, le titre de « plus beau village », fait partie de toute une chaîne de villages viticoles égrenés le long de la Route des Vins du Pays de Bade qui, venant de Baden-Baden, longe le bord occidental des montagnes et serpente à travers les vignobles ensoleillés. Les maisons à colombages fleuries avec beaucoup de soin donnent au village sa physionomie et en automne, on y célèbre la fête traditionnelle des vignerons, qui attire les foules et est ici le grand moment de l'année. Sur le trajet menant à la Route des Crêtes de la Forêt-Noire, et du haut des ruines du château d'Hohenrod datant du 11ème siècle au-dessus de Sasbachwalden, environné de sinistres légendes liées à son nom de «Château de Brigitte », on découvre de magnifiques points de vue.

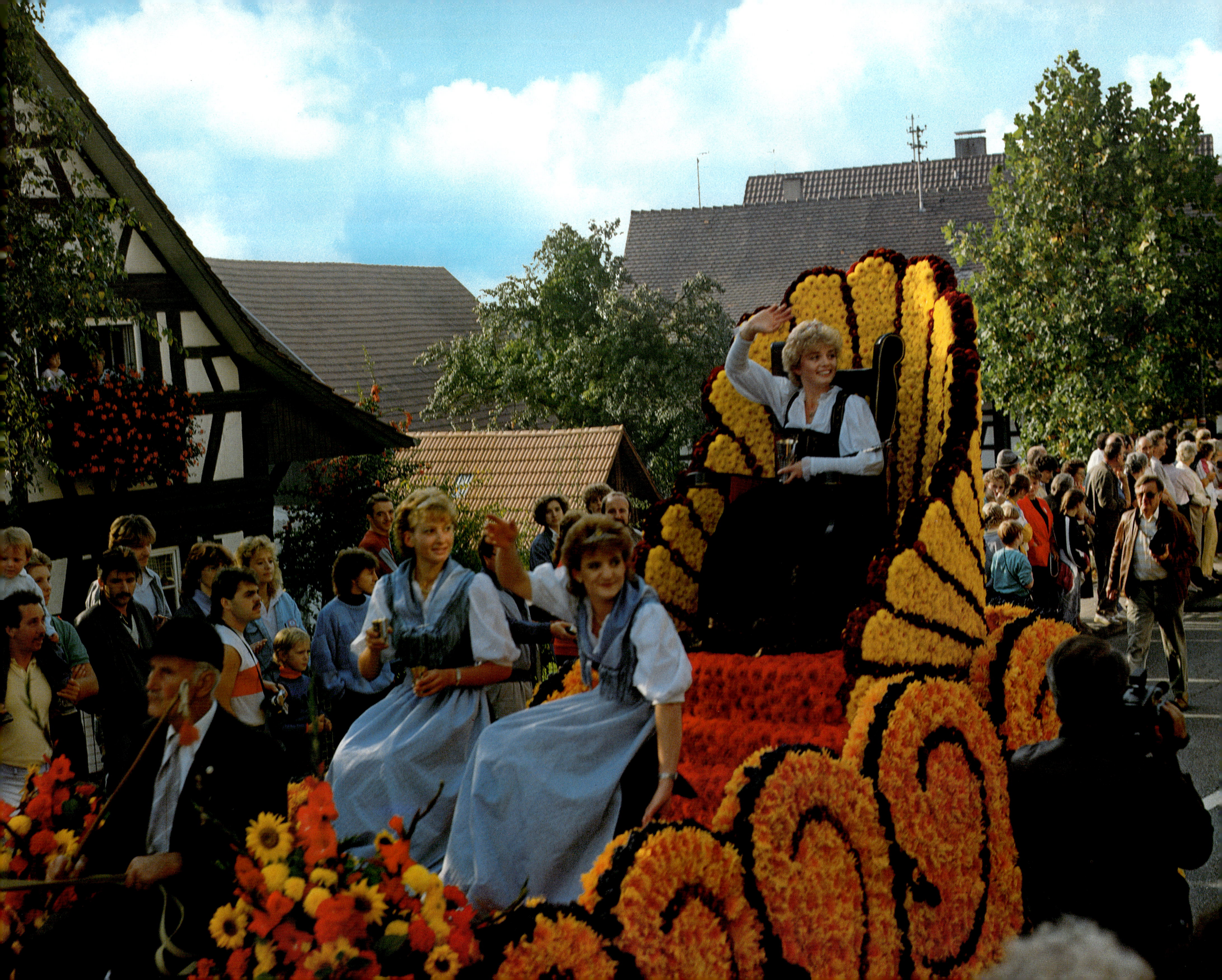

Von Achern aus, welches mit der gotischen St.-Nikolaus-Kapelle aus dem 13. Jahrhundert (unten rechts) ein eindrucksvolles Wahrzeichen hat, führt die Straße durch das liebliche Achertal. – Eine historische Dampfbahn (unten links) verbindet zur Sommerzeit die beiden Orte Kappelrodeck, wo der bekannte Spätburgunder „Hex vom Dasenstein" wächst, und den Luftkurort Ottenhöfen, der sich als „Mühlendorf" mit einigen gut renovierten Schwarzwaldmühlen einen Namen macht. – Auf dem Weg zum Ruhestein, dem Paß ins Murgtal, führt die Straße durch den freundlichen Luftkurort Seebach. Alte Bräuche und handwerkliche Tätigkeiten wurden hier wiederbelebt und den Gästen zum Mitmachen angeboten, wie das Brotbacken am Holzbackofen oder der „Lichtgang" mit zünftigem Vesper zur Vollmersmühle (unten Mitte), einer alten, voll intakten Mahlmühle. Seebach gehört zu der klimatisch bevorzugten Region der Ortenau, in der besonders das Frühjahr voller Reize ist (rechts: Frühling bei Seebach).

From Achern, which possesses a notable landmark in the form of the 13th century Gothic Chapel of St. Nicholas (below, right), the road runs through the delightful Acher Valley. – In summer a vintage steam railway (below, left) connects Kappelrodeck where the well-known Late Burgundy wine "Hex vom Dasenstein" is produced, with the climatic health resort of Ottenhöfen, which is becoming famous as a "mill village" thanks to the successful restoration of several Black Forest mills. – On the way to the Ruhestein, the pass leading into the Murg Valley, the road traverses the attractive climatic health resort of Seebach. Old customs and craftsmen's skills are revived here, and visitors are encouraged to take part in such activities as baking bread in a wood-burning oven or a torchlight walk (including a tasty snack) to the Vollmers Mühle (below, centre), an old, fully intact grinding mill. Seebach lies in the Ortenau region where the climate is extremely mild and spring is particularly delightful (right: a springtime scene near Seebach).

A partir d'Achern, dont le symbole très impressionnant est la chapelle gothique St-Nicolas datant du 13ème siècle (en bas, à droite), la route suit la charmante vallée de l'Acher. Un chemin de fer à vapeur (en bas, à gauche) relie en été les deux localités de Kappelrodeck, où mûrit le célèbre cru appelé « Hex vom Dasenstein », et la station climatique d'Ottenhöfen qui a acquis une réputation sous le nom de « village des moulins «, car on peut y voir quelques moulins de la Forêt-Noire bien restaurés. En allant dans la direction de Ruhestein, col ouvrant l'accès de la vallée de la Murg, la route traverse Seebach, une agréable petite station climatique. Les anciennes coutumes et les métiers d'autrefois revivent ici et les visiteurs peuvent y participer: on fait le pain dans le four à bois ou bien l'on se rend le soir jusqu'au Moulin de Vollmer (en bas, au milieu), vieux moulin entièrement conservé, pour y prendre une solide collation. Seebach est située dans la région de l'Ortenau, privilégiée par son climat, où le printemps surtout est une saison pleine de charme (à droite, printemps à Seebach).

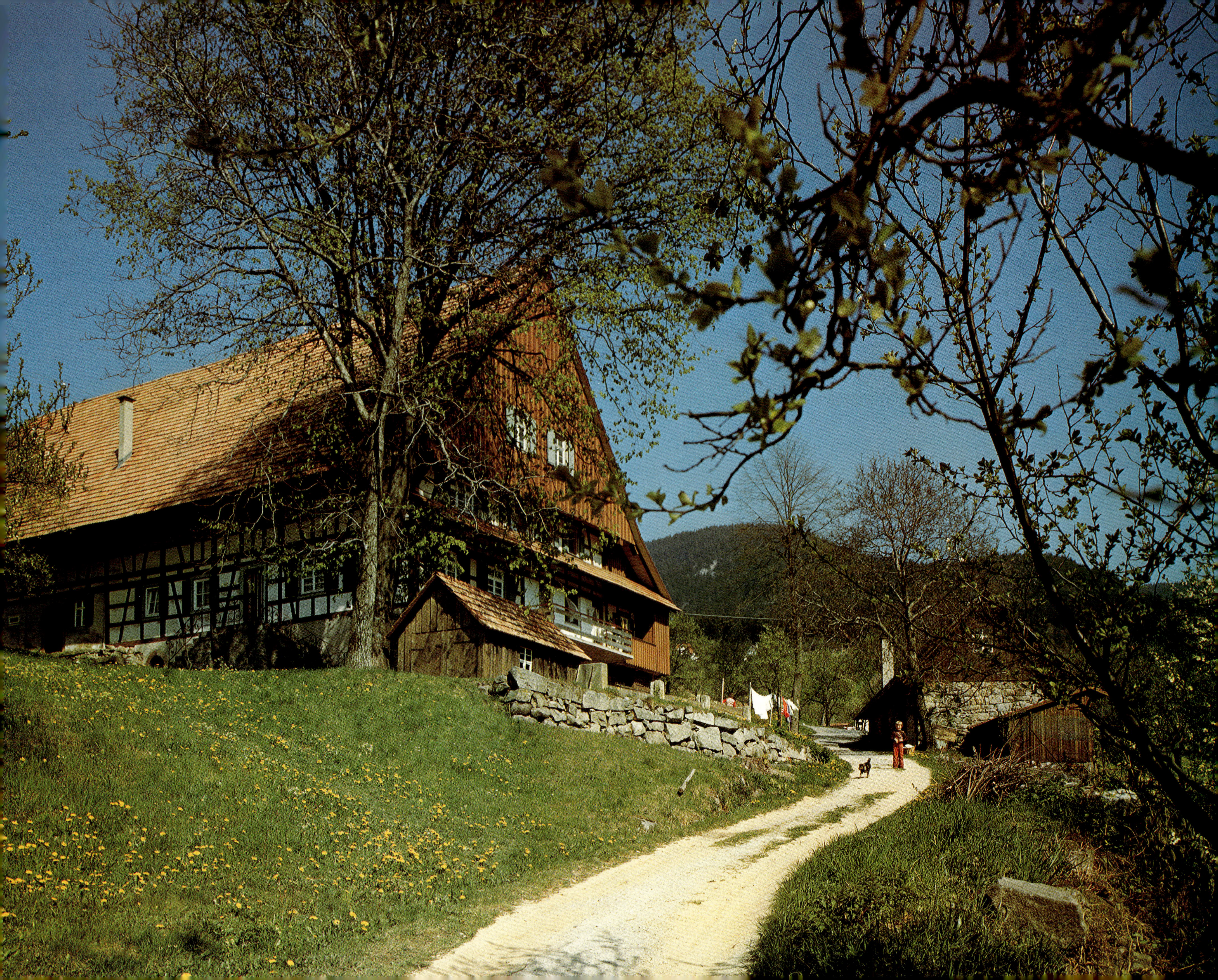

Im Herzen der Ortenau, überragt von der markanten Ruine Schauenburg, im 11. Jahrhundert von den Zähringern erbaut, liegt Oberkirch im Renchtal (unten). In einer lieblichen Umgebung, von Weinbergen, Wäldern, Obst- und Beerengärten eingerahmt, stellt es sich als Europas größter Erdbeermarkt vor. Erholungsuchende sind gerne hier und lassen sich von der sprichwörtlichen Gastlichkeit verwöhnen. – Talaufwärts an der Rench findet sich der idyllisch gelegene Luftkurort Lautenbach. Die in den Jahren 1471–1488 erbaute, reich geschmückte, spätgotische Wallfahrtskirche Mariä Krönung, behütet mit einem Flügelaltar, der Hans Baldung Grien oder dem jungen Grünewald zugeschrieben wird, ist eine besondere Kostbarkeit (unten rechts). – Im gemütlichen Luftkurort Oppenau, wo der von den Wasserfällen bei Allerheiligen (siehe Seite 202) kommende Lierbach in die Rench mündet, erinnern noch Teile der Befestigungsmauer und ein schönes, wappengeschmücktes Stadttor an die einstige Bedeutung der schon 1070 erwähnten Stadt, die Gerichtsort des Renchtales war (rechts: Frühling bei Oppenau).

Oberkirch is situated in the Rench Valley (below) in the heart of the Ortenau, dominated by the striking ruins of the Schauenburg, a Zähringer castle built in the 11th century. In delightful surroundings and enclosed by vineyards, woods, orchards and soft fruit gardens, it possesses the largest strawberry market in Europe. Visitors seeking rest and relaxation are welcome here and can enjoy the proverbial local hospitality. Further up the Rench Valley is the delightfully-situated climatic health resort of Lautenbach. The richly-decorated Late Gothic pilgrims' church, "Maria Krönung", built between 1471 and 1488, houses one particularly precious item: a reredos ascribed either to Hans Baldung Grien or the young Matthias Grünewald (below, right). – In the pleasant climatic health resort of Oppenau, where the Lierbach river which comes from the waterfalls near Allerheiligen (see page 202) joins the Rench, parts of the defensive wall and a handsome gateway decorated with coats-of-arms remind us of the erstwhile importance of this town which was officially referred to as early as 1070 and was the centre of jurisdiction for the Rench Valley (right: springtime near Oppenau).

Oberkirch, dans la vallée de la Rench (en bas) est située au cœur de l'Ortenau, dominée par les imposantes ruines du château de Schauenburg, construit au 11ème siècle par les Zähringen. Située dans un paysage plein de douceur, entourée de vignobles, de forêts, de vergers et de champs de fraises, Oberkirch est le marché aux fraises le plus important d'Europe. Ceux qui cherchent le repos aiment y séjourner et se laisser choyer par une hospitalité devenue proverbiale. En descendant la vallée de la Rench, on trouve l'idyllique station climatique de Lautenbach. L'église de pèlerinage « Maria Krönung », édifiée en 1471–1488 dans le style gothique et très décorée, abrite un petit joyau artistique: un retable attribué à Hans Baldung Grien ou au jeune Grünewald (en bas, à droite). – Dans l'accueillante station climatique d'Oppenau, où le Lierbach venant des cascades de Allerheiligen (voir page 202) se jette dans la Rench, des vestiges du mur d'enceinte et une belle porte ornée d'armoiries rappellent l'importance qu'eut autrefois cette ville déjà mentionnée dans un document de 1070 et qui était le lieu de justice de la vallée de la Rench (à droite – printemps à Oppenau).

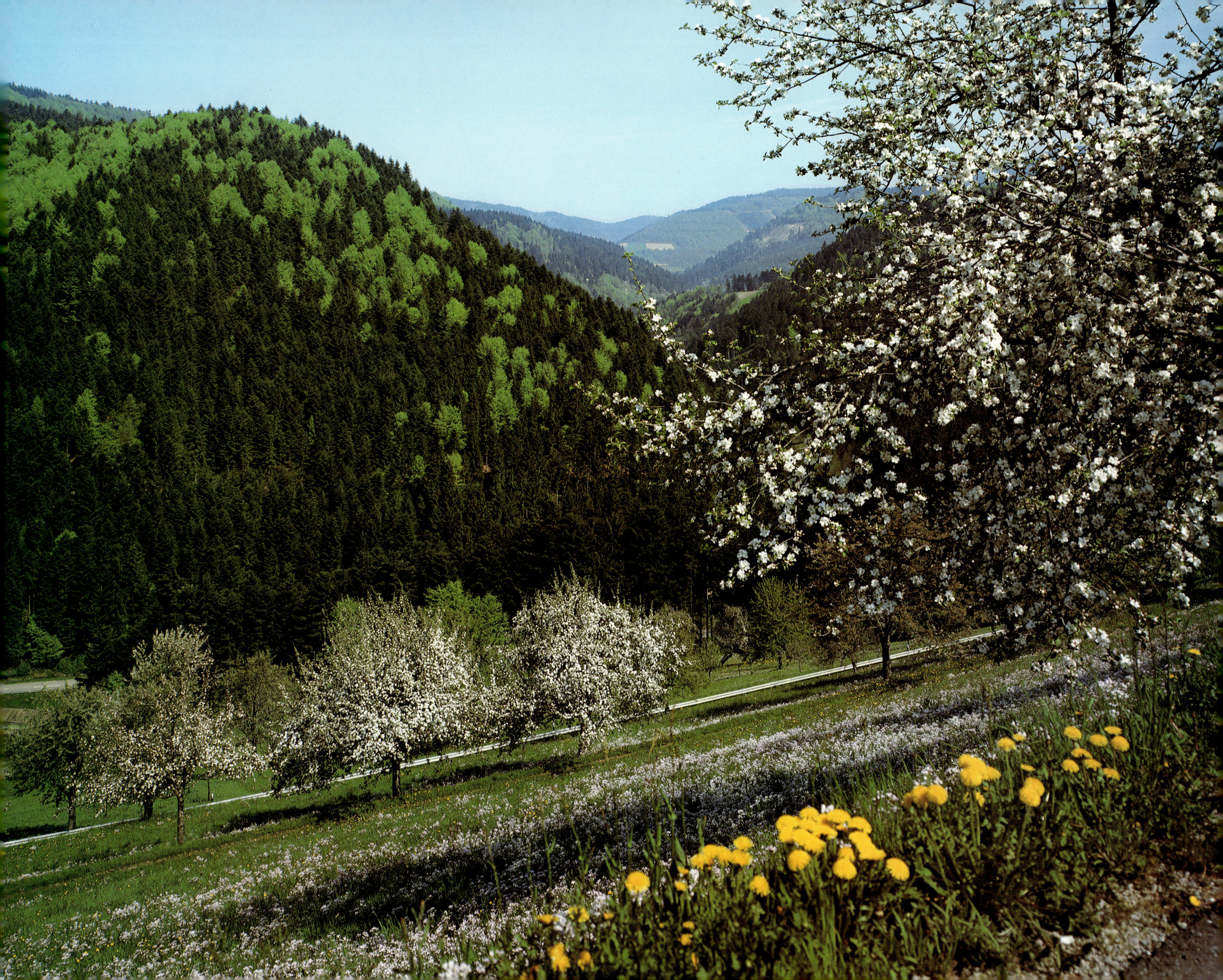

Die beiden traditionsreichen Heilbäder Bad Peterstal (unten links) und Bad Griesbach (unten rechts), im oberen Renchtal gelegen, gehören zu den „Kniebisbädern". In neuerer Zeit zu einem Kneippkurort vereint, waren die heilsamen Wirkungen der Mineralquellen jedoch schon 1584 dem fürstbischöflichen Leibarzt Jakob Theodor von Bergzabern als „schöne, herrliche Sauwerbrunnen" bekannt. Auch stellte 1644 der Kupferstecher Merian erstaunt fest: „Es hat gesund Leut herumb, so sehr alt werden, daß sie 105 und 110 Jahre erreychen, so man dem Wasser, das sie trinken, zuschreibet." Die einstigen „Bauernbäder" entwickelten sich bald zu exklusiven Modebädern, die 1871 von der russischen Zarenfamilie und 1876 vom deutschen Kaiser Wilhelm I. mit Gemahlin und Gefolge besucht wurden. Merians Feststellung wurde durch spätere Untersuchungen bestätigt: Die Peterstaler und Griesbacher Sauerbrunnen zählen zu den qualitativ hochwertigsten Deutschlands (rechts: Blick von den Höhen ins obere Renchtal).

The two traditional health resorts of Bad Peterstal (below, left) and Bad Griesbach (below, right) in the Upper Rench Valley are among the so-called "Kniebis spas". They have recently been combined into a single hydropathic spa, but the beneficial effects of the mineral springs were already appreciated as long ago as 1584 by the royal physician Jakob Theodor of Bergzabern, who referred to the "splendid and magnificent acidulous water". Again, in 1644, the copper engraver Merian found to his amazement that "there are healthy people around who are so old that they reach the age of 105 and 110, and this they attribute to the water they drink". The former "rustic baths" soon developed into exclusive fashionable institutions which were visited in 1871 by the German Emperor Wilhelm I with his consort and entourage. Later investigations confirmed Merian's statement: the Peterstal and Griesbach mineral springs are, as regards quality, among the finest in Germany (right: view from the hills of the Upper Rench Valley).

Les deux stations thermales de Bad Peterstal (en bas, à gauche) et de Bad Griesbach (en bas, à droite), situées dans la vallée supérieure de la Rench, font partie des « Stations thermales du Kniebis ». Elles ont été réunies récemment en une station de cure Kneipp. Mais dès 1584, les effets bienfaisants des sources minérales étaient déjà connus du médecin particulier du prince-évêque, Jakob Theodor von Bergzabern, en tant que « belles, magnifiques sources d'acide carbonique ». En 1644, le graveur sur cuivre Merian constatait également: « il y a par ici des gens en bonne santé qui deviennent si âgés qu'ils atteignent 105 et 110 ans, ce que l'on attribue à l'eau qu'ils boivent». Les anciens « bains de paysans » ne tardèrent pas à devenir d'élégants bains à la mode fréquentés en 1871 par la famille du tsar de Russie et en 1876 par l'Empereur Guillaume Ier, son épouse et sa suite. Ce que constatait Merian fut confirmé par des études ultérieures: les sources bicarbonatées de Peterstal et de Griesbach sont, par leur qualité, deux des meilleures sources d'Allemagne (à droite: vue des hauteurs sur la vallée supérieure de la Rench).

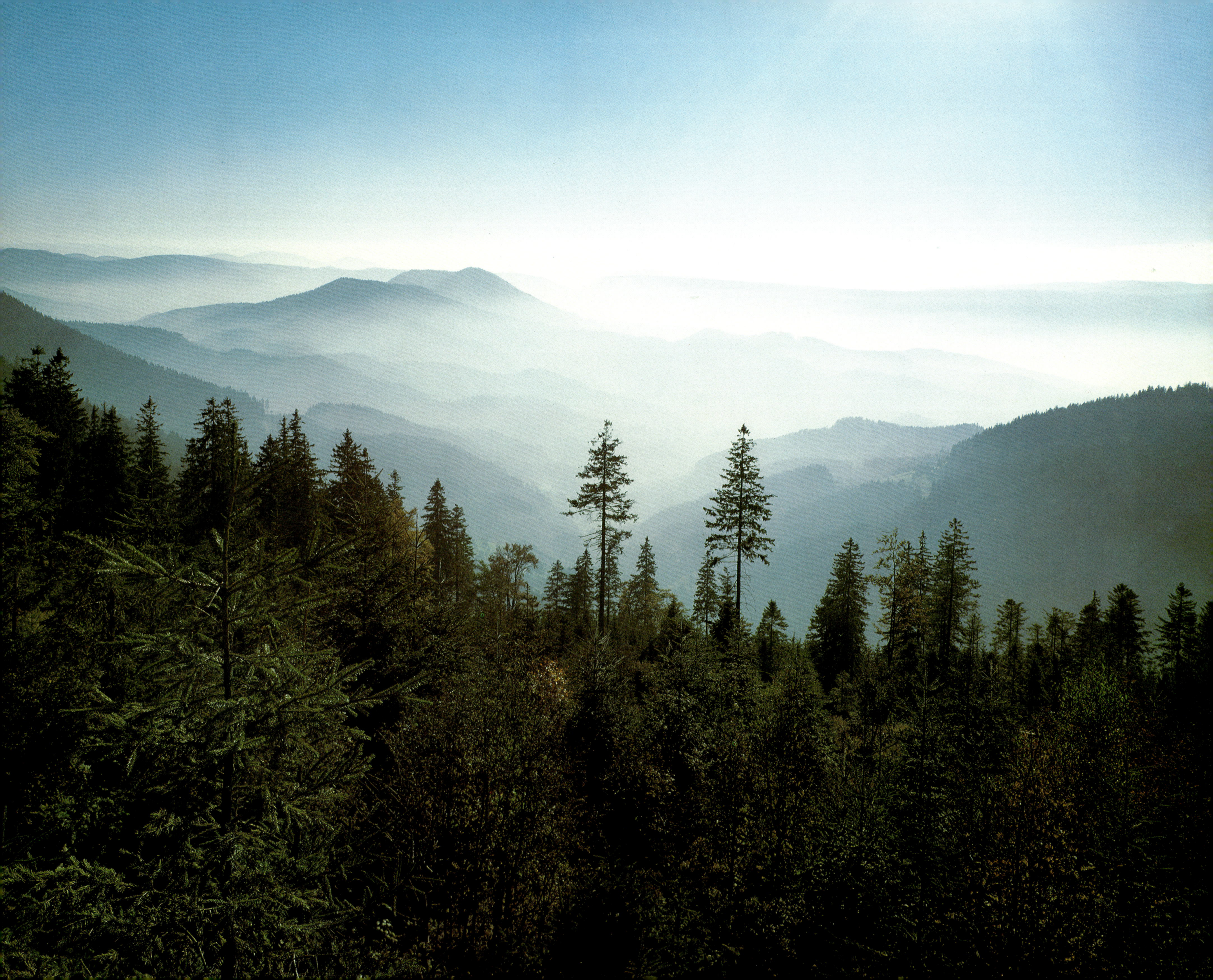

Auch Bad Rippoldsau im Wolftal gehört zu den „Kniebisbädern" mit langer Tradition. Als Zelle des Klosters St. Georgen 1179 erstmals erwähnt und schon 1490 mit einem „badhuß" ausgestattet, erlebte das Mineral- und Moorbad im 18. und 19. Jahrhundert seine Blüte. Große Namen auf der Gästeliste wie Johannes Brahms, Max Bruch, Victor Hugo, Paul Heyse, Victor von Scheffel und Rainer Maria Rilke, doch auch Fürsten des In- und Auslands haben den Badeort sehr geschätzt. Ein rege frequentiertes, modernes Kur- und Badezentrum beweist, daß Bad Rippoldsau der Anschluß an die Neuzeit gelungen ist. – Zusammen mit dem Luftkurort Schapbach bildet es heute eine Gemeinde (unten links: die Holzwälder Höhe, ein Teil von Bad Rippoldsau; unten rechts: Schapbach mit seiner zwiebelgekrönten Barockkirche St. Cyriakus). Rechts: Idylle im oberen Wolftal mit der Steigfelsenkapelle direkt am Flüßchen.

Bad Rippoldsau in the Wolf Valley is another of the traditional "Kniebis spas". First officially referred to as an outpost of the St. Georgen monastery in 1179 and equipped with a "bath house" as early as 1490, this mineral and moorland spa enjoyed its heyday in the 18th and 19th centuries. Great figures on its list of visitors such as Johannes Brahms, Max Bruch, Victor Hugo, Paul Heyse, Victor von Scheffel and Rainer Maria Rilke, as well as German and foreign royalty, thought very highly of the spa. A popular modern spa and bathing centre proves that Bad Rippoldsau has succeeded in adapting to modern conditions. – It has now combined with the climatic health resort of Schapbach to form a single community (below, left: the Holzwälder Höhe, a part of Bad Rippoldsau; below, right: Schapbach with the domed Church of St. Cyriakus). Right: a pastoral scene in the Upper Wolf Valley with the Steigfelsen Chapel directly adjoining the river.

Bad Rippoldsau, dans la vallée de la Wolf, est également l'une des « stations thermales du Kniebis » de longue tradition. Mentionnée pour la première fois en 1179 en tant que cellule de l'abbaye de St-Georges et déjà équipée en 1490 d'une « maison de bain », la station d'eaux minérales et de bains de boue se développa au 18ème et au 19ème siècle. La liste de ses hôtes porte de grands noms tels que Johannes Brahms, Max Bruch, Victor Hugo, Paul Heyse, Victor von Scheffel et Rainer Maria Rilke, mais de nombreux souverains étrangers et allemands ont également apprécié cette station. Un centre thermal et de cures moderne très fréquenté atteste que Bad Rippoldsau a su s'adapter aux exigences de notre époque. Elle forme aujourd'hui, avec la station climatique de Schapbach, une seule commune (en bas, à gauche: la Holzwälder Höhe, partie de Bad Rippoldsau; en bas, à droite: Schapbach et son église baroque à clocher à bulbe St-Cyriac). A droite: idylle dans la vallée supérieure de la Wolf, avec la chapelle « Steigfelsenkapelle » au bord de la petite rivière.

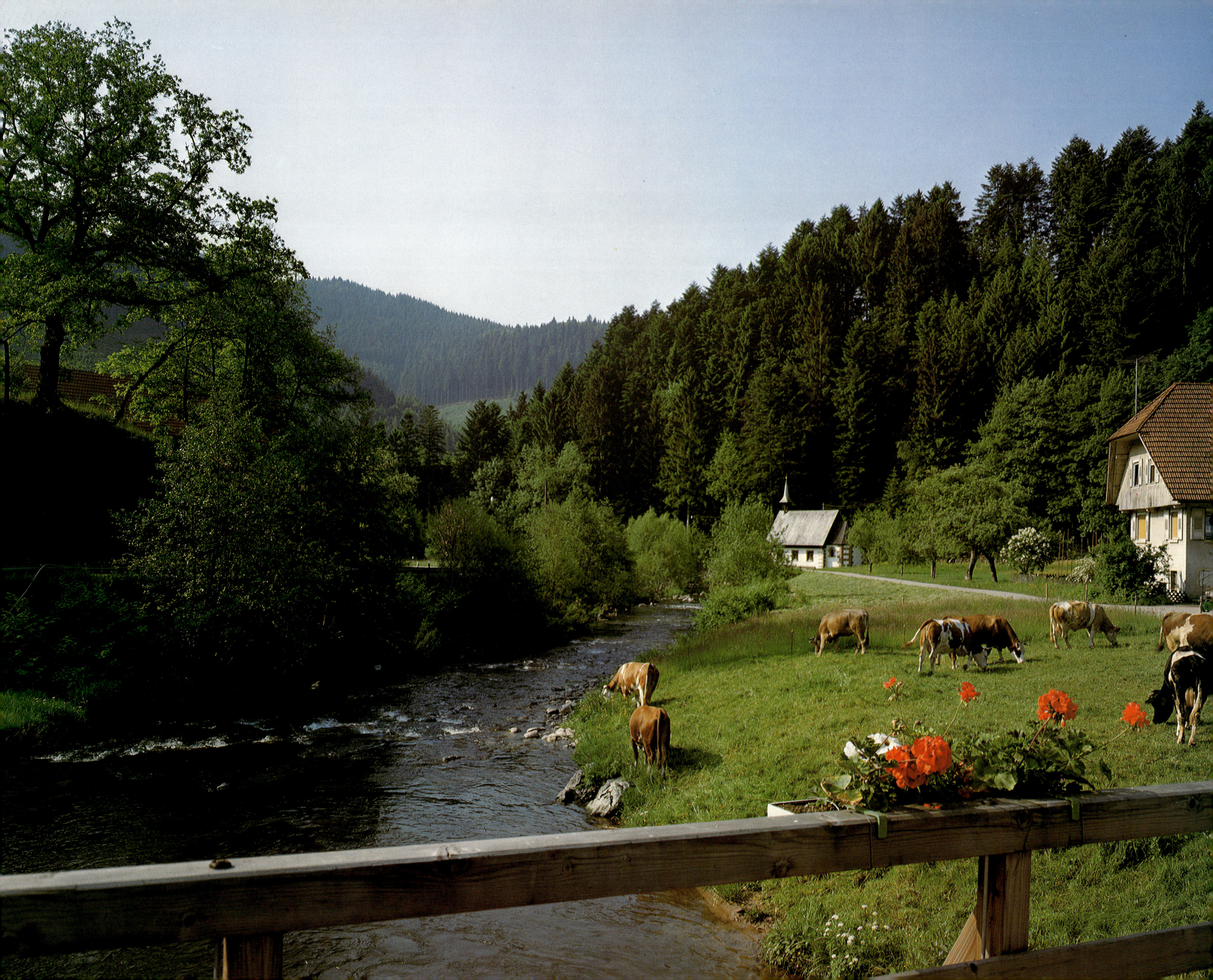

Stolze Fachwerkhäuser am aufsteigenden, dreieckigen Marktplatz und das von Schickhardt 1593 erbaute, mit Fresken geschmückte Rathaus von Schiltach (unten) sowie die gemütlichen Gassen verleihen dem Ort einen malerischen Reiz. In diesem von Urlaubern gern besuchten Städtchen zu Füßen des Schloßberges, im oberen Kinzigtal gelegen, brachten es einige der heute noch hier ansässigen Gerber und Flößer, die bis Ende des vorigen Jahrhunderts ihrer gefährlichen Arbeit nachgingen, zu einigem Wohlstand. – Der Luftkurort Wolfach, am Zufluß der Wolf, ist lebendiges Zentrum im mittleren Kinzigtal. Sehenswert sind die stattlichen Bürgerhäuser und das bemalte Rathaus aus dem Jahr 1590 am Marktplatz, der von Süden her durch den wuchtigen Torturm erreicht wird. Dieser ist Teil des 1671 erbauten fürstenbergischen Stadtschlosses, welches heute als Verwaltungsgebäude dient. Interessant ist Wolfachs Vergangenheit als Flößerstadt, in der das „Flötzergericht" mit Statuten von 1470 tagte. (Rechts: Malerische Partie an der Kinzig mit Blick auf die evangelische Stadtkirche).

Stately half-timbered houses on the sloping, triangular market-square, the Town Hall and its ornamental frescoes built by Schickhardt in 1593 together with its delightful narrow alleyways lend an air of picturesque charm to Schiltach (below). It was here, in this small town at the foot of the Schlossberg in the Upper Kinzig Valley—nowadays so popular with holidaymakers—that some of the tanners and raftsmen who still live here and who pursued their dangerous occupation up to the end of the last century, enjoyed a certain degree of prosperity. – The climatic health resort of Wolfach, situated at the point where the River Wolf joins the Kinzig, is a bustling township in the central part of the Kinzig Valley. Notable features are its handsome dwelling-houses and the ornamental Town Hall (1590) on the market-square which is reached from the south by way of a massive gateway tower. The latter is part of the Fürstenberg royal palace built in 1671; it is used nowadays as an administrative building. Wolfach's history as a "raftsmen's town" is an interesting one; it was here that the "raftmen's court" held its sessions governed by statutes dating back to 1470 (right: a picturesque scene on the Kinzig with a view of the Protestant church).

De pimpantes maisons à colombages sur la Place du Marché en pente et de forme triangulaire, et l'hôtel de ville de Schiltach (en bas) décoré de fresques, ainsi que les charmantes ruelles, confèrent à cette petite ville son pittoresque. Dans cette petite cité fréquentée par les vacanciers, située au pied de la Montagne du Château, dans la vallée supérieure de la Kinzig, quelques-uns des tanneurs et bateliers de trains de bois qui accomplirent leur dangereux métier jusqu'à la fin du siècle dernier, et sont aujourd'hui encore établis ici, sont parvenus à une certaine prospérité. La station climatique de Wolfach, sur l'affluent de la Wolf, est le centre animé de la moyenne vallée de la Kinzig. On y admirera les maisons bourgeoises cossues et l'hôtel de ville peint datant de 1590 sur la Place du Marché à laquelle on accède, par le sud, en franchissant l'imposante porte surmontée d'une tour. Il s'agit d'une partie du château des Fürstenberg édifié en 1671 et qui sert actuellement de bâtiment administratif. L'histoire de Wolfach est intéressante, car c'était la ville des bateliers de trains de bois de flottage, où siégeait le « tribunal des bateliers » dont les statuts datent de 1470 (à droite, un quartier pittoresque des bords de la Kinzig avec vue sur l'église protestante).

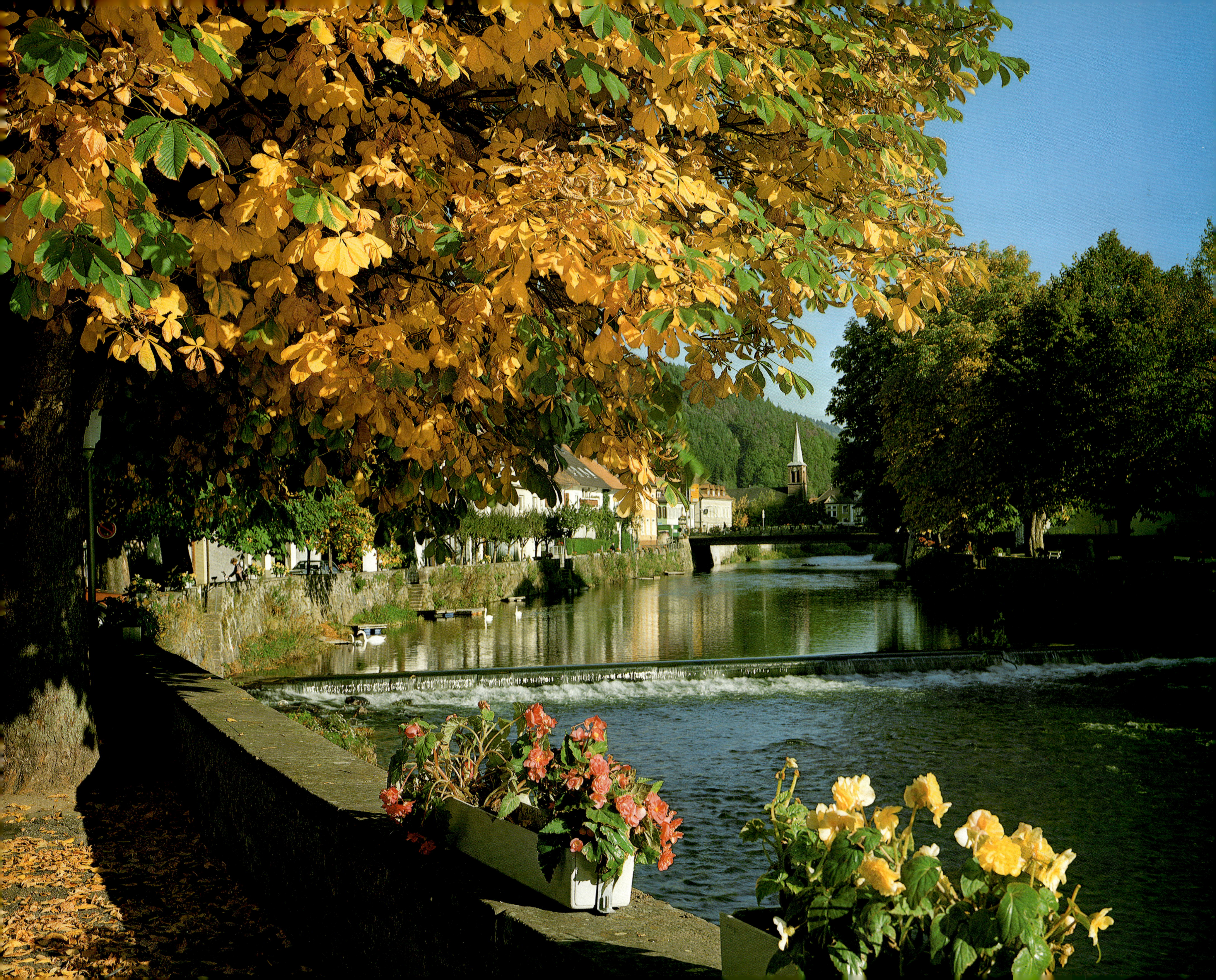

Im gemütlichen Oberwolfach mit seinen Weilern finden sich neben der versteckten Burgruine Walkenstein und alten, stattlichen Bauernhöfen (rechts) auch noch das Mathematische Forschungsinstitut, in dem ständig von einem internationalen Teilnehmerkreis besuchte Kolloquien stattfinden. – In den abgeschiedenen, von Wald umkränzten Orten der Kinzignebentäler finden sich oftmals noch Handwerker, die einem bodenständigen Beruf nachgehen. Erfrischend gastfreundlich wird dem Wanderer begegnet, der nach manchmal beschwerlichem Aufstieg mit wunderschönen Ausblicken, wie etwa ins Kinzigtal bei Hausach (links), belohnt wird.

In the pleasant little town of Oberwolfach and its adjacent villages there is, in addition to the secluded ruined castle of Walkenstein and handsome old farmsteads (right), the Mathematical Research Institute where meetings, attended by participants from all over the world, are regularly held. In the isolated woodland hamlets of the Kinzig side-valleys one can still often come across craftsmen who pursue some age-old occupation associated with their native soil. Visitors arriving here on foot after a frequently arduous climb—but with rewarding views of, for example, the Kinzig Valley near Hausach (left)—are offered refreshment and a hospitable welcome.

A Oberwolfach, accueillante petite ville entourée de hameaux, se trouve, à côté des ruines cachées du château de Walkenstein et de vieilles fermes imposantes, l'Institut de Recherches Mathématiques où se déroulent constamment des colloques auxquels participent des chercheurs venus du monde entier. Dans les petits villages des vallées latérales de la Kinzig, situés à l'écart et entourés de forêts, on trouve encore souvent des artisans qui pratiquent leur métier traditionnel. Et l'on y accueille chaleureusement le randonneur qui, après une montée parfois difficile, se voit récompensé par de magnifiques points de vue, sur la vallée de la Kinzig par exemple, à Hausach (à gauche).

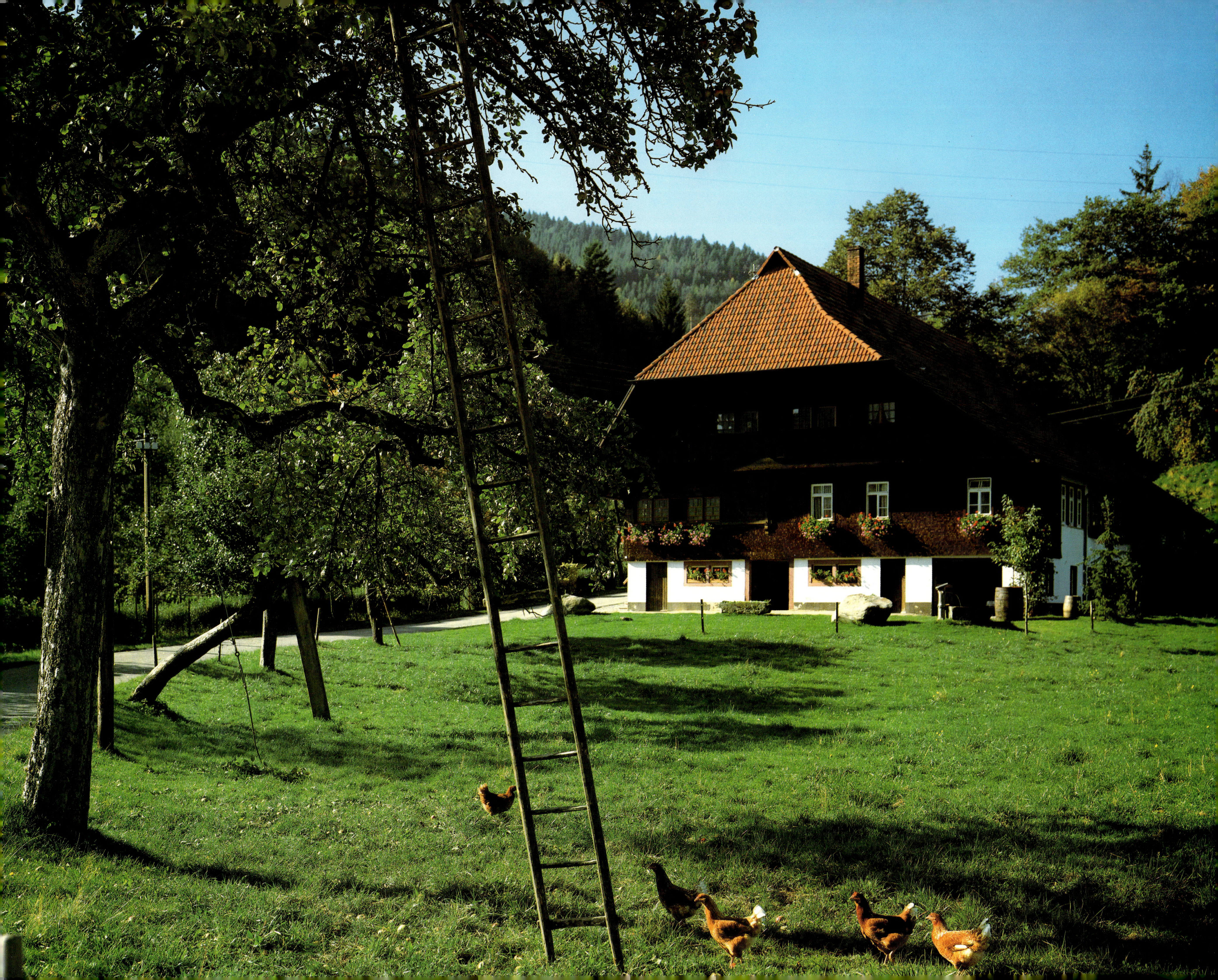

Von Biberach aus zieht sich ein herrliches Feriental mit sympathischen Kurorten den Harmersbach entlang. Als freies Reichstal von 1718 bis 1803 genossen seine Orte Zell, Unter- und Oberharmersbach einst besondere Privilegien. Das von Heinrich Hansjakob so anschaulich beschriebene Leben der „Bauernfürsten" hatte hier seinen Hintergrund. Einige besonders behäbige, schöne Schwarzwaldhöfe erzählen davon. Im denkmalgeschützten Stadtkern von Zell mit Resten der Stadtmauer und der Wehrgänge setzt der „Lange Turm" oder „Storchenturm" als Wahrzeichen der Stadt einen gewichtigen Akzent (unten links). – Die noch an Feiertagen auftretende Bürgerwehr von Oberharmersbach (Bilder unten rechts) in ihrer schmucken Uniform erinnert an diese stolze Vergangenheit. Bemerkenswert ist eine schöne Legende, die vom Leben des heiligen Gallus, dem späteren Gründer von St. Gallen erzählt, der hier seine Einsiedelei hatte, auf deren Mauern später die Pfarrkirche von Oberharmersbach erbaut wurde. – Im Kinzigtal mit seinen Nebentälern haben sich Schwarzwälder Brauchtum (siehe Seite 204) und Trachten besonders gut erhalten. Niedlich anzusehen sind die Kinder in der hübschen Hofstetter Tracht (rechts).

From Biberach a magnificent valley with pleasant spas and excellent holiday facilities extends along the Harmersbach river. As it was Free Imperial territory from 1718 to 1803 the places in it–Zell, Unterharmersbach and Oberharmersbach–once enjoyed special privileges. This was the background to the lives of the "farmer princes" so vividly described by Heinrich Hansjakob; some fine, particularly handsome Black Forest farmsteads still testify to this fact. In the centre of Zell with its listed buildings, including the remains of the town wall and the roofed parapet walks, the "Tall Tower" or "Stork Tower" are notable landmarks which dominate the townscape (below, left). – The town militia of Oberharmersbach (picture below, left) who still parade in their smart uniforms on festive occasions, remind us of the glories of bygone days. A remarkable legend tells of the life of St. Gallus, who later founded the town of St. Gallen; his hermitage was here in Oberharmersbach and the local parish church was later built on its walls. – Black Forest customs (see page 204) and local dress have been particularly preserved in the Kinzig Valley and its side-valleys. Children dressed in Hofstett local costume make an attractive picture (right).

En partant de Biberach, une magnifique vallée touristique parsemée d'agréables stations longe l'Harmersbach. En tant que vallée libre de l'Empire entre 1718 et 1803, ses localités de Zell, Unterharmersbach et Oberharmersbach bénéficiaient de privilèges particuliers. C'est dans ce décor que se déroulait la vie des « princes-paysans » décrite de façon si imagée par Heinrich Hansjakob, et dont témoignent encore quelques belles fermes cossues de Forêt-Noire. Dans le centre de Zell, classé monument historique, avec les vestiges de son enceinte et de ses remparts, la « Grande Tour » ou « Tour aux Cigognes » est devenue le symbole de la ville (en bas, à gauche). La milice d'Oberharmersbach, qui défile encore les jours de fête dans son élégant uniforme, rappelle ce passé prestigieux (photos du bas à droite). On notera aussi une très belle légende qui raconte la vie de St-Gallus, futur fondateur de l'abbaye de St-Gallen, qui avait là son ermitage dont les murs servirent par la suite de fondations à l'église d'Oberharmersbach. Les anciennes coutumes et les costumes traditionnels ont été conservés plus particulièrement dans la vallée de la Kinzig et ses vallées latérales. Dans le joli costume de Hofstett, les enfants sont vraiment adorables (à droite).

98

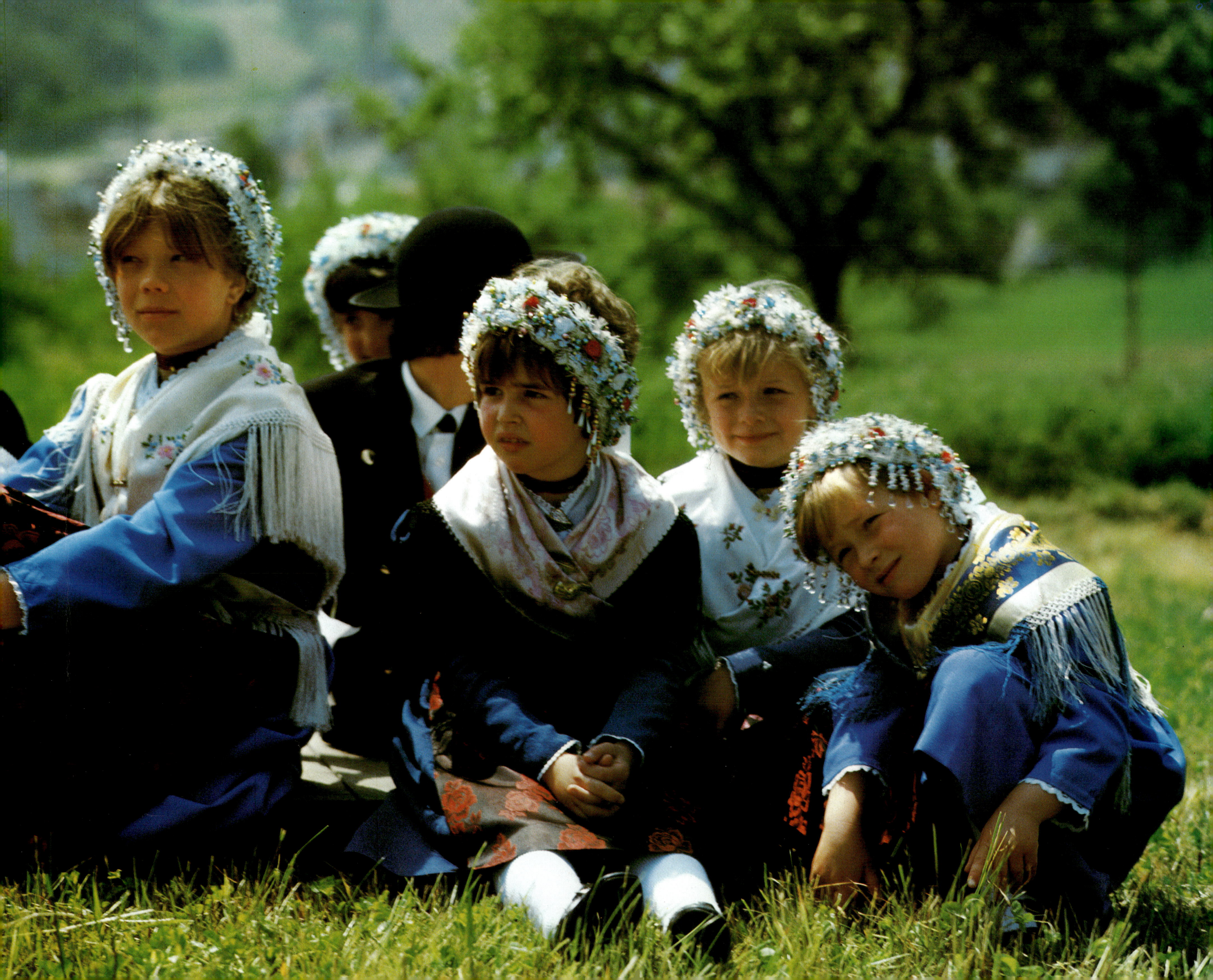

Der malerische, von Rebbergen umkränzte Luftkurort Gengenbach (rechts) im unteren Kinzigtal bezaubert seine Besucher mit seinem reizvollen Stadtbild. Schöne Fachwerkhäuser, unter ihnen das Familienstammhaus des Dichters Johann Victor von Scheffel, und das 1780–1783 erbaute, stattliche Rathaus gruppieren sich um den Marktplatz, dessen Mitte ein schöner Stadtbrunnen markiert. Der Wappenträger, der ihn ziert, und die wohlerhaltenen Tortürme erinnern an die Wehrhaftigkeit der einstigen Freien Reichsstadt. Sie wurde im 12. Jahrhundert von den Zähringern bei einer aus dem Jahre 727 gegründeten Benediktinerabtei erbaut. – Eine der ältesten Zähringergründungen ist Offenburg am Eingang des Kinzigtales, Hauptstadt des Ortenaukreises. Diese alte, lebendige und gepflegte Stadt in einer heiteren Umgebung hat als Zeugen einer langen, bewegten Vergangenheit neben historischen Bürgerhäusern prächtig erhaltene Bauwerke, wie den herrlichen Barockbau der früheren Landvogtei (auch Königshof genannt) aus dem Jahre 1741 und das bemalte Treppengiebelhaus der Hirschapotheke am Fischmarkt von 1698 (Bilder unten), aufzuweisen. Am Rande der Stadt haben sich Industrieanlagen von einiger Bedeutung angesiedelt.

The charming aspect of the picturesque climatic health resort of Gengenbach (right) set amidst vine-clad slopes in the lower reaches of the Kinzig Valley enchants its visitors. Splendid half-timbered houses, including the family home of the poet Victor von Scheffel and the handsome Town Hall (1780–1783), surround the market square, in the centre of which stands a beautiful fountain. The coat-of-arms bearer who decorates it and the well-preserved gateway towers remind us of the defensive power of this erstwhile Free Imperial city. It was built in the 12th century by the Zähringen dynasty near a Benedictine abbey founded in 727. – Another of the oldest Zähringen foundations is Offenburg, the chief town of the Ortenau district, situated at the entrance to the Kinzig Valley. This handsome, bustling old town in its pleasant surroundings retains many relics of its long and turbulent history – historic old dwelling-houses and well-preserved buildings such as the superb Baroque residence of the local governor (built in 1741 and also known as the "royal palace") and the ornamental gabled stairway of the "Hirschapotheke" (chemist's shop) by the Fish Market (1698) (pictures below). Industries of some importance have been established on the outskirts of the town.

La pittoresque station climatique de Gengenbach, entourée d'une ceinture de vignobles (à droite), dans la vallée inférieure de la Kinzig, possède un charme qui séduit tous ses visiteurs. De belles maisons à colombages, dont la maison de famille du poète Johann Victor von Scheffel, et le bel hôtel de ville construit en 1780–1783, sont groupés autour de la Place du Marché marquée en son milieu par une jolie fontaine. Les armoiries qui ornent cette fontaine, et les portes de la ville bien conservées, rappellent le temps où l'ancienne ville libre impériale était une place forte. Elle fut construite au 12ème siècle par les Zähringen à côté d'une abbaye bénédictine fondée en 727. Offenburg, à l'entrée de la vallée de la Kinzig, capitale du district d'Ortenau, est également l'une des plus anciennes villes fondées par les Zähringen. Cette vieille cité, animée et de belle allure, située dans un cadre souriant, offre les témoignages d'un long passé mouvementé: maisons bourgeoises historiques et très beaux édifices parfaitement conservés, tels que le splendide bâtiment baroque de l'ancien bailliage, également appelé « Königshof », et datant de 1741, ainsi que la maison peinte à pignon en escalier de la Pharmacie du Cerf, située sur la Place du Marché et datant de 1698 (photos du bas). A la périphérie de la ville se sont implantées des industries d'une certaine importance.

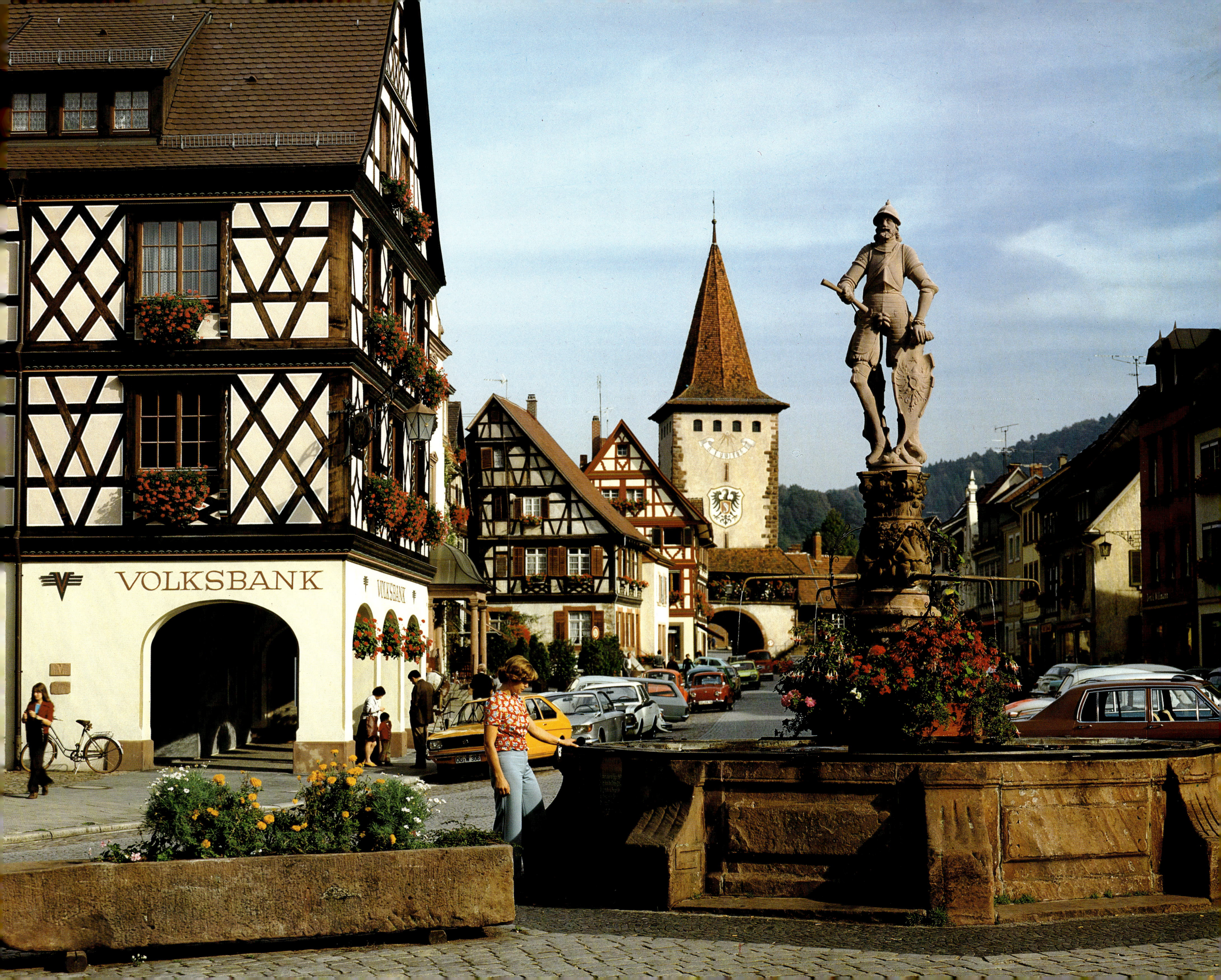
VOLKSBANK
VOLKSBANK

Auf der Paßhöhe zwischen dem Kinzig- und Schuttertal findet sich die eindrucksvolle Ruine der 1270 erbauten Burg Hohengeroldseck. Ihre beherrschende Lage beschrieb Grimmelshausen 1668 in seinem Simplizissimus: „...bei Betrachtungen so schöner Landesgegend, der Grafschaft Geroldseck, allwo das hohe Schloß zwischen seinen benachbarten Bergen das Aussehen hat wie der König in einem aufgesetzten Kegelspiel." Der große Besitz der Geroldsecker forderte immer wieder zu neidvollen Auseinandersetzungen heraus, in deren Verlauf die Burg mehrfach beschädigt und endgültig durch die Truppen Ludwigs XIV. von Frankreich im Jahre 1689 zerstört wurde. Am Fuße der Ruine, im Litschental, hat sich die seit dem 13. Jahrhundert bestehende und seit dem 16. Jahrhundert von der Familie Fehrenbach betriebene alte Waffenschmiede der Geroldsecker erhalten (unten). Hier werden heute noch Hellebarden, Schwerter, Saufedern und andere Geräte nach alten Vorbildern gefertigt. – Auf dem Weg vom Kinzig- ins Elztal erreicht die Straße von Haslach über Mühlenbach die aussichtsreiche Paßhöhe der Heidburg (rechts). Der Blick geht über schöne Schwarzwaldhöfe und die Höhen des mittleren Schwarzwaldes.

On the mountain pass between the Kinzig and Schutter valleys are the imposing ruins of Hohengeroldseck Castle, built in 1270. Grimmelshausen described its majestic position in his "Simplizissimus" in 1668 as follows: "...when observing this beautiful countryside, the earldom of Geroldseck, where the tall castle surrounded by the adjoining mountains has the appearance of the king-pin in a game of skittles." Envy of this great wealth possessed by the inhabitants of Geroldseck led to repeated conflict, in the course of which the castle was damaged several times and eventually, in 1689, destroyed by the troops of King Louis XIV of France. At the foot of the ruin, in the Litschen Valley, is the old Geroldseck armourers' workshop; founded in the 13th century, it has been run by the Fehrenbach family since the 16th century (below). Here, today, halberds, swords, pigsticking spears and other weapons are still made in the original style. – On the way from the Kinzig Valley into the Enz Valley the road runs via Haslach and Mühlenbach to the Heidburg mountain pass (right), from which there are superb views of fine farmsteads and the hills of the Central Black Forest.

C'est sur le sommet du col reliant les vallées de la Kinzig et de la Schutter que se trouvent les imposantes ruines du château de Geroldseck, construit en 1270. Grimmelshausen décrit ainsi ce site dans son « Simplizissimus », en 1668: « ...en considérant une très belle région, le comté de Geroldseck, où le haut château, entre ses montagnes voisines, ressemble au Roi au milieu du jeu de quilles ». Les vastes terres de Geroldseck firent souvent naître l'envie et bien des conflits, si bien que le château fut endommagé à diverses reprises et définitivement détruit par les troupes de Louis XIV en 1689. Au pied des ruines, dans la vallée de la Litsche, la vieille forge de Geroldseck existe toujours; elle remonte au 13ème siècle et est tenue, depuis le 16ème siècle, par la famille Fehrenbach (en bas). On y forge encore, d'après des modèles anciens, des hallebardes, des épées, des couteaux à sangliers et autres objets. Sur la route allant de la vallée de la Kinzig à la vallée de l'Elz, on franchit le col du Heidberg (à droite), d'où s'offre un vaste panorama sur de très belles fermes de la Forêt-Noire et les hauteurs de la moyenne Forêt-Noire.

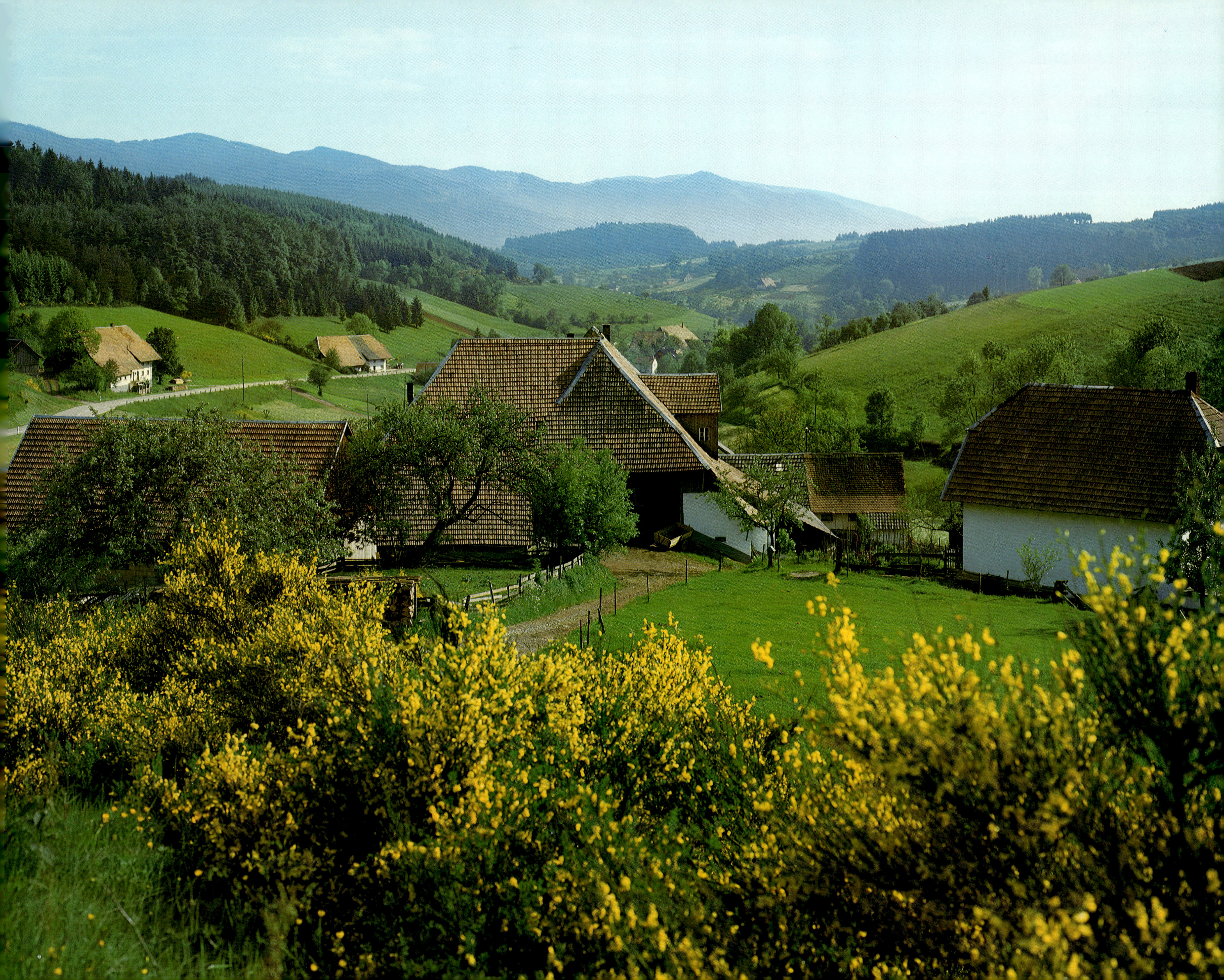

Bei Hausach beginnt das wohl bekannteste der Schwarzwaldtäler: das Gutachtal. Nicht nur der zur Tracht gehörende rote Bollenhut, der mit seinen 14 signalroten Wollpompons zum „Markenzeichen" für den Schwarzwald wurde, ist hier beheimatet, auch ein seit 1963 bestehendes Freilichtmuseum, das sich um den über 400 Jahre alten Vogtsbauernhof gruppiert, zieht jährlich eine große Zahl von Besuchern in das Tal (rechts: Vogtsbauernhof und Gutacher Trachten mit Bollenhut und Brautschäppel). In einmaliger Weise wurden besonders schöne Vertreter der Haupttypen von Bauernhäusern in anderen Schwarzwaldregionen zerlegt und hier, zum Teil mit ihren Nebengebäuden, wiederaufgebaut. Die ganze Anlage mit der originalen Sammlung von Einrichtungen und Arbeitsgeräten (unten) ist eine eindrucksvolle Darstellung der Geschichte des Schwarzwaldhauses; sie gibt einen umfassenden Einblick in Lebensweise und Arbeitsweise der früheren Bewohner.

Near Hausach is the beginning of what is probably the best-known of the Black Forest valleys: the Gutach Valley. This is not only the home of the "Bollenhut" hat with its 14 bright red pompoms, which has become the Black Forest's "trademark"; since 1963 it has also housed an open-air museum deployed around the "Vogtsbauernhof" farmstead, which dates back over more than 400 years; this attracts large numbers of visitors to the valley every year (right: the Vogtsbauernhof, Gutach costumes and bride's bead chaplet). In a unique process, particularly fine examples of the main types of farmhouses in other parts of the Black Forest were dismantled and re-assembled here, in some cases with their outbuildings. The whole complex, together with an original collection of tools and utensils (below), is an impressive representation of the history of Black Forest housing; it provides a comprehensive insight into the life-style and working conditions of the former inhabitants.

C'est à Hausach que commence la plus connue de toutes les vallées de la Forêt-Noire: la vallée de la Gutach. Ce n'est pas seulement le pays du « Bollenhut », ce chapeau folklorique aux 14 pompoms rouges devenu la « marque » de la Forêt-Noire, c'est également là que se trouve le musée en plein air créé en 1963, regroupé autour de la maison du prévôt, le « Vogtsbauernhof » datant de plus de 400 ans et qui, chaque année, attire dans cette vallée d'innombrables visiteurs (à droite, le Vogtsbauernhof, les costumes et les « Brautschäppel » (couronnes de fiancées) de Gutach). De belles fermes typiques de la de la Forêt-Noire ont été démontées avec art dans d'autres régions de la Forêt-Noire et reconstruites ici, certaines même avec leurs dépendances. L'ensemble, auquel s'ajoute la collection originale d'installations et d'outils (en bas), est une passionnante présentation de la maison de la Forêt-Noire permettant d'avoir un aperçu du mode de vie et du monde du travail des anciens habitants de la région.

Wohnstube im Vogtsbauernhof

Wohnstube im Hippenseppenhof

Küche im Leibgedinghäusle

Herrgottsäule im Hippenseppenhof

Herrgottswinkel im Hippenseppenhof

Korbmacherwerkstatt im Vogtsbauernhof

Schmiedezangen in der Hammerschmiede

Webstuhl im Vogtsbauernhof

Butterfässer im Hippenseppenhof

Schnapsbrennerei im Vogtsbauernhof

Ölmühle

Hausmahlmühle im Vogtsbauernhof

Hochgangsäge im Vogtsbauernhof

Viehglocken im Hippenseppenhof

Kinzigfloß im Lorenzenhof

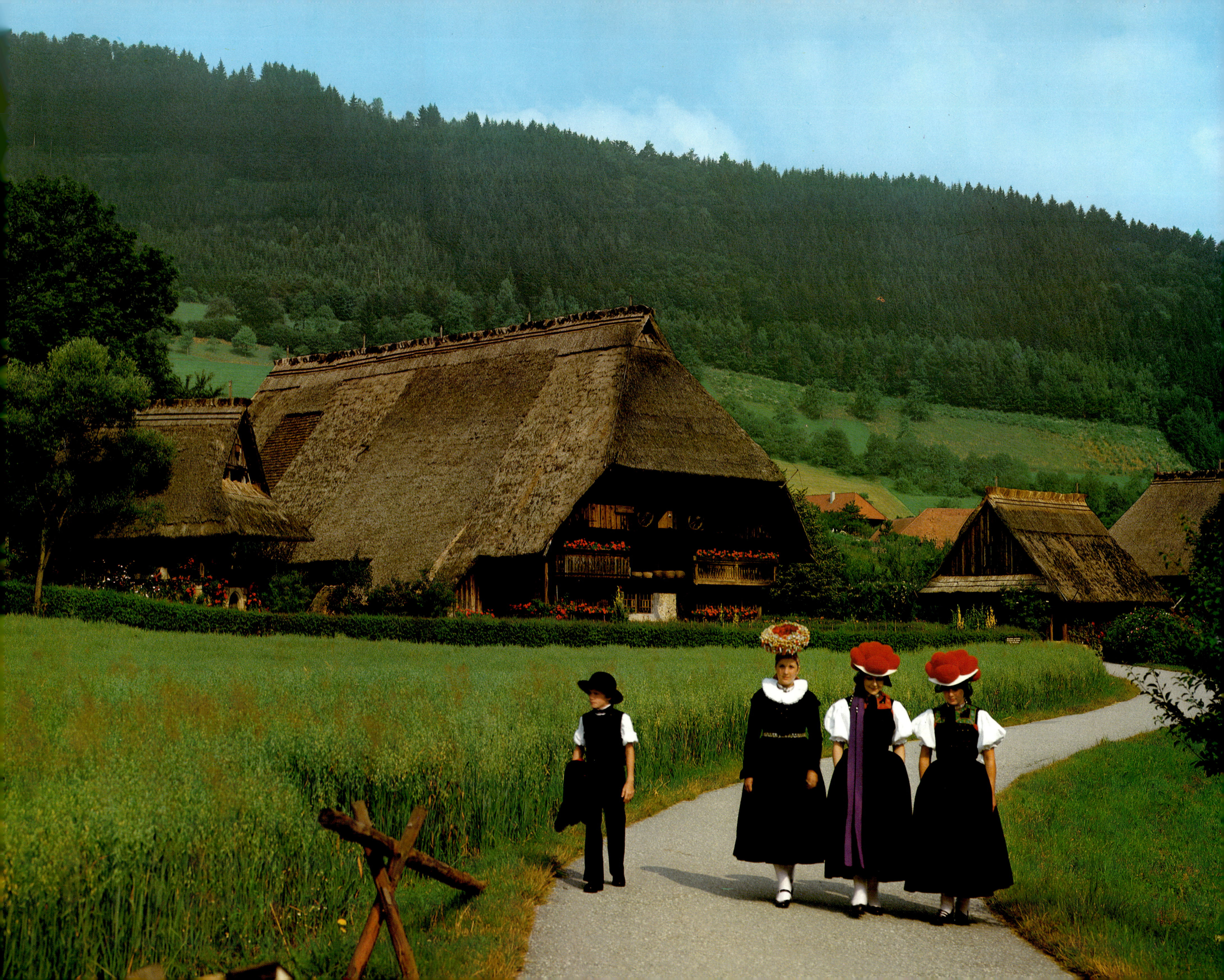

Die älteste Form des Schwarzwaldhauses ist das Heidenhaus, im Museum durch den Hippenseppenhof repräsentiert. Besondere Merkmale dieses Hauses sind unter anderem seine Lage am Hang, so daß die Erntewagen direkt in den Dachraum einfahren können, und sein großes Vollwalmdach, durch das es im Gegensatz zum Gutacher und Kinzigtaler Haus geduckt erscheint. Das Dach ist mit Schindeln gedeckt, da es an den Standorten des Heidenhauses im Hochschwarzwald kein Stroh gab. Das Longinuskreuz am Hippenseppenhof (links), der, 1599 erbaut, ursprünglich bei Furtwangen stand, ist besonders gut erhalten. – Anders als beim Heidenhaus und beim Vogtsbauernhof (Bild vorhergehende Seite) als Vertreter des zweigeschossigen Gutacher Hauses, ist der Lorenzenhof (rechts) als Kinzigtaler Haus nur eingeschossig. Der über 450 Jahre alte, schöne Hof stand im einst fürstenbergischen Oberwolfach. Die Stallungen sind hier im Untergeschoß. Durch das strohgedeckte Krüppelwalmdach zeigt es, wie das Gutacher Haus, eine freiere, meist blumengeschmückte Vorderseite.

The oldest type of Black Forest house is the Heidenhaus or "heath house", represented in the museum by the "Hippenseppenhof". Special features of this house are, among others, its location against a slope—enabling the harvesting wagons to run straight into the top storey—and its huge, solid hipped roof, which gives the house a squat appearance compared with the farmhouses in the Gutach and Kinzig valleys. The roof is covered with shingles as there was no straw in the Upper Black Forest where these houses originally stood. The Longinus Cross by the Hippenseppenhof (left), which was built in 1599 and originally stood near Furtwangen, is in a particularly good state of preservation. – In contrast to the Heidenhaus and Vogtsbauernhof (see picture on preceding page) which represent the two-storeyed Gutach house, the Lorenzenhof, as an example of a Kinzig Valley house, is single-storeyed only. This splendid farmhouse, which is over 450 years old, stood in the former Fürstenberg town of Oberwolfach. The stables in this case are on the ground-floor. Thanks to its thatched hip and gable roof its frontage, like that of the Gutach house, is of a more open type and is usually decorated with flowers.

La forme la plus ancienne de la maison de la Forêt-Noire est la « Heidenhaus », représentée dans le musée par le Hippenseppenhof. Les principales caractéristiques de ce type de maisons sont sa situation à flanc de colline, permettant aux charrettes de foin d'entrer directement dans le grenier, et l'immense toit d'un seul tenant qui lui donne l'air d'être tapie sur le sol, à l'inverse des maisons de la vallée de la Kinzig et de la Gutach. Le toit est couvert de bardeaux, car il n'y a pas de chaume dans la région où se trouvait le Heidenhaus en Forêt-Noire. La Croix de Longin du Hippenseppenhof (à gauche), édifiée en 1599 et qui se trouvait à l'origine près de Furtwangen, est particulièrement bien conservée.
Tandis que la Heidenhaus et le Vogtsbauernhof (photos page précédente) représentent le type de maisons à deux étages de la région de la Gutach, le Lorenzenhof (à droite) venant de la vallée de la Kinzig n'a qu'un étage. Cette belle ferme datant de plus de 450 ans se trouvait à Oberwolfach, la ville des Fürstenberg. Les étables sont ici au rez-de-chaussée. Le toit de chaume découvre, comme dans la maison de la vallée de la Gutach, une façade dégagée, généralement fleurie.

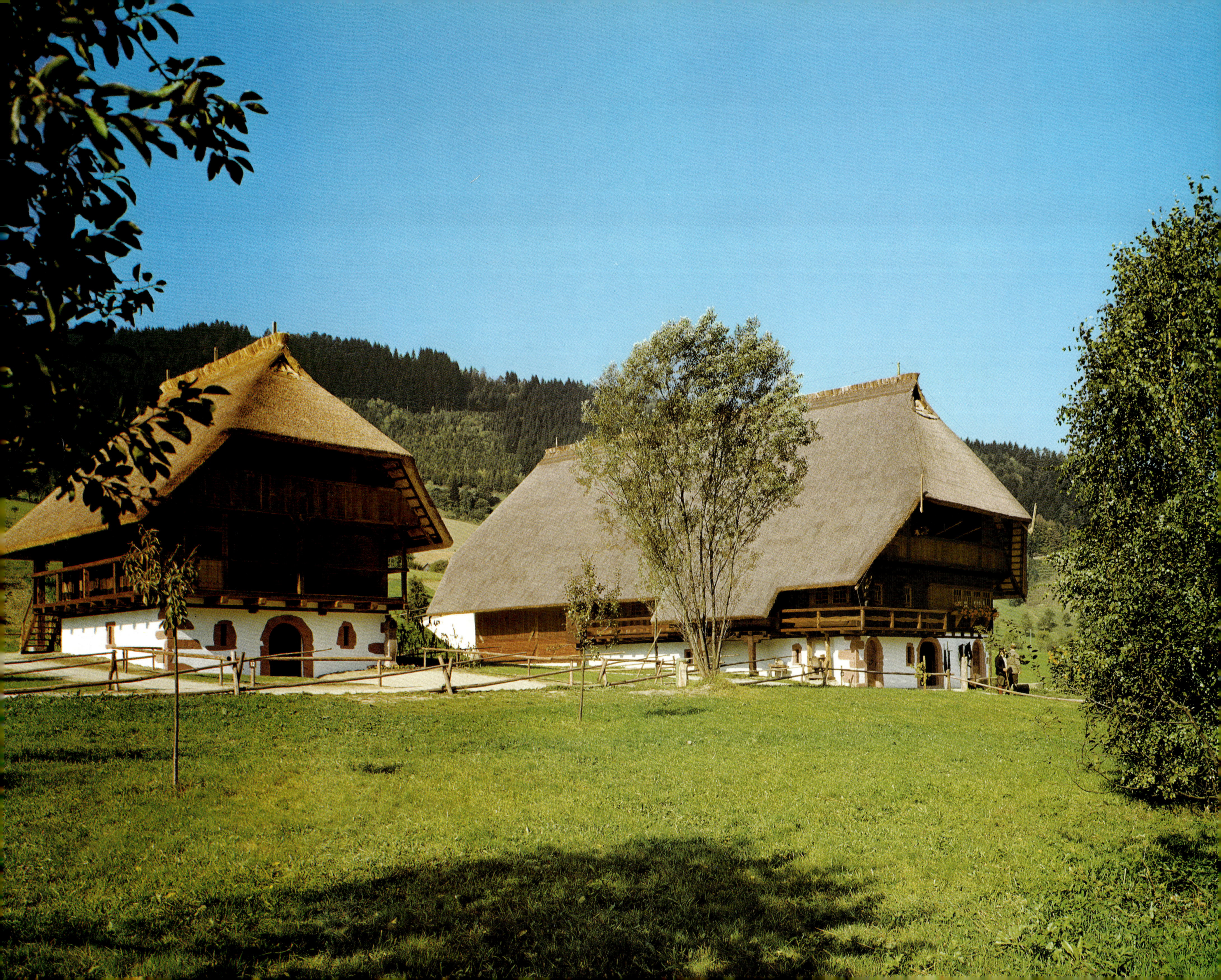

Hornberg, der bezaubernde Luftkurort im Gutachtal (rechts), ist vor allem bekannt durch das geflügelte Wort vom „Hornberger Schießen". Alljährlich üben die Hornberger in einem Freilichtspiel auf der Burg, zum Gaudium der Besucher, das Salutschießen, bis das Pulver restlos verbraucht ist; ohne Kanonendonner und peinlichst berührt müssen sie so den fürstlichen Besuch empfangen, wie es der Sage nach einst ihren Altvorderen erging (unten links). Von der um 1100 erbauten Burg geht ein schöner Blick über das winkelige Städtchen und das Tal (unten rechts). Weitere Sehenswürdigkeiten sind der gotische Chor von 1280 in der Stadtkirche und das denkmalgeschützte Rathaus. Die alte Kunst des Holzschnitzens wird heute noch traditionsbewußt durch Schindelmacher und Maskenschnitzer (siehe auch Seite 205) ausgeübt. Bei Hornberg beginnt, im sich verengenden Tal, der interessanteste Teil der Schwarzwaldbahn, die, 1867–1873 erbaut, von Offenburg nach Villingen führt. 448 m Höhenunterschied werden auf einer Strecke von 22 km von Hornberg bis Sommerau, dem höchsten Punkt, durch unzählige Schleifen und 36 Tunnels, davon zwei Kehrentunnels bei Niederwasser und Triberg, überwunden. Während der Fahrt eröffnen sich immer wieder überraschende Ausblicke in das schluchtige Tal.

Hornberg, that enchanting climatic health resort in the Gutach Valley (right), is best known for the familiar quotation about the "Hornberg shooting", referring to any affair which gradually peters out and comes to nothing. Each year, to the great amusement of their visitors, the inhabitants of Hornberg stage an open-air pageant at the castle during which they practice firing a royal salute until all their powder is used up; as a result, when their royal visitor arrives there is great embarrassment as he is greeted without any cannon-fire just as happened, so legend has it, to their ancestors (below, left). From the castle, built around 1100, there is a splendid view of the valley and the little town with its nooks and crannies (below, right). Other notable features are the Gothic chancel (1280) in the parish church and the Town Hall, a protected building. Mindful of the need to preserve tradition, the ancient art of woodcarving is still carried on by shinglers and mask-carvers (see also page 205). Near Hornberg, as the valley narrows, the most interesting part of the Black Forest Railway begins; this line, built between 1867 and 1873, runs from Offenburg to Villingen. On the 22 km-long section between Hornberg and Sommerau, the summit, a 448 metre difference in level is negotiated by means of countless loops and 36 tunnels, including two loop tunnels near Niederwasser and Triberg. Astonishing views of the ravine-like valley are repeatedly obtained during the journey.

Hornberg, charmante station climatique de la vallée de la Gutach (à droite), est surtout connue pour l'une de ses traditions: le « Tir de Hornberg ». Tous les ans, les habitants y donnent en effet un spectacle en plein air au château, au cours duquel ils s'entraînent, pour la plus grande joie des spectateurs, à tirer des salves d'honneur… jusqu'à épuisement de leur poudre à canon; ne pouvant plus tirer un seul coup de canon et très mortifiés, ils doivent accueillir le prince venu leur rendre visite, comme le firent leurs ancêtres selon la légende (en bas, à gauche). Du haut du château construit vers 1100, on découvre une belle vue sur la petite ville aux ruelles tortueuses et sur la vallée (en bas, à droite). Les autres curiosités sont le chœur gothique de l'église, datant de 1280, et l'hôtel de ville classé monument historique. L'art très ancien du travail du bois est actuellement encore pratiqué dans le respect des traditions par des tailleurs de bardeaux et des sculpteurs de masques (voir aussi page 205). A Hornberg commence, dans la vallée qui se rétrécit, la partie la plus intéressante de la ligne de chemin de fer de la Forêt-Noire qui, construite en 1867–1873, conduit d'Offenburg à Villingen. Elle franchit là une dénivellation de 448 m sur une distance de 22 km entre Hornberg et Sommerau, son point le plus élevé, par d'innombrables lacets et 36 tunnels dont deux tunnels en épingle à cheveu, près de Niederwasser et de Triberg. Au cours du voyage s'ouvrent à chaque instant des perspectives étonnantes sur la vallée et ses gorges.

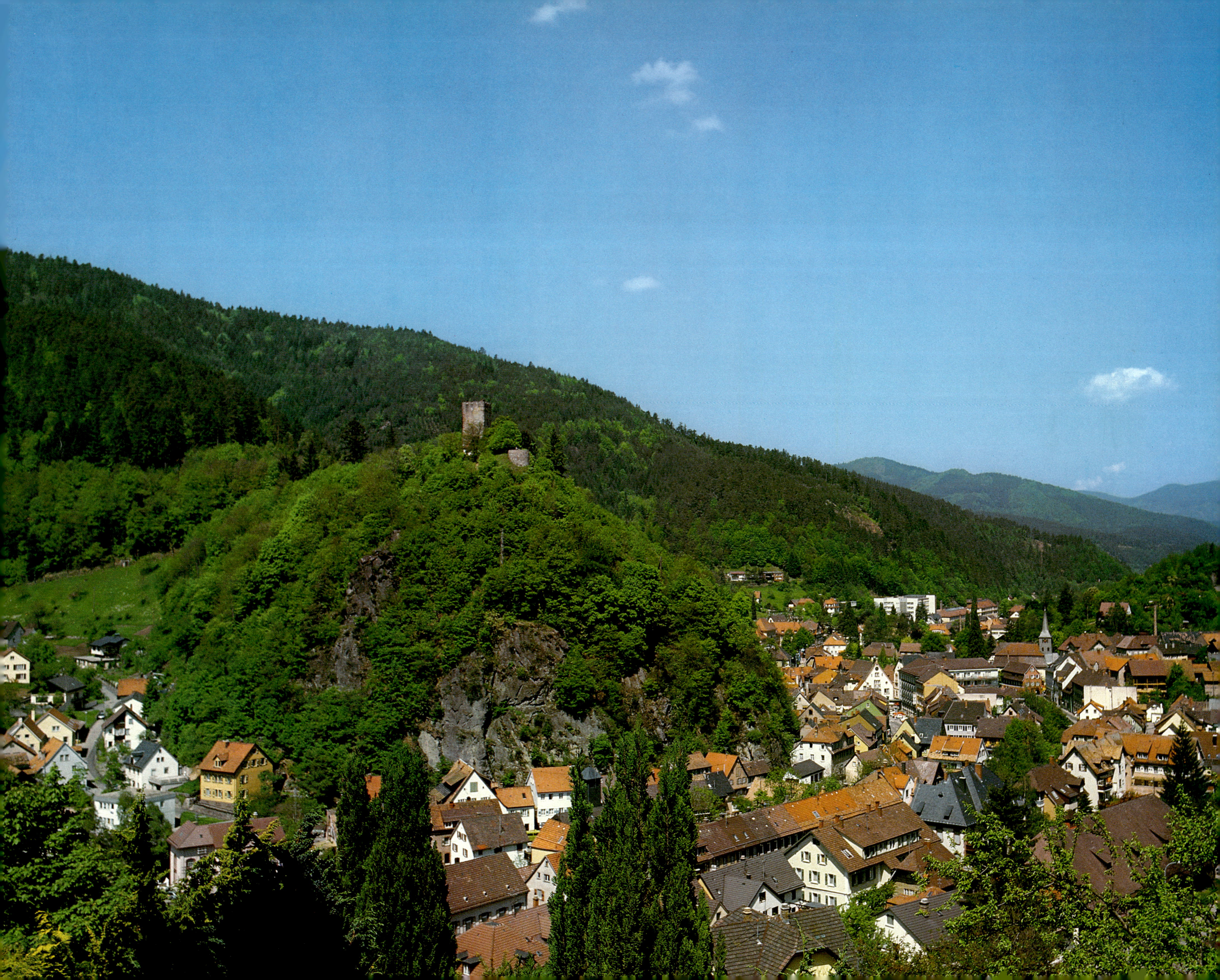

Triberg, in einem Talkessel der Gutach gelegen, gehört zu den ältesten heilklimatischen Kurorten des Schwarzwaldes; es kann auch als Wintersportort auf eine lange Tradition zurückblicken. Schon als die ersten, als „Luftschnapper" bezeichneten Gäste die Höhen des Schwarzwaldes besuchten, gehörte Triberg, wie auch heute noch, zu den bevorzugten Urlaubsorten. Durch seine berühmten Wasserfälle (unten links) ist der Luftkurort weithin bekannt. Die junge Gutach stürzt hier über große Felsbrocken hinweg in sieben Kaskaden zu Tal. Sie überwindet eine Gesamtfallhöhe von 163 m und wird mit diesem rauschenden Naturschauspiel zum „höchsten" Wasserfall Deutschlands. Lohnend ist auch ein Besuch im Heimatmuseum, in dem verschiedene heimische Gewerbe in naturgetreuen Werkstätten dargestellt sind und das eine historische Uhrensammlung beherbergt (unten rechts: Schwarzwälder Kuckucksuhr). Erhalten geblieben ist, nach einem verheerenden Brand 1826, außer wenigen Häusern die sehr interessante Wallfahrtskirche Maria in den Tannen. – Über Triberg ist das romantische Nußbachtal (rechts) zu erreichen.

Triberg, situated in a hollow in the Gutach Valley, is one of the Black Forest's oldest climatic health resorts; it can also boast a long tradition as a winter sports centre. Even when the first visitors—referred to as "gasping for air"—arrived in the Black Forest hills, Triberg, as nowadays, was one of the most popular holiday resorts. The spa is widely known because of its famous waterfalls (below, left). Here the Gutach, still a small river, plunges over huge boulders in seven cascades down into the valley below. It makes a total drop of 163 metres—a thundering natural phenomenon which produces Germany's "highest" waterfall. A visit to the local museum is also a rewarding experience; here various indigenous crafts are displayed in faithful replicas of original workshops, while there is also a collection of historic old timepieces (below, right: a Black Forest cuckoo-clock). A disastrous fire in 1826 left only a few houses intact, together with the highly interesting pilgrims' church of "Mary in the Fir-Trees". – The romantic Nussbach Valley (right) is reached via Triberg.

Triberg, située dans une cuvette creusée par la Gutach, est l'une des stations climato-thérapiques les plus anciennes de la Forêt-Noire et également une station de sports d'hiver de très longue tradition. Déjà à l'époque où les premiers touristes vinrent séjourner dans les montagnes de la Forêt-Noire (on les appelait les « happeurs de grand air ») Triberg était, comme elle l'est toujours, l'une des stations de vacances préférées. Son nom est lié, pour beaucoup, aux célèbres cascades (en bas, à gauche). La Gutach dévale ici la montagne en sept cascades, sur d'énormes blocs de rochers. En offrant ce magnifique spectacle naturel, elle franchit ainsi au rang de « plus haute » cascade d'Allemagne. On pourra voir aussi avec intérêt le Musée régional, dans lequel sont présentés divers métiers de la région dans des ateliers fidèlement reconstitués, et qui abrite également une collection d'horloges historiques (en bas, à droite: un 'coucou' de la Forêt-Noire). Un terrible incendie, qui eut lieu en 1876, ne laissa subsister que quelques maisons et l'intéressante église de pèlerinage « Maria in den Tannen ». On accède, par Triberg, à la vallée romantique du Nußbach (à droite).

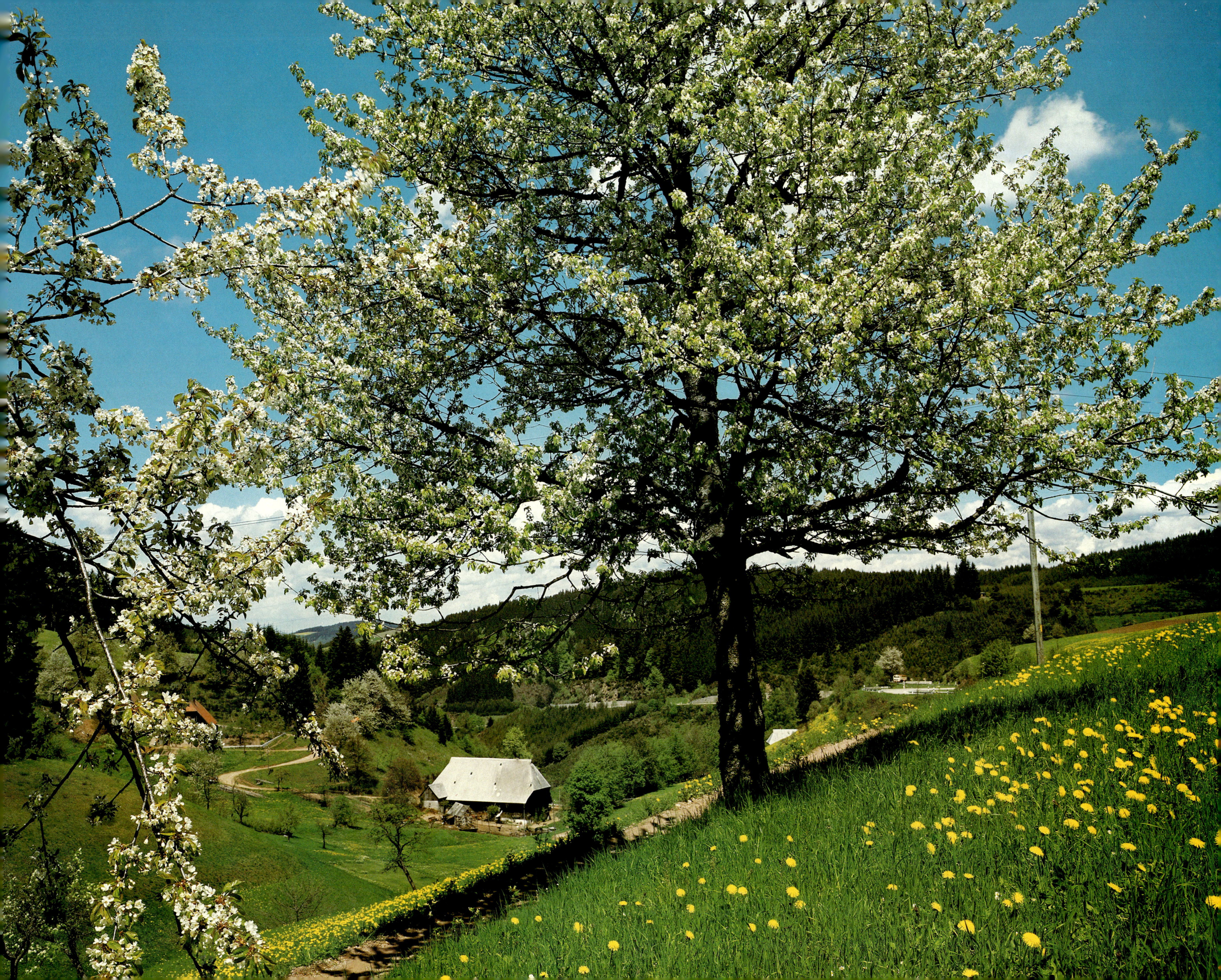

Am Ursprung der Brigach, einem der Quellflüsse der Donau, liegt der Luftkurort St. Georgen (unten links). Neben dem Fremdenverkehr hat das Städtchen an seiner Peripherie auch eine beachtliche Industrie. Hervorgegangen aus einem 1083 gegründeten Benediktinerkloster, fiel es später den Zähringern zu. Die liebliche Umgebung von St. Georgen, auf der sanften östlichen Abdachung des Schwarzwaldes, macht es attraktiv für den Feriengast. – Behäbige Bauernhöfe bestimmen weitgehend das Landschaftsbild des mittleren Schwarzwaldes, wie hier im Brigachtal (rechts). – Abseits der großen Verkehrsstraßen, verdankt der heilklimatische Kurort Königsfeld (unten rechts) seine Gründung im Jahre 1807 der Herrnhuter Brüdergemeine, die mit besonderen Privilegien von König Friedrich I. von Württemberg aus Ostböhmen hier angesiedelt wurde. Viel weiter in die Vergangenheit zurück weist die Kirche St. Nikolaus von Buchenberg (siehe Seite 203), nur wenig von Königsfeld entfernt. Erstmals 1275 urkundlich erwähnt, aber sicherlich schon früher erbaut, wurde bei Renovierungsarbeiten 1953–1957 ein fragmentarischer, bedeutender Wandmalereizyklus aus dem 15. Jahrhundert und Reste einer tiefliegenden älteren Malerei anderen Stils entdeckt. Altar, Sakramentshaus, Sakristei und Taufstein sind noch als mittelalterliche Zeugen vorhanden.

At the source of the Brigach, one of the rivers which later combine to form the Danube, is the climatic health resort of St. Georgen (below, left). In addition to tourism, there is also a sizeable amount of industry on the outskirts. The town itself developed from a Benedictine monastery founded in 1083 and later became part of the Zähringen domain. Its delightful surroundings on the gentle slopes of the Black Forest make it very attractive to holidaymakers. – Spacious farms, such as here in the Brigach Valley (right), are the main features of the Central Black Forest countryside. – The climatic health resort of Königsfeld (below, right), situated in a secluded locality far from the main roads, was founded in 1807 by the Herrenhut religious brotherhood which was settled here from Eastern Bohemia and endowed with special privileges by King Friedrich I of Württemberg. Much older is the Church of St. Nicholas in Buchenberg (see page 203), not far distant from Königsfeld. It was first mentioned in an official document in 1275, but it was certainly built prior to that date. In the course of restoration work carried out between 1953 and 1957 a fragmentary but important series of 15th century mural paintings and, below it the remains of older painting in a different style were revealed. The altar, tabernacle, vestry and baptismal font all date back to medieval times.

La station climatique de St-Georgen (en bas, à gauche) est située là où la Brigach, l'une des rivières qui formeront le Danube, prend sa source. Outre son activité touristique, cette petite ville dispose à sa périphérie d'industries importantes. Elle s'est développée à partir d'une abbaye bénédictine fondée en 1083, et revint par la suite aux Zähringen. La douceur des paysages des environs de St-Georgen, sur les dernières pentes orientales de la Forêt-Noire, explique l'attrait qu'elle exerce sur les vacanciers. En moyenne Forêt-Noire, ici par exemple dans la vallée de la Brigach (à droite), les fermes imposantes contribuent à donner au paysage sa physionomie. A l'écart des grandes routes, la station climato-thérapique de Königsfeld (en bas, à droite) fut fondée en 1807 par une communauté de Frères de Herrenhut venus de Bohême et établis ici où ils bénéficiaient de privilèges particuliers accordés par le Roi Frédéric Ier de Wurtemberg. L'église St-Nicolas de Buchenberg (voir page 203), proche de Königsfeld, remonte à un passé beaucoup plus lointain. Elle est mentionnée pour la première fois dans un document datant de 1275, mais fut certainement construite plus tôt. Au cours des travaux de restauration effectués en 1953–1957 ont été découverts des fragments importants d'un cycle de fresques datant du 15ème siècle et, en dessous, les restes d'une peinture d'un autre style, plus ancienne. L'autel, le tabernacle, la sacristie et les fonts baptismaux datent tous de l'époque médiévale.

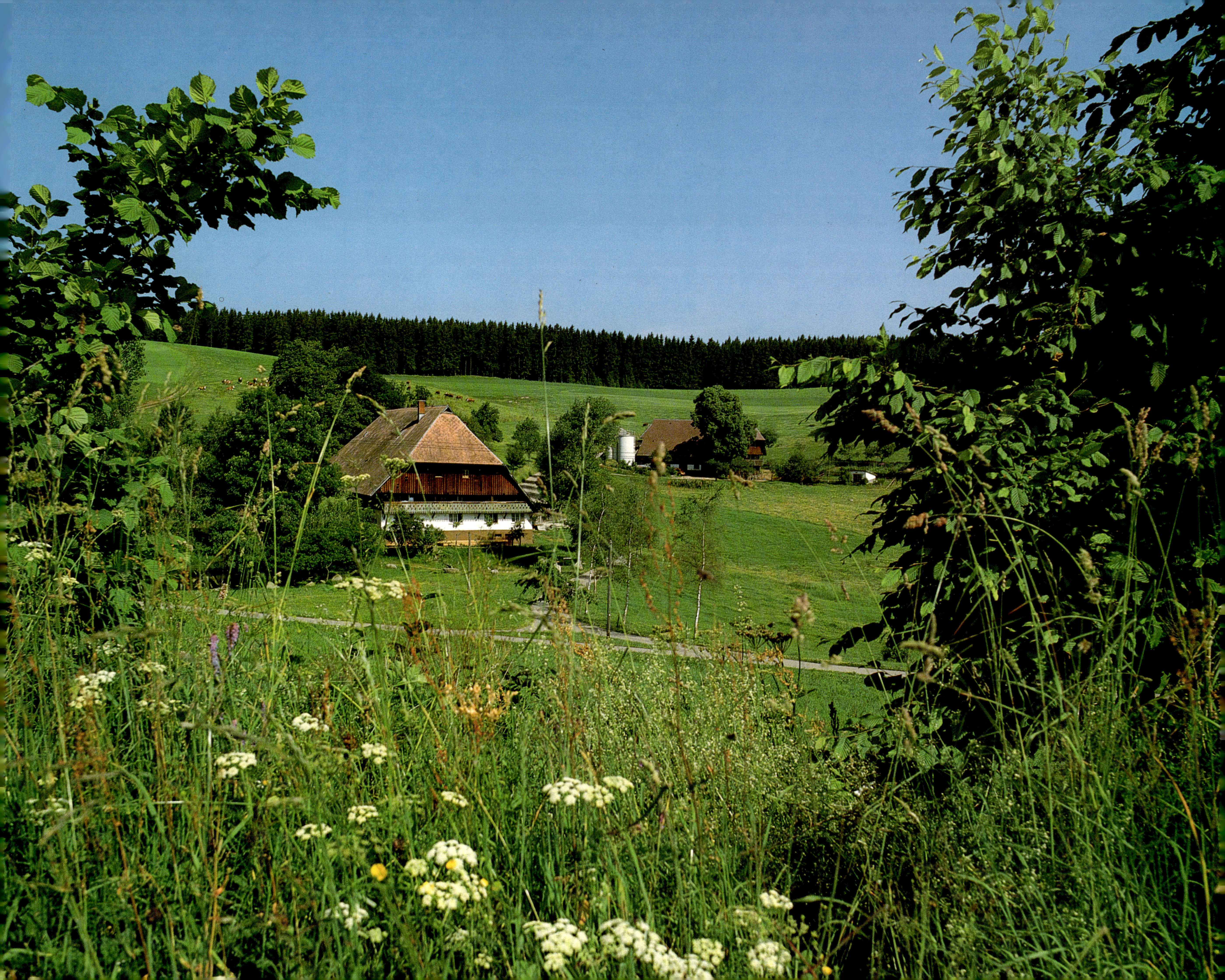

Die Fünftälerstadt Schramberg (unten rechts) ist ein Zentrum der Uhrenindustrie und größte Stadt im Herzen des mittleren Schwarzwaldes. Die teilweise gut erhaltenen Ruinen der fünf mittelalterlichen Burgen, die die Stadt umkränzen, sind Zeugen einer unruhigen Vergangenheit. Bemerkenswert sind die frühgotische Stadtkirche und die komplizierte astronomische Uhr am Rathaus dieses geruhsamen und zugleich emsigen Städtchens. – Dunkel und eng ist das Schiltach- oder Bernecktal, bis es sich auf der Höhe weitet und dem sympathisch-jungen Luftkurort Tennenbronn Raum gibt. In dem 1560 bis 1902 konfessionell wie politisch geteilten Ort werden, wie in den meisten Gegenden des mittleren Schwarzwaldes, schöne Trachten getragen, hier mit besonders üppigen Schäppeln (unten links), das sind die kronenartigen, kunstvoll gefertigten Gebilde aus Glasperlen, Spiegelchen, Flitter und Bändern, wie sie auch in St. Georgen heimisch sind. Der Uhrenträger (rechts), der früher auch auf fernen Straßen anzutreffen war, hat heute nur noch bei Heimat- und Brauchtumsveranstaltungen seinen Auftritt.

The "five-valley" town of Schramberg (below, right) is a centre of the clock and watch industry and also the largest town in the heart of the Central Black Forest. The ruins of the five medieval castles surrounding the town—some of them in a good state of preservation—testify to Schramberg's turbulent history. Other notable features are the Early Gothic municipal church and the complicated astronomic clock on the Town Hall of this peaceful yet busy little township. – The Schiltach or Berneck Valley is dark and narrow until, at the top, it widens out to provide room for the pleasant, recently-developed climatic health resort of Tennenbronn. Here in this community, which was divided from 1560 to 1902 both by politics and religious denomination, beautiful local costumes are worn, as in most districts of the Central Black Forest. In this case the distinctive feature is the "Schäppel" (below, left), a crown-like, artistically-made structure of glass beads, small mirrors, tinsel and ribbons, also worn in St. Georgen. The clock pedlar (right), once a familiar figure on far-off roads, still makes an appearance nowadays at folklore evenings and local-style entertainments.

Schramberg, la ville des cinq vallées (en bas, à droite), est le centre de l'industrie horlogère et la ville la plus importante du centre de la moyenne Forêt-Noire. Les ruines des cinq châteaux féodaux, en partie bien conservés, qui entourent la ville, sont les témoignages d'un passé mouvementé. Parmi les curiosités, il faut mentionner l'église gothique et l'horloge astronomique très compliquée de l'hôtel de ville de cette petite cité à la fois calme et affairée. La vallée de la Schiltach ou vallée de Berneck, est sombre et étroite, jusqu'au moment où elle s'ouvre sur la hauteur où se trouve la jeune et accueillante station climatique de Tennenbronn. Dans cette localité, divisée sur le plan politique et confessionnel de 1860 à 1902, on porte de très beaux costumes traditionnels, comme dans la plupart des régions de moyenne Forêt-Noire, ornés ici de « Schäppel » particulièrement chargés (en bas, à gauche), coiffures en forme de couronne faites avec art, ornées de perles de verre, de petits miroirs, de paillettes et de rubans, telles qu'on peut les voir également à St-Georgen. Le marchand ambulant et ses horloges (à droite), que l'on croisait autrefois sur des routes parfois lointaines, apparaît encore lors des soirées folkloriques et des manifestations traditionnelles.

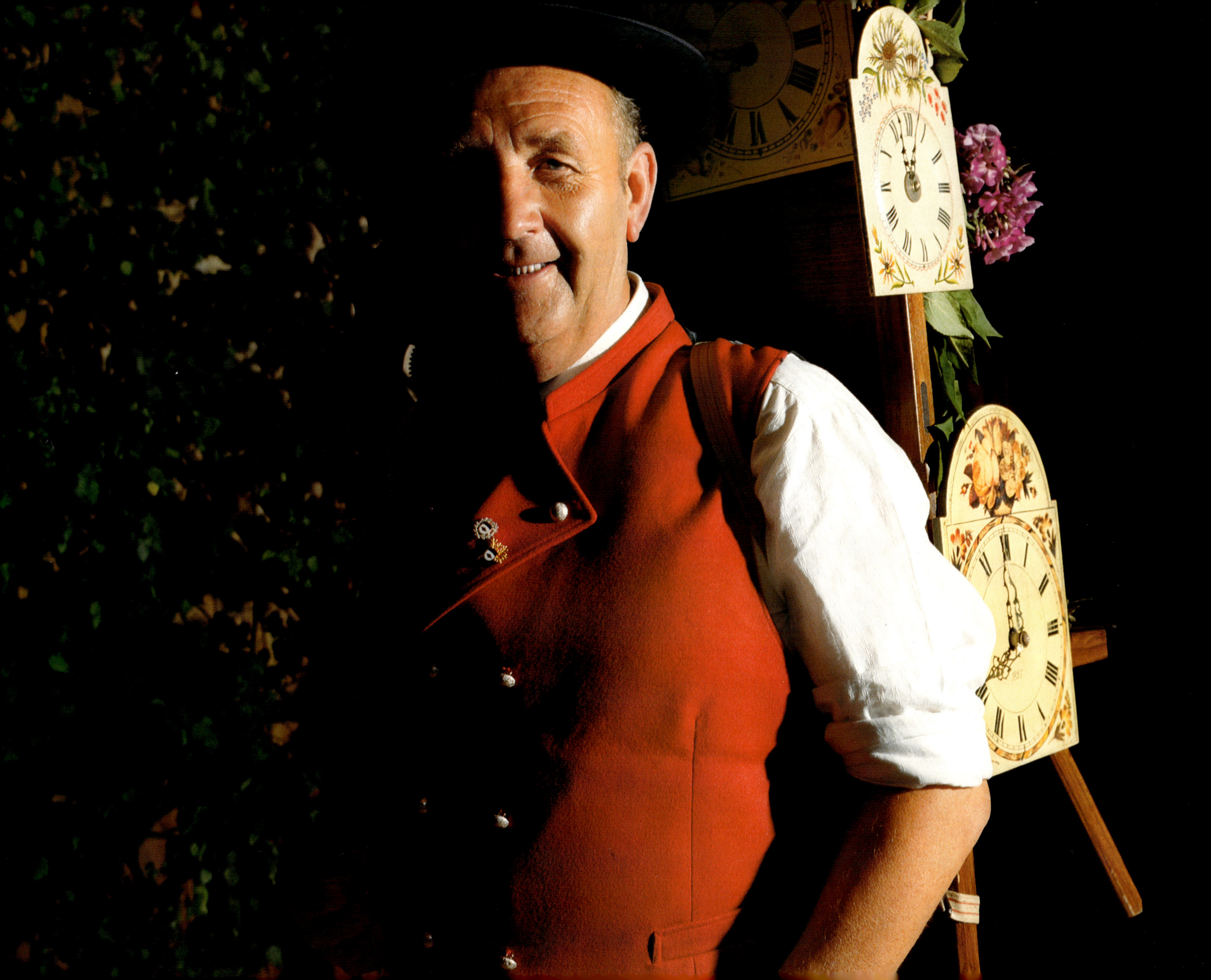

Villingen (rechts) ist zusammen mit Schwenningen als Hauptstadt des Schwarzwald-Baar-Kreises kultureller und wirtschaftlicher Mittelpunkt dieser Region. Diese alte Stadt erhielt bereits 999 von Otto III. das Marktrecht und wurde 1119 von den Zähringern neu angelegt. Stadtmauer und drei Tortürme umgeben den weitgehend erhaltenen Stadtkern mit einer Reihe bedeutender Baudenkmäler aus dem Mittelalter. Franziskaner, Kapuziner, Benediktiner, Klarissen und Ursulinen hatten hier Klöster, von denen jedoch nur noch das seit 1872 bestehende Kloster der Ursulinen mit angegliederter Schule unterhalten wird. Seit 1972 mit Schwenningen vereint, bilden die beiden Städte ein agiles Industriezentrum. – Auf der Hochebene der Baar liegt das einzige Solebad des Schwarzwaldes, das auch das höchstgelegene Solebad Europas ist: Bad Dürrheim (unten). Seine klimabevorzugte Lage verhalf der Stadt zusätzlich zum Prädikat „Heilklimatischer Kurort". Mittelpunkt des Bad Dürrheimer Kurlebens ist das neuerbaute Mineral-Hallen- und Freibad „Solemar". Im historischen Solebehälter ist Deutschlands größtes Fastnachtsmuseum untergebracht, das mit ca. 400 geschichtlichen Narrenfiguren eine umfassende Schau des schwäbisch-alemannischen Brauchtums der närrischen Zeit zeigt.

Villingen (right), together with Schwenningen, is the capital of the Black Forest-Baar district and also its cultural and commercial centre. The old town, to which the Emperor Otto III has granted the right to hold a market as early as 999, was redeveloped by the Zähringer in 1119. A wall and three gateway towers enclose the inner town, which has been largely preserved and contains a number of important medieval monuments. Franciscans, Capuchins, Benedictines, Clares and Ursulines all had monasteries or convents here, but only the Ursuline convent founded in 1872 and its associated school remain. Amalgamated in 1972 with Schwenningen, the two towns form a busy industrial centre. – On the Baar plateau is Bad Dürrheim (below), the Black Forest's only saline spa and the highest-situated of its kind in Europe. Its climatically favourable location enabled the town to be designated as a "climatic health resort". The focal point of spa life in Bad Dürrheim is the "Solemar", a newly-built indoor and outdoor mineral spring bath. The old brine conservatory houses Germany's largest carnival museum which, with some 400 historic old representations of carnival jesters, provides a comprehensive illustration of this Swabian-Alemannic custom.

Villingen (à droite) est avec Schwenningen la capitale du district de Schwarzwald-Baar et le centre culturel et économique de cette région. La ville reçut en 999 d'Otti III le droit de tenir marché et fut réaménagée en 1119 par les Zähringen. Les remparts et trois portes monumentales entourent le centre de la ville en grande partie conservé et où se trouvent plusieurs monuments importants datant du moyen âge. Des Franciscains, Capucins, Bénédictins, Clarisses et Ursulines y eurent des couvents dont ne subsiste que le couvent des Ursulines et son école, fondé en 1872. Unie depuis 1972 à Schwenningen, les deux villes constituent un centre industriel actif. Sur le haut plateau de la Baar se trouve la seule station thermale d'eaux salines de la Forêt-Noire, qui est également la plus haute d'Europe: Bad Dürrheim (en bas). Son climat privilégié lui valut de surcroît le label de « station climato-thérapique ». Le centre de la vie thermale de Bad Dürrheim est la nouvelle piscine couverte et de plein air « Solemar ». Dans le réservoir historique des eaux-mères a été aménagé le plus important musée du Carnaval d'Allemagne, où l'on peut voir environ 400 personnages historiques offrant un panorama complet des traditions carnavalesques alémano-souabes.

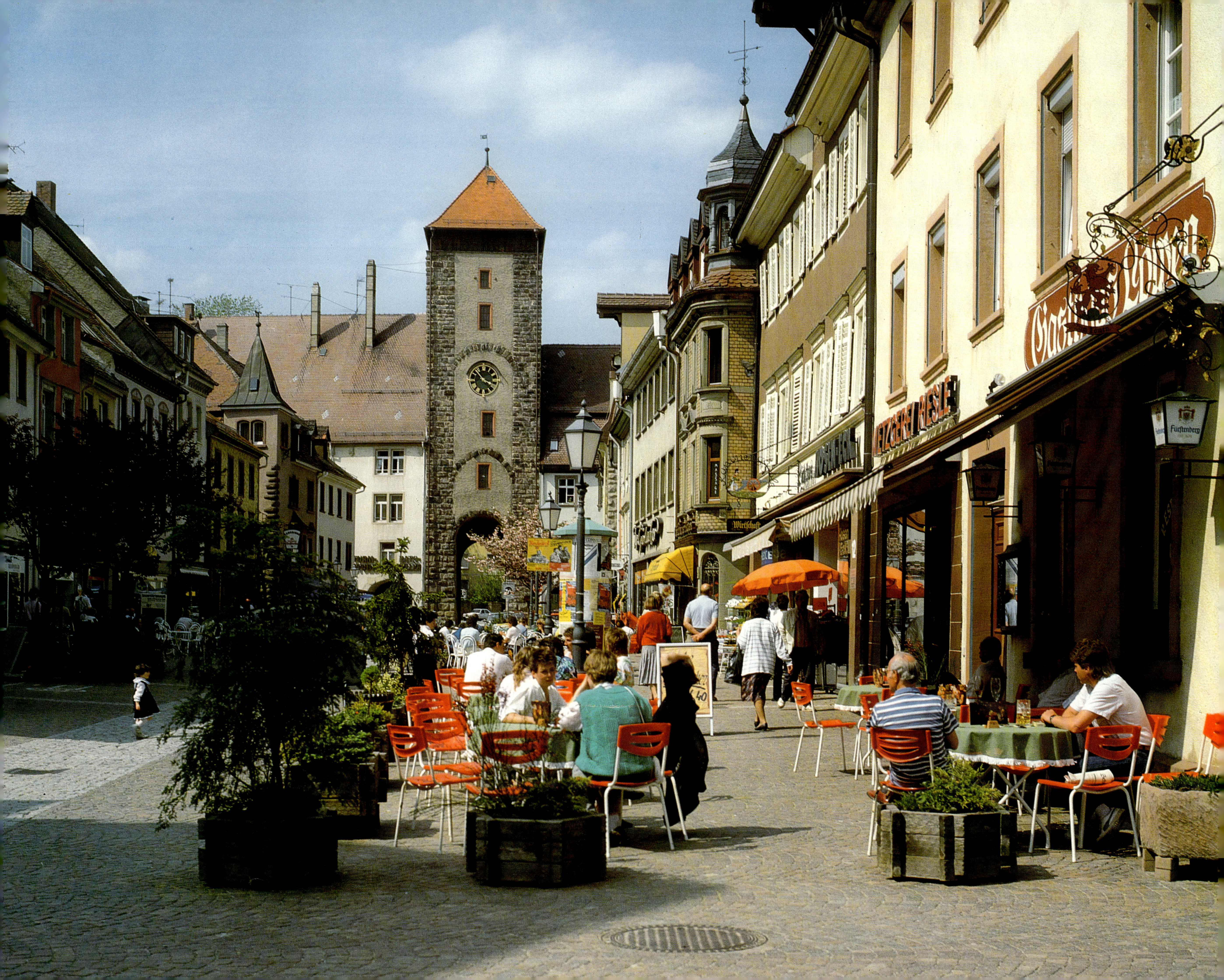
RESLE
Fürstenberg

Ein schönes Wandergebiet findet sich im Kirnachtal mit seinem Hauptort, dem gemütlichen Luftkurort Unterkirnach (unten). Strohflechterei und die Herstellung von Orchestrions waren die einstigen Erwerbszweige des Ortes, in dessen Nähe die etwas versteckte Ruine Kirneck grüßt. – Erwähnenswert ist die schöne Wallfahrtskapelle des ehemaligen Klosters Maria Tann. – Bodenständige, alte Berufe werden in diesem Winkel des Gebirges noch heute ausgeübt. So findet sich im abgeschiedenen Linachtal der letzte Uhrenschildermaler des Schwarzwaldes (rechts). Diesem aussterbenden Handwerk, welches Meister Straub von seinem Vater überliefert wurde, widmete sich selbst der bedeutendste Schwarzwaldmaler Hans Thoma. Kunstvoll bemalte Zifferblätter waren, neben dem präzisen Laufwerk und den Schnitzereien, die Gründe für die weltweite Beliebtheit der Schwarzwälder Uhren.

The Kirnach Valley with its chief town, the pleasant climatic health resort of Unterkirnach (below), is a splendid area for keen hikers. Straw-plaiting and the manufacture of orchestrions were the town's only industries. Nearby are the somewhat secluded ruins of Kirneck Castle. A notable feature is the beautiful pilgrims' chapel of the former Maria Tann monastery. – Old indigenous crafts are still carried on in this corner of the mountains; in the remote Linach Valley, for example, we still find the Black Forest's sole remaining painter of cuckoo clock dials (right). This declining art, which was handed down to Meister Straub by his father, was taken up by the Black Forest's greatest painter, Hans Thoma. Artistically painted dials, together with accurate mechanisms and fine carvings, were the reasons for the world-wide popularity of Black Forest clocks.

La vallée de la Kirnach et sa principale localité, l'accueillante station climatique d'Unterkirnach (en bas), est une belle région de randonnée. Le tressage de la paille et la fabrication des orgues de Barbarie constituaient autrefois les principales ressources de cette petite ville. A proximité se trouvent les ruines un peu cachées du château de Kirneck. Il faut également mentionner la belle chapelle de pèlerinage de l'ancien couvent de Maria Tann. On exerce encore ici, dans ce coin de montagne, les anciens métiers traditionnels: dans la vallée de la Linach, par exemple, se trouve le dernier peintre de cadrans d'horloges de Forêt-Noire (à droite). Ce métier en voie de disparition et qui fut transmis à Maître Straub par son père, fut même pratiqué par le plus grand peintre de la Forêt-Noire, Hans Thoma. La qualité artistique des cadrans peints, la précision du mécanisme et les gravures du bois expliquent pourquoi les « coucous » de Forêt-Noire étaient réputés dans le monde entier.

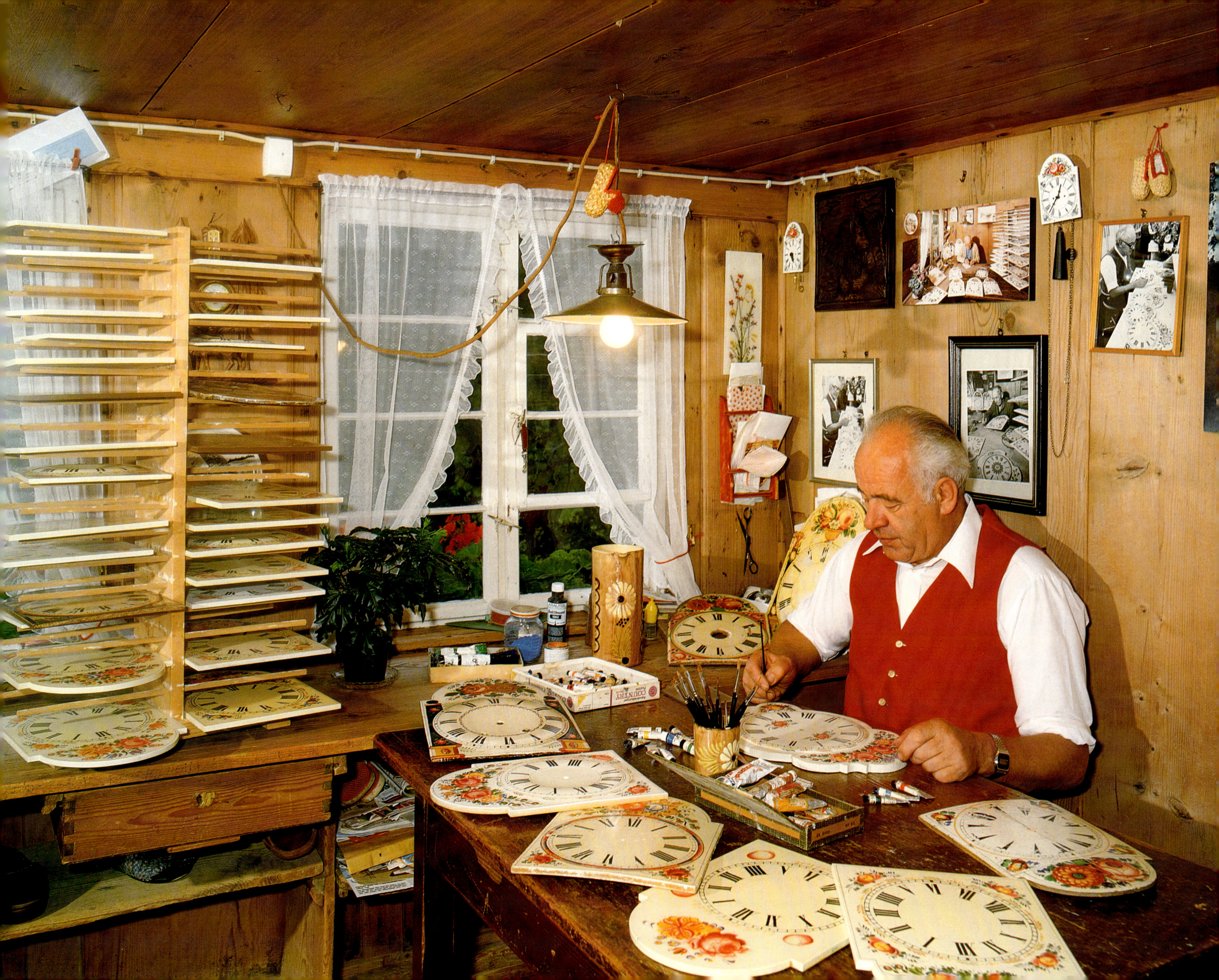

Zwischen St. Georgen und Furtwangen zieht sich das verträumte Rohrbachtal hin (beide Seiten). Dieses vom Verkehr weitgehend abgeschiedene Tal hat sich eine wohltuende Ursprünglichkeit erhalten. Große Gehöfte, oftmals mit Hofkapelle, vermitteln den Eindruck bodenständigen Stolzes und betonen Unabhängigkeitsbewußtsein. Sicherlich war das Leben hier nicht immer bequem. Besonders im Winter, der, wie die Bilder zeigen, für das Auge zauberhaft sein kann, mußten die Talbewohner um ihren Broterwerb kämpfen. Daher wurde hier auf Anregung von Robert Gerwig, dem späteren Erbauer der Schwarzwaldbahn, wie in anderen Orten auch, nach 1850 eine Strohflechterschule eingerichtet; denn die Schwarzwälder Strohschuhe waren damals als Hausschuhe besonders begehrt. Heute finden die Menschen neben der Bewirtschaftung ihrer Höfe in der Industrie der umgebenden Städtchen ihr Auskommen.

The secluded Rohrbach Valley (both pages) runs between St. Georgen and Furtwangen. Largely free of busy traffic, it displays a healthy originality. Large farmsteads, often with their own chapel, convey an impression of local pride and an accentuated sense of independence. Certainly, life was not always easy here. During the winter in particular—which, as the pictures show, can be visually enchanting—the valley dwellers had to struggle for their daily bread. It was for this reason that, after 1850, at the instigation of Robert Gerwig—who later built the Black Forest Railway—a straw-plaiters' school was established here and in other localities, for in those days Black Forest straw shoes were in great demand as slippers. Nowadays the people, in addition to running their farms, earn a livelihood in industry in the surrounding towns.

La paisible vallée du Rohrbach (photos sur les deux pages) s'étend entre St-Georgen et Furtwangen. C'est une vallée située à l'écart de la grande circulation et qui a conservé un caractère original très reposant. De grandes fermes possédant bien souvent leur propre chapelle sont la manifestation des sentiments de fierté et d'indépendance des habitants de cette région. Assurément, la vie ici n'a pas toujours été facile. Pendant l'hiver en particulier, qui peut donner aux paysages beaucoup de charme comme le montrent les photos, les habitants de la vallée devaient lutter durement pour gagner leur vie. C'est pourquoi fut créée, comme dans d'autres localités, une école de tresseurs de paille, à l'instigation de Robert Gerwig, le futur constructeur de la Ligne de chemin de fer de la Forêt-Noire; car les chaussures de paille de Forêt-Noire étaient très appréciées à l'époque et servaient de chaussons. De nos jours, les habitants exploitent leurs fermes ou travaillent dans les industries des petites villes des environs.

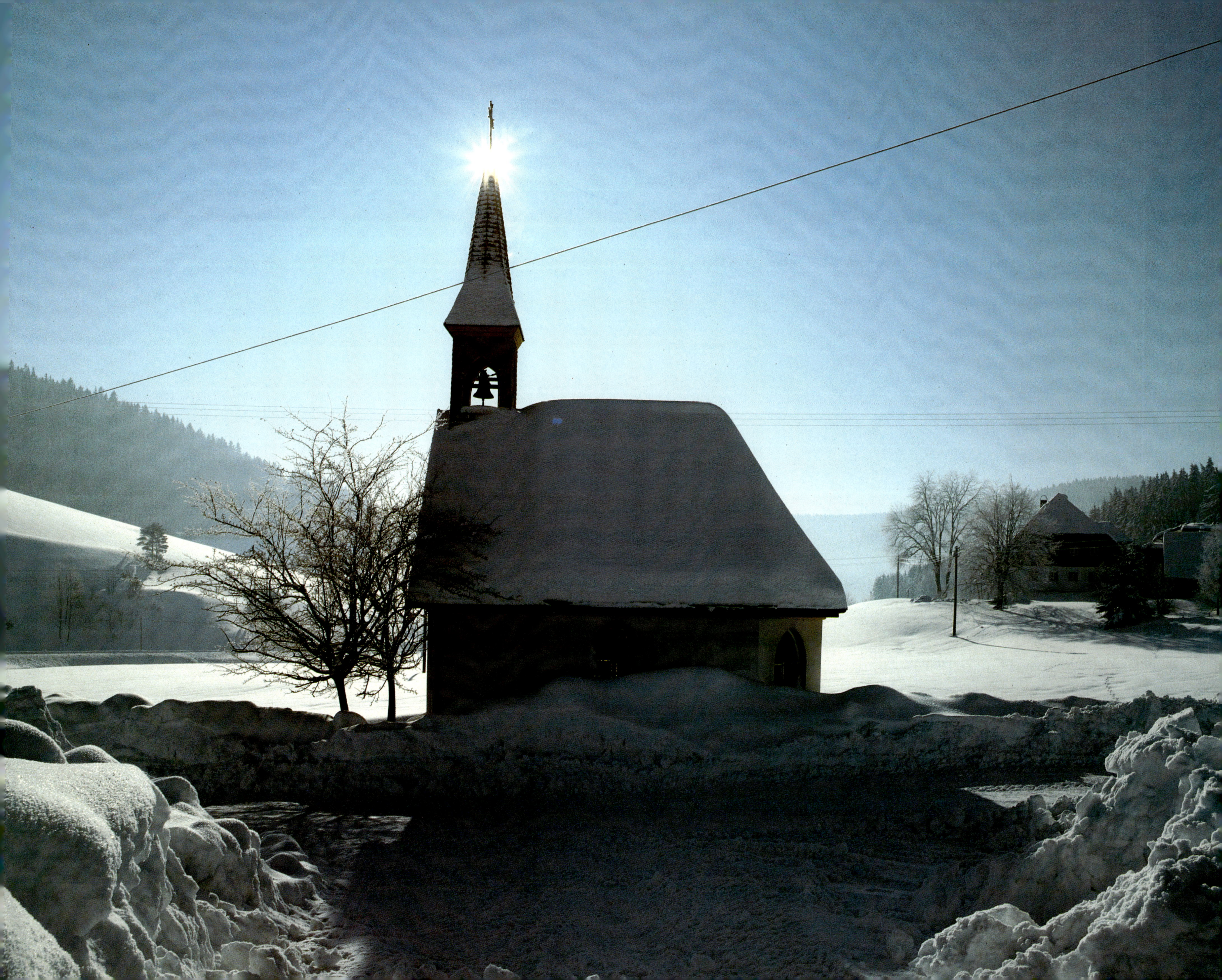

Von Triberg her, an der Bundesstraße 500, die den ganzen Schwarzwald von Nord nach Süd durchzieht, ist der Luftkurort und Wintersportplatz Schönwald (unten links) zu erreichen. Umgeben von idyllischen Wiesentälern und weiten Wäldern, ist der seit rund 750 Jahren besiedelte Ort ein Paradies für Wanderer. Besonders schön ist eine Tour in das Naturschutzgebiet am Blindensee (rechts), der inmitten eines Hochmoorgebietes, umsäumt von Bergkiefern, von sich hinträumt. Hier auf der Höhe sind alte, einzelstehende Höfe oft als typische Heidenhäuser gebaut. Handwerker und Tüftler, die in überlieferten Berufen ihr Auskommen finden, erinnern an den Schönwalder Erfinder der ersten Kuckucksuhr von vor 250 Jahren. Schönwald macht seinem Namen auch als Wintersportort alle Ehre, ob beim internationalen Skispingen auf der Adlerschanze (unten rechts), ob beim Skimarathon von Schonach über Schönwald nach Hinterzarten oder auf den vielen Pisten und Loipen rund um den Ort.

The climatic health resort and winter sports centre of Schönwald (below, left) is reached from Triberg along the B 500 road which traverses the entire Black Forest from north to south. Surrounded by grassy valleys and vast forests, the town, which has existed for some 750 years, is a paradise for walking enthusiasts. Particularly attractive is a tour of the nature reserve around the Blindensee lake (right), a secluded spot set in an upland moor and surrounded by mountain pines. Here, in the uplands, are to be found solitary old farmsteads, often built in typical "Heidenhaus" form. Craftsmen and other precision workers who make a living by using traditional inherited skills remind us of the Schönwald inventor of the first cuckoo clock 250 years ago. Schönwald also lives up to its reputation as a winter sports centre, whether at the international ski-jumping events at the Adlerschanze (below, right), at the skiing marathon from Schonach via Schönwald to Hinterzarten or on the many ski-runs and cross-country tracks around the resort.

En partant de Triberg, sur la route fédérale 500 qui traverse toute la Forêt-Noire du nord au sud, on atteint la station climatique de Schönwald (en bas, à gauche). Cette localité habitée depuis environ 750 ans, entourée de vallons idylliques et de vastes forêts, est un vrai paradis pour randonneurs. L'une des plus belles randonnées conduit dans la réserve naturelle des bords du Blindensee, lac solitaire situé au milieu d'un paysage de fagnes, bordé de pins. Sur la hauteur, de vieilles fermes isolées se présentent sous l'aspect typique des « Heidenhäuser ». Artisans et petits marchands, qui gagnent leur vie en exerçant des métiers traditionnels, rappellent le souvenir de celui qui, à Schönwald, inventa il y a 250 ans le premier coucou de la Forêt-Noire. Mais Schönwald est également connue pour ses sports d'hiver: saut à ski international au tremplin de l'Adlerschanze (en bas, à droite), marathon à ski de Schonach à Hinterzarten en passant par Schönwald, ou pistes de ski de descente et de ski de fond tout autour de la station.

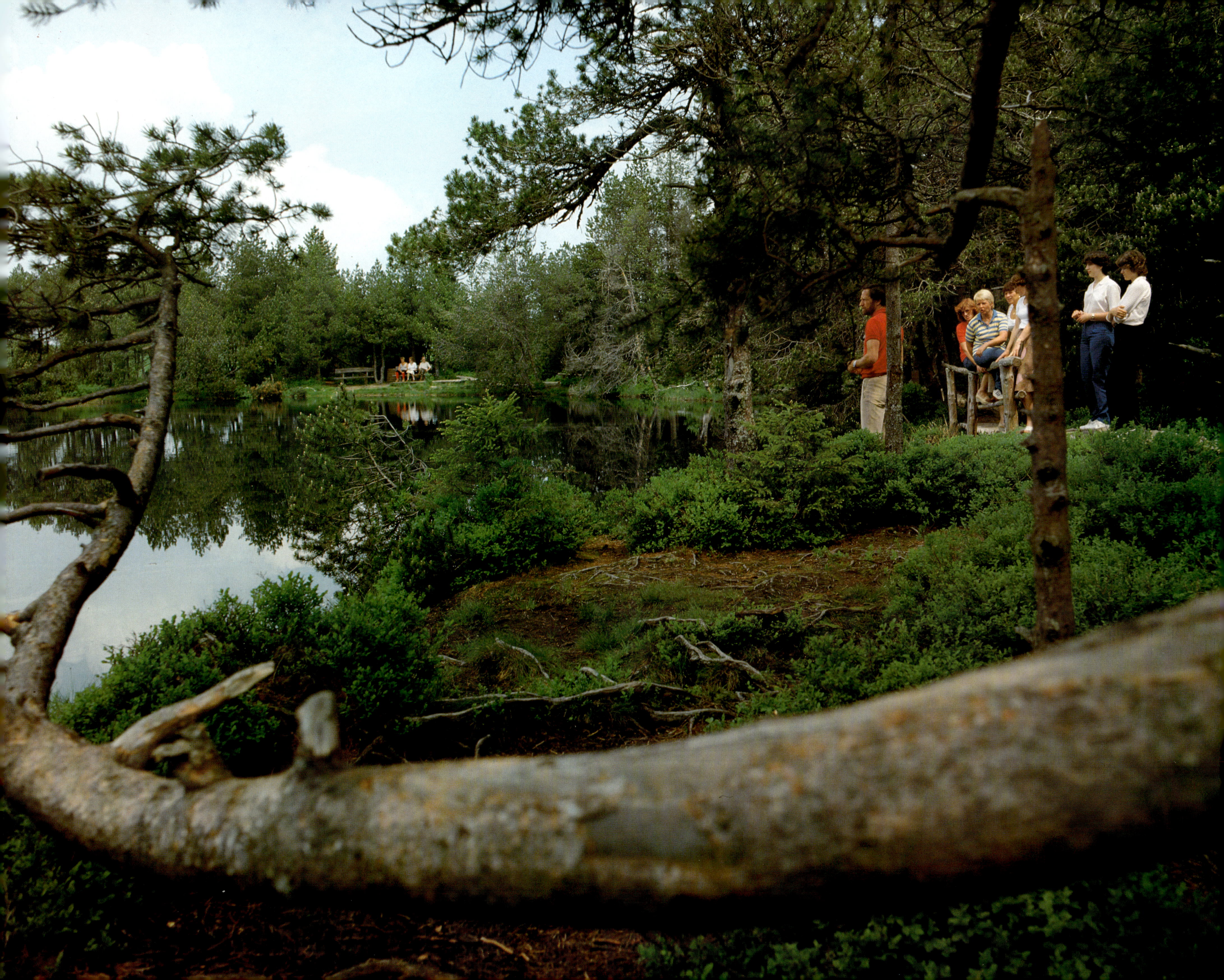

Eines der Zentren der Schwarzwälder Uhrenindustrie ist der Luftkurort Furtwangen (unten rechts), der in Deutschlands größtem Uhrenmuseum (unten links) mit über 1000 historischen Einzelstücken die Entwicklung der Schwarzwalduhr in den verschiedensten Ausführungen und Stilepochen anschaulich macht. In Furtwangen, 1179 erstmals erwähnt, begann nach 1740 die Herstellung von Penduluhren. Aus dieser Uhrmacherei ging die Uhrenindustrie hervor, die ihren guten Ruf durch eine 1850 gegründete Uhrmacherschule festigte. Später folgten dann, dank dem technischen Geschick der Bewohner dieses Landstriches, Betriebe des Maschinen- und Apparatebaus. In neuerer Zeit widmet sich Furtwangen zunehmend dem Fremdenverkehr. – In einem geschützten Hochtal liegt das „Ski- und Wanderdorf" Schonach (rechts). Als Luftkurort und Wintersportplatz sind die Gäste im Sommer wie im Winter gerne hier. 200 km Wanderwege führen in die romantische Umgebung, in der die großdachigen, schindelgedeckten Bauernhäuser und auch die bunten Trachten mit den typischen hohen Strohhüten zu Hause sind. Sportliche Großveranstaltungen um den Schwarzwaldpokal in der nordischen Kombination und der 100-km-Rucksacklauf um den Wäldercup auf dem Skifernwanderweg von Schonach zum Belchen und der Schwarzwälder Skimarathon Schonach–Hinterzarten sind winterliche Höhepunkte.

One of the centres of the Black Forest clock industry is the climatic health resort of Furtwangen (below, right); here, in Germany's largest clock museum (below, left), over 1,000 historic timepieces illustrate the development of the Black Forest clock in all its variety of styles through the ages. In Furtwangen, first officially documented in 1179, the manufacture of pendulum clocks began after 1740. Out of this grew the clock industry, which enhanced its standing by the establishment of a clockmakers' school in 1850. This was later followed, thanks to the technical skill of the local populace, by factories for the construction of machinery and other equipment. In recent years Furtwangen has turned increasingly to tourism. – In a sheltered upland valley is the "skiing and hiking village" of Schonach (right). As a climatic health resort and winter sports centre it attracts visitors both in summer and in winter. 200 km of footpaths traverse its romantic surroundings, where farmhouses with huge shingle-covered roofs as well as gaily-coloured local costumes with typical tall straw hats are characteristic features. Highlights of the winter season are major sporting events such as the Black Forest cup for Nordic combination skiing, the 100 km rucksack race for the "Wäldercup" and the Black Forest skiing marathon from Schonach to Hinterzarten.

L'un des centres de l'industrie horlogère de la Forêt-Noire est la station climatique de Furtwangen (en bas, à droite), qui possède le plus important musée de l'horlogerie d'Allemagne (en bas, à gauche), où sont présentées plus de 1000 pièces historiques montrant l'évolution de l'horloge de la Forêt-Noire sous ses différentes formes et dans les styles de toutes les époques. C'est à Furtwangen, mentionnée pour la première fois en 1179, que commença en 1740 la fabrication des horloges à balancier. De là naquit l'industrie horlogère dont la réputation fut confirmée par la création d'une école d'horlogerie en 1850. Par la suite et grâce à l'habileté technique des habitants de cette région, des entreprises de construction mécanique s'y implantèrent. Plus récemment, Furtwangen consacra ses efforts au développement du tourisme. Schonach, le « village du ski et de la randonnée » (à droite), est situé dans une haute vallée protégée. C'est une station climatique et de sports d'hiver ouverte au tourisme été comme hiver. 200 km de sentiers de randonnée conduisent dans les paysages romantiques des environs: c'est là le pays des fermes aux toits immenses couverts de bardeaux et des costumes colorés, avec les hauts chapeaux de paille typiques. La saison sportive est marquée par les grandes manifestations de la coupe de Forêt-Noire de combiné nordique et par la course avec sac à dos disputée sur le sentier de randonnée à ski menant de Schonach au Belchen, ainsi que par le marathon de la Forêt-Noire, entre Schonach et Hinterzarten.

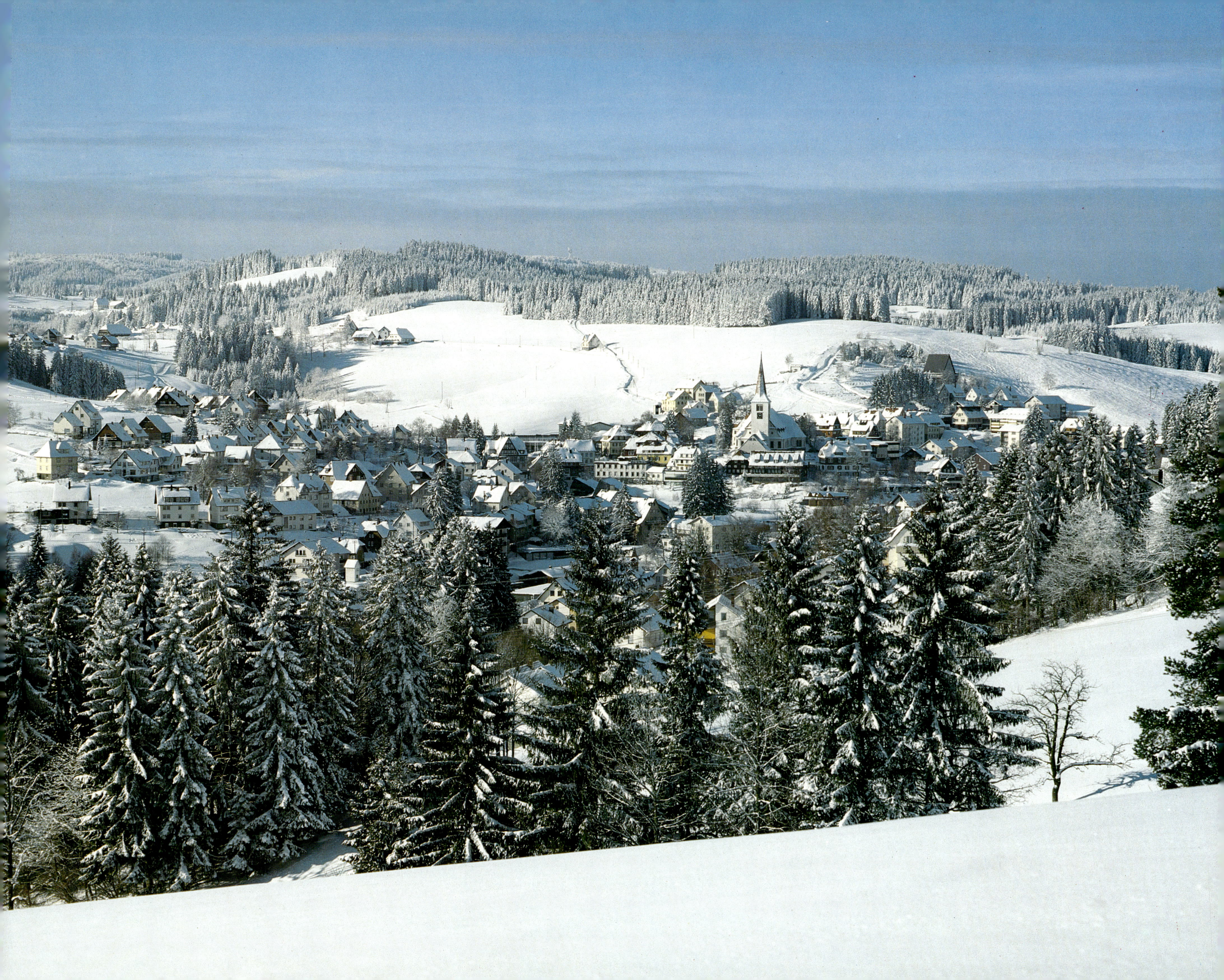

Östlich von St. Märgen zieht sich ein kurvenreiches Sträßchen hinunter ins enge Tal der Wilden Gutach. Hier, im waldigen Düster ihres Oberlaufs zeigt sich die Mühle im Hexenloch (unten) mit ihren zwei, von rauschenden Wassern angetriebenen Mühlrädern, als besonders fotogen. Das Lied: „Es steht eine Mühle im Schwarzwäldertal..." ist hier Bildnis geworden. – Ganz anders, vom Charakter der Landschaft her, präsentiert sich der Thurner (rechts). Freie Wiesenhänge, im Sommer über und über mit Blumen geschmückt, dienen als Weide und bieten Wanderern weiträumige Ausblicke. Im Winter ziehen sie ungezählte Skiläufer an, die auf den herrlich über die Hochflächen verlaufenden Loipen und auf bequemen Pisten ihrem Sport nachgehen.

East of St. Märgen a winding little road runs down into the narrow valley of the turbulent Gutach. Here, in the dark woodlands of the upper reaches of the river, is the mill in the Hexenloch (below) with its two wheels driven by the rushing water–a marvellous subject for a photograph. Here the song about "a mill in the Black Forest valley" becomes reality. – From the scenic point of view the Thurner (right) is completely different. Open hillside meadows, covered over and over with flowers in summer, serve as pastures and provide panoramic views for passers-by. In winter they attract countless skiers who enjoy their favourite sport on the gentle ski-runs and on the superb cross-country tracks which traverse the uplands.

A l'est de St-Märgen, une petite route sinueuse descend dans l'étroite vallée de la Gutach Sauvage. C'est sur cette partie du cours supérieur, dans un décor de sombres forêts, que se trouve le moulin du Trou aux sorcières, avec ses deux roues que font tourner les eaux tumultueuses de la rivière, offrant un tableau très photogénique. C'est ici que la chanson « Un moulin se dresse dans la vallée de la Forêt-Noire » se trouve bien illustrée. Le Thurner (à droite) est d'un caractère très différent. De vastes pentes couvertes de prairies parsemées en été d'une multitude de fleurs et servant de pâturages, permettent au promeneur de découvrir de larges points de vue. En hiver, elles attirent d'innombrables skieurs qui peuvent s'adonner à leur sport favori sur les pistes de fond des plateaux et sur des pistes de ski très agréables.

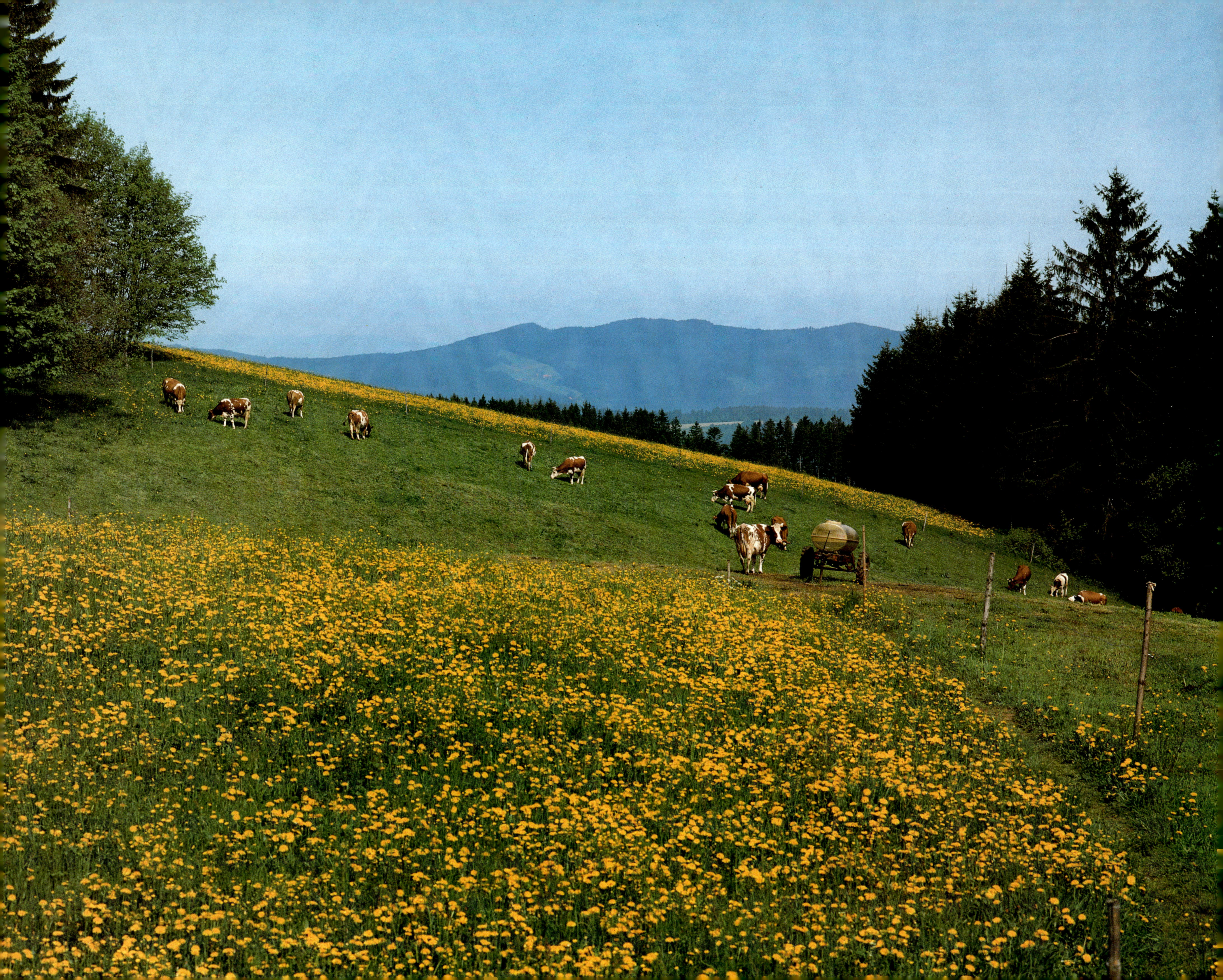

Die alemannischen Fastnachtsbräuche, von denen einige bis in die vorchristliche Zeit zurückreichen, haben sich in den Tälern und Hochflächen des mittleren Schwarzwaldes besonders gut erhalten. In ihren traditionellen Holzmasken – oft Familienerbstücke – und dem bunten „Fasnetshäs", das sind die phantasievollen Fastnachtskostüme, treiben die Narren bei Umzügen und anderen närrischen Veranstaltungen ihre Späße. Hexen und Narro, Schellenhansel und Federeschnabel, Spättlemandle und Schuddig sind die bekanntesten Narrengestalten. Der Schuddig (unten links) in seinem „Flecklehäs", mit schneckenhausbesetztem Dreispitz, Narrenschere und „Saubloder" ist in Elzach beheimatet. Ein Erlebnis besonderer Art ist der Narrensprung in Rottweil (unten rechts), wenn sich unter den Klängen des Narrenmarsches eine Flut maskierter Gestalten durch das „Schwarze Tor" ergießt (siehe auch Seite 205). – Der Schwarzwald-Frühling lockt mit malerischen Reizen, wenn die Blütenbäume duftige Kontraste gegen den dunklen Wald setzen, wie hier bei Freiamt, nahe Elzach (rechts).

The Alemannic carnival customs, some of which date back to pre-Christian times, have survived particularly well in the valleys and uplands of the Central Black Forest. Wearing their traditional wooden masks—often family heirlooms—and the fanciful "Fasnetshäs" (carnival costumes) the "fools" clown around at processions and other jocular events. The best-known buffoon figures are witches, "Narro", "Schellenhansel", "Federeschnabel", "Spättlemandle" and "Schuddig". The "Schuddig" (below, left) in his "Flecklehäs" costume, wearing a three-cornered hat adorned with empty snail-shells and brandishing a pair of scissors and a pig's bladder on the end of a stick is to be found in Elzach. An event of a very special kind is the "Narrensprung" in Rottweil (below, right) when, to the accompaniment of music (the "March of the Fools"), a host of masked figures bursts out through the "Black Gate" (see also page 205). – Spring in the Black Forest has a picturesque charm when the scented tree blossom contrasts sharply with the dark forest as here at Freiamt, near Elzach (right).

Les coutumes du Carnaval alémanique, dont certaines remontent à l'époque pré-chrétienne, se sont maintenues plus vivantes qu'ailleurs dans les vallées et sur les plateaux de moyenne Forêt-Noire. Portant leurs masques de bois traditionnels – souvent un héritage de famille – et leurs « Fasnetshäs » bigarrés, c'est-à-dire leurs étonnants costumes de Carnaval, les « Fous du Carnaval » se livrent à leurs facéties dans les défilés et les manifestations carnavalesques. Les plus connus de ces personnages sont les sorcières et bouffons, les « Schellenhansel » et « Federeschnable », « Spättelemandle » et « Schuddig ». Le « Schuddig » (en bas, à gauche) vêtu de son « Flecklehäs » et de son tricorne garni de coquilles d'escargots, portant ses ciseaux de bouffon et son « Saubloder » est originaire d'Elzach. A Rottweil, il faut voir le « Saut des Fous » (en bas, à droite), quand, au son d'une marche de Carnaval, un flot de personnages masqués se déverse par la Porte Noire (voir aussi page 205). Le printemps de la Forêt-Noire se pare d'un charme pittoresque quand les bouquets légers des arbres en fleurs se détachent sur le décor sombre de la forêt, ici par exemple à Freiamt, près l'Elzach.

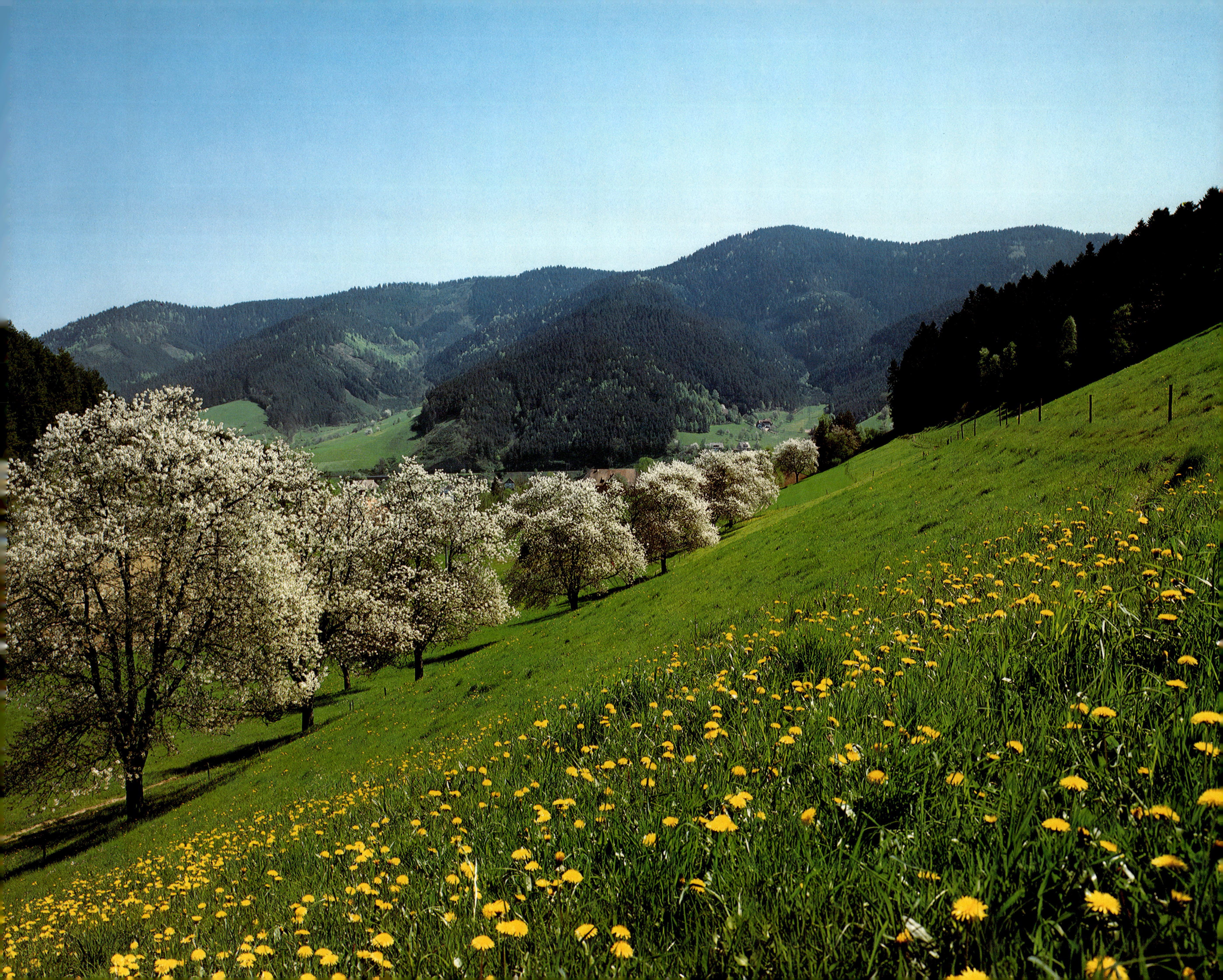

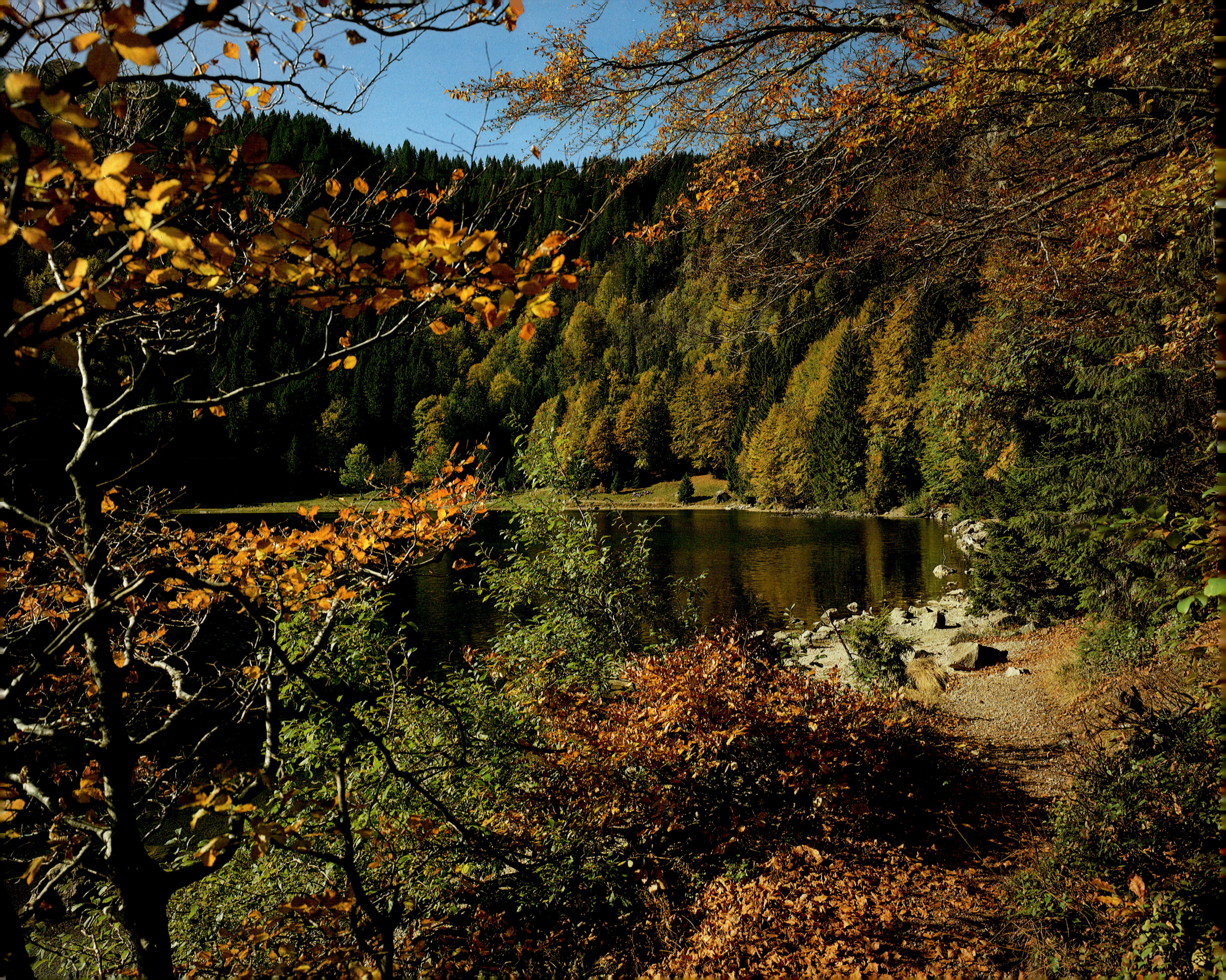

Der südliche Teil

Majestätischer Hochschwarzwald –
Stiller Hotzenwald –
Liebliche Landschaft am Oberrhein

The southern region

Majestic upper Black Forest
Still Hotzenwald
Lovely upper Rhine countryside

La partie méridionale

Les montagnes majestueuses de la haute Forêt-Noire –
Le Hotzenwald, forêt paisible –
Paysage riant du cours supérieur du Rhin

...Besteige bei himmelreiner Julizeit um Mitternacht den Feldberg, erwarte auf seiner Kuppe das Schauspiel der aufgehenden Sonne. Wie ihre glutrote Scheibe am Horizont majestätisch emportaucht, wie ihre ersten Strahlen den Schleier des Morgennebels durchbrechen und die höchsten Gebirgshäupter mit ihrem Golde bedecken. Wie am südlichen Horizonte die Kristallspitzen der hohen Alpenkette im prachtvollsten Purpurglanze aus dem grauen Ferndunste hervortreten, während der westliche und nördliche noch im Dunkel und Dämmerung ruhet. Wie alsdann die Nebeltrümmer allmählich verschwinden, das geheimnisvolle Meer der Umgebung sich immer heller und freundlicher als ein grünes Bergmeer entfaltet –
gewähre dir dieses Schauspiel und deine Seele wird keinen Raum mehr haben für kleine Gedanken!
           Josef Bader (1840)

...Climb the Feldberg this heavenly clear July midnight, await the spectacle of the rising sun from the summit. How the glowing red disc appears majestically over the horizon, how its first beams pierce the veil of morning mist and cover the mountain peaks with gold. How the crystal summits of the alpine chain stand out magnificently scarlet against the grey haze of the southern horizon while the west and north rest in darkness. As the fog gradually lifts, how the mysterious sea all round me becomes lighter and brighter and reveals itself as a green sea of mountains –
See this spectacle for yourself and your soul will have no more room for small thoughts!
           Josef Bader (1840)

...Grimpe sur le Feldberg à minuit en juillet quand le ciel est pur et attends sur son sommet le spectacle du lever du soleil. Tu verras son disque pourpre surgir majestueusement, ses premiers rayons percer le voile de la brume matinale et couvrir de leur or les plus hauts sommets des montagnes. Au sud tu verras alors apparaître à l'horizon les crêtes cristallines des Alpes, se dégageant de la brume lointaine dans une lumière éclatante pendant qu'à l'ouest et au nord tout est encore enveloppé dans l'obscurité de la nuit. Alors les dernières nappes de brouillard disparaissent peu à peu, la mer mystérieuse qui s'entoure devient de plus en plus claire et aimable et bientôt tu verras autour de toi la verte mer des montagnes –
offre-toi ce spectacle et il n'y aura plus de place en ton âme pour des pensées mesquines!
           Josef Bader (1840)

Metropole des Südschwarzwaldes:	Freiburg mit Münster und Kaufhaus
Die Täler:	Simonswäldertal, Glottertal, Münstertal, Wiesental, Wiedener Tal, Waldkirch
Auf den Höhen:	Kandel, Schauinsland mit Notschrei, Belchen und Feldberg im Morgenlicht
Nördlich des Feldbergs:	St. Peter und St. Märgen Der Heilklimatische Kurort Hinterzarten Titisee-Neustadt, Friedenweiler, Bärental
Südlich des Feldbergs:	Neuglashütten, Lenzkirch Schluchsee Grafenhausen Birkendorf-Ühlingen Bonndorf Menzenschwand, Höchenschwand St. Blasien, Häusern, Herrischried, Dachsberg, Todtmoos, Ibach Bernau – Austragungsort von internationalen Schlittenhunderennen
Zwei Städte am Oberrhein:	Waldshut und Bad Säckingen
König der Schwarzwaldberge:	Der Feldberg Feldsee, Menzenschwander Hütte
Im Wiesental:	Herbst bei Präg Bauernhaus in Böllen Der Nonnenmattweiher im Herbst Vogelparadies in Steinen Lörrach mit Burg Rötteln Wasserschloß in Inzlingen Schloß Bürgeln
In der oberrheinischen Gartenlandschaft:	Die Heilbäder Badenweiler, Bad Bellingen und Bad Krozingen

Frühling am Feldberg

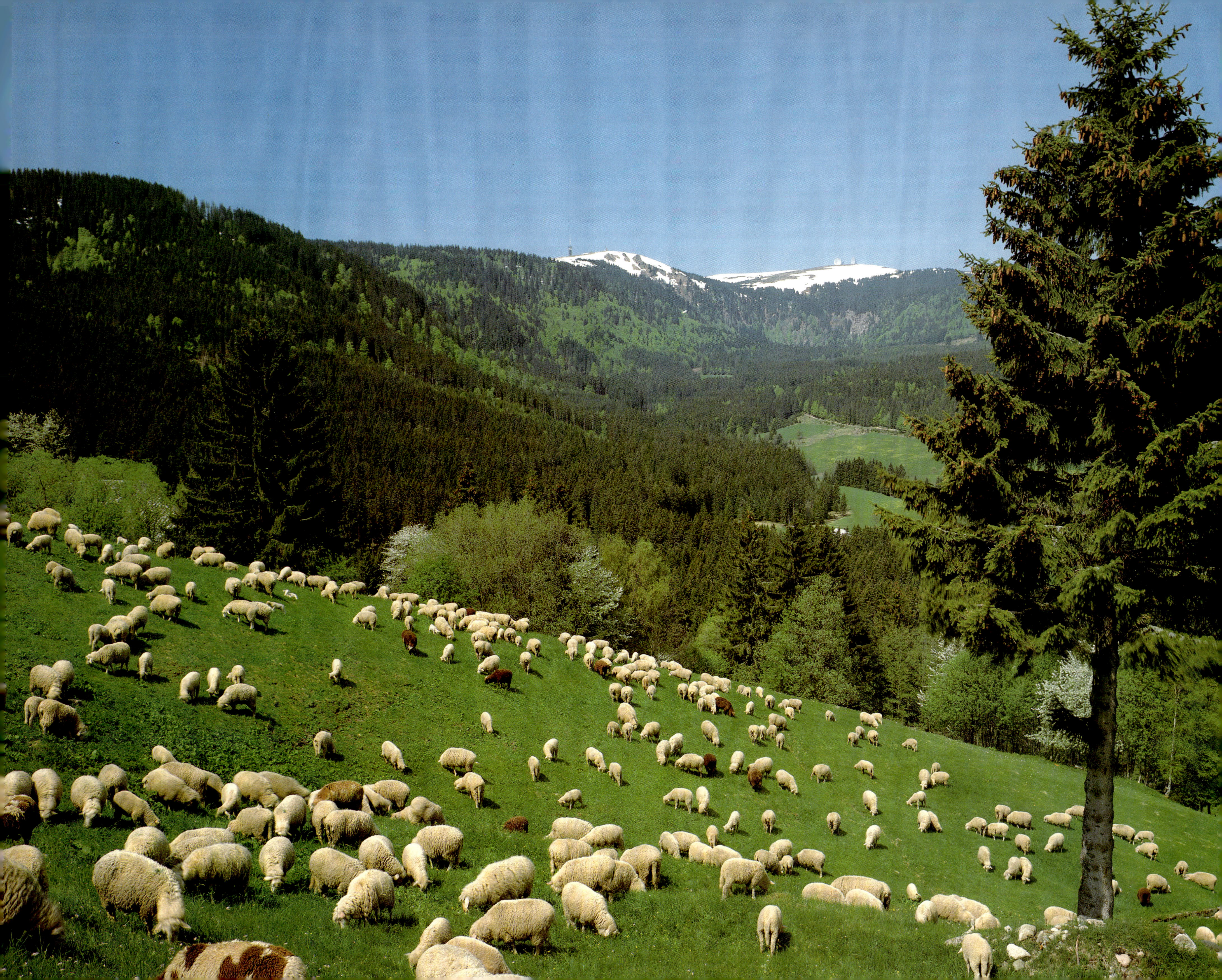

Der Südschwarzwald ist reich an Gegensätzen und weist drei sehr voneinander verschiedene Landschaften auf:
Der Hochschwarzwald mit Belchen, Schauinsland, Kandel und Blauen, die sich um den alles überragenden Feldberg scharen, hat mit seinen Höhen, den Steilhängen und den tiefeingeschnittenen Tälern fast alpinen Charakter.
In der heiteren Landschaft am Oberrhein und im Markgräflerland, am rebenbestandenen Westrand des Gebirges, ist schon ein wenig südländisches Flair zu verspüren.
Das Bild des südlichen und östlichen Teils wird besonders von sanften Hochtälern, langsam abflachenden Bergrücken und Hochflächen bestimmt.
Ein besonders eindrucksvoller Blick bietet sich bei Sonnenaufgang aus der Vogelperspektive über die Schwarzwaldberge – im Vordergrund der Feldberg – bis zu den Schweizer Alpen.

The Southern Black Forest is rich in contrasts, and comprises three very differing regions.
The Upper Black Forest with the Belchen, Schauinsland, Kandel and Blauen mountains grouped around the Feldberg, which overtops them all, and with its hills, steep slopes and sheer, narrow valleys has an almost Alpine character.
In the serene countryside of the Upper Rhine and the Markgräflerland, on the vine-clad western edge of the mountains, one can already sense a certain touch of Mediterranean ambiance.
The aspect of the southern and eastern parts is characterized in particular by gentle upland valleys, slowly descending mountain ridges and high plateaux.
A particularly impressive bird's-eye view is obtainable at dawn across the Black Forest mountains, with the Feldberg in the foreground, to the Swiss Alps.

La Forêt-Noire du sud est une région de contrastes et ses paysages se répartissent en trois types très différents :
La Haute Forêt-Noire, avec les sommets du Belchen, du Schauinsland, du Kandel et du Blauen, groupés autour du Feldberg qui les domine tous, revêt un caractère presque alpin avec ses montagnes, ses pentes abruptes et ses vallées encaissées.
Dans la région du Rhin supérieur et du Markgräflerland, sur les côteaux couverts de vignobles, règne déjà une atmosphère un peu méridionale.
Au sud et à l'est, le paysage est dominé par de hautes vallées aux formes adoucies, des crêtes et hauts plateaux s'achevant en larges ondulations.
Au lever du soleil s'offre un spectacle saisissant lorsque le regard, franchissant les montagnes de la Forêt-Noire et le Feldberg, découvre dans le lointain la silhouette des Alpes suisses.

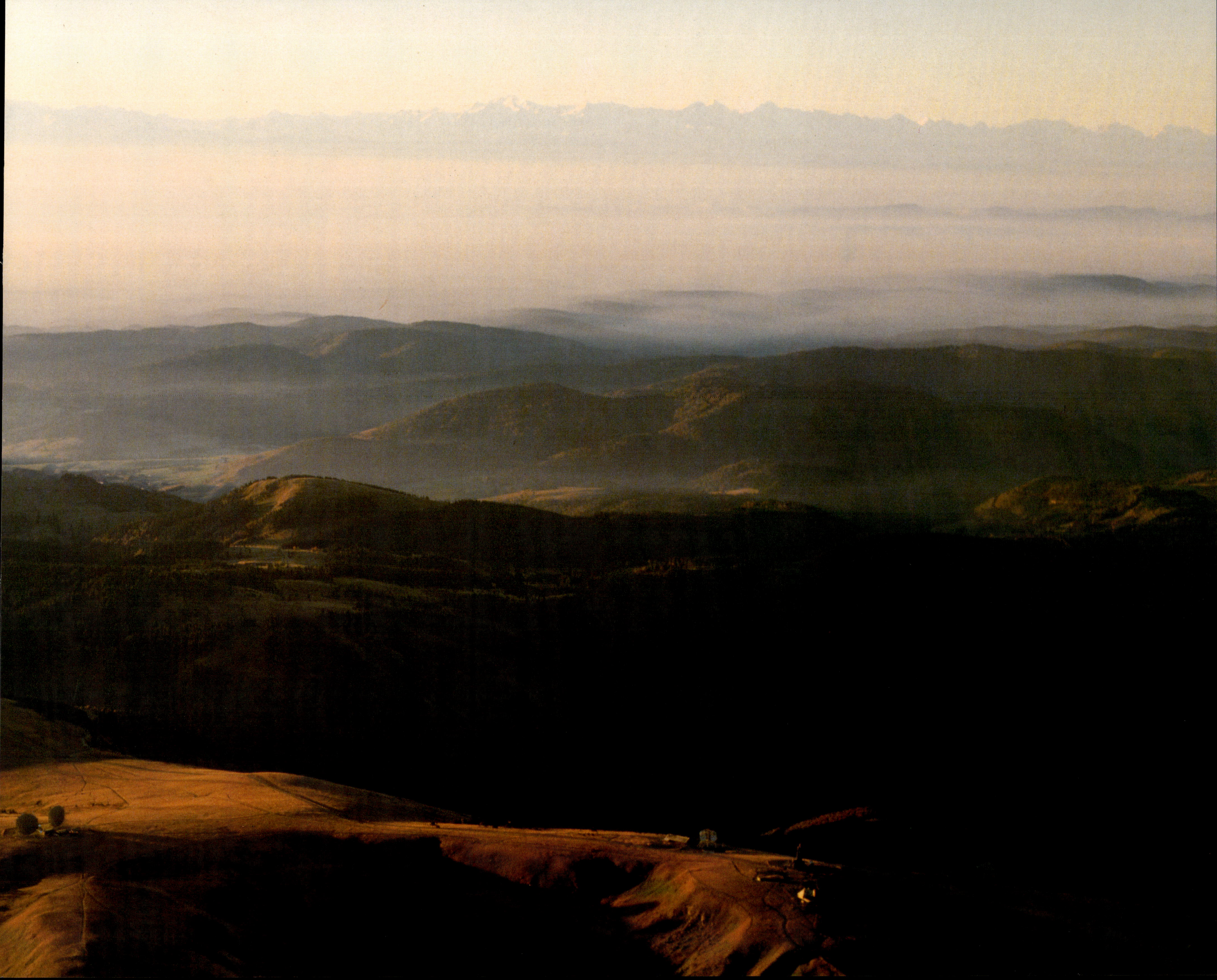

Freiburg (rechts) ist die lebendige Metropole des Breisgaus. Die Stadt wurde 1120 von Herzog Konrad III. von Zähringen gegründet, war von 1368 bis 1805 mit kurzen Unterbrechungen unter Habsburger Herrschaft, bevor es 1806 zu Baden kam. Heute ist Freiburg Sitz des Regierungspräsidiums. Mittelpunkt des geistigen Lebens ist die 1457 gegründete Albert-Ludwig-Universität, eine der ältesten deutschen Hochschulen. Ihrer günstigen Lage am Handelsweg von Schwaben über den Schwarzwald nach Burgund, eigener Münz- und Zollhoheit und dem Silberreichtum des Schauinsland verdankte die Stadt ihren raschen wirtschaftlichen Aufstieg. Der Wohlstand spiegelte sich in prächtigen Bauwerken, von denen viele trotz der Kriegseinwirkungen noch erhalten sind, allen voran das um 1200 begonnene und Anfang des 17. Jahrhunderts vollendete Münster, Wahrzeichen der Stadt, dessen Turmhelm mit reichem, gotischem Maßwerk-Steinfiligran zum „schönsten Turm der Christenheit" zählt. Als Zeichen meisterlicher Baukunst des 13. Jahrhunderts erweisen sich das Martinstor und das Schwabentor sowie das 1530 vollendete historische Kaufhaus mit versilberten Standbildern von vier Habsburgern (unten).

Freiburg (right) is the Breisgau's bustling metropolis. The city was founded in 1120 by Duke Konrad III of Zähringen and was under Habsburg rule, with short interruptions, from 1368 to 1805 when, in the following year, it became part of Baden. Today Freiburg is the district's administrative headquarters. Focal point of intellectual life in the city is the Albert Ludwig University, founded in 1457 and one of Germany's oldest institutes of higher education. Freiburg's rapid economic development was due to its convenient location on the old traderoute from Swabia across the Black Forest to Burgundy, the rich deposits of silver in the Schauinsland and its entitlement to mint its own coinage and impose tolls. This prosperity was reflected in magnificent buildings, many of which, despite enemy action in wartime, have survived. First and foremost among them is the Minster, construction of which was started around 1200 and completed at the beginning of the 17th century. It is the city's symbol and its tower roof with its elaborate Gothic tracery of stone filigree work is considered to be one of the "finest spires in Christendom". Examples of superb 13th century architecture are the Martinstor and Schwabentor gates together with the historic old Kaufhaus with the silver plated statues of four Habsburg rulers (below).

Fribourg (à droite) est la métropole animée du Brisgau. La ville fut fondée en 1120 par le Duc Konrad III de Zähringen, passa de 1368 à 1805 avec quelques interruptions sous la domination des Habsbourg, pour revenir en 1806 au duché de Bade. Fribourg est aujourd'hui le siège de la préfecture. Le centre de la vie intellectuelle est l'Université Albert-Ludwig, fondée en 1457, l'une des plus anciennes universités allemandes. La ville dut son rapide essor économique à sa situation favorable sur la voie commerciale menant de Souabe en Bourgogne par la Forêt-Noire, à son droit de battre monnaie et de percevoir des droits de douane, ainsi qu'à la richesse des mines d'argent du Schauinsland. La prospérité de la ville se manifesta dans la construction de splendides édifices, dont plusieurs ont été conservés en dépit des destructions dues à la guerre; en particulier la cathédrale, commencée en 1200 et achevée au début du 17ème siècle, symbole de la ville, dont la tour gothique ouvragée en une véritable dentelle de pierre passe pour être « la plus belle tour de la chrétienté ». Les deux portes monumentales « Martinstor » et « Schwabentor », datant du 13ème siècle, portent la marque d'une grande maîtrise architecturale, au même titre que le Kaufhaus achevé en 1530 et orné des statues argentées de quatre souverains habsbourgeois.

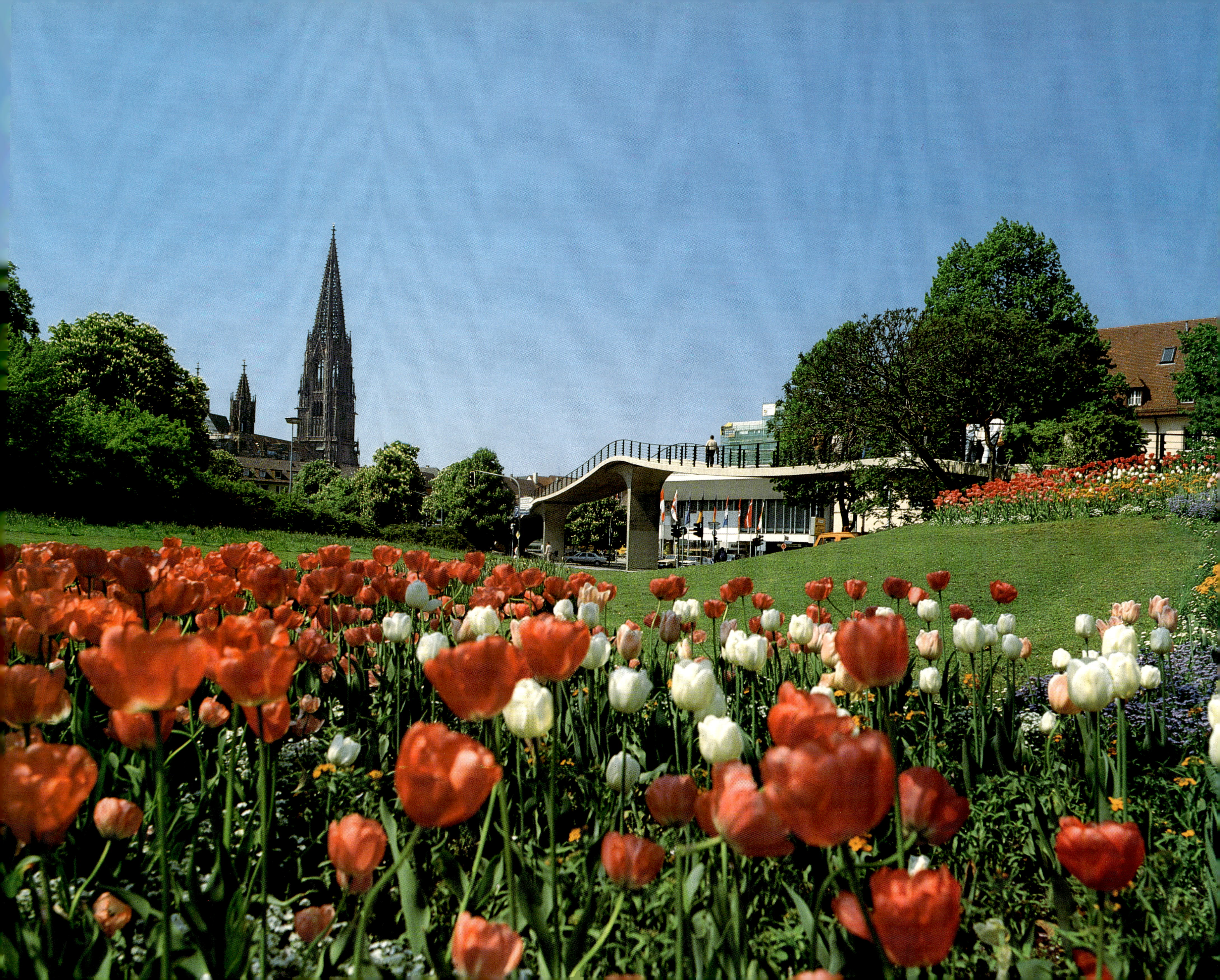

Der Kandel-Höhenweg von Oberkirch nach Freiburg und der Querweg Rhein–Kaiserstuhl–Schwarzwald von Breisach nach Donaueschingen kreuzen sich neben vielen anderen Wanderwegen auf dem Kandel (rechts). Seine aussichtsreiche Höhe ist ein beliebtes Wanderziel. Auch Drachenflieger üben sich hier in ihrem Sport. – Am Fuße des Kandel, überragt von der Ruine der Kastelburg aus dem 13. Jahrhundert, liegt Waldkirch (unten rechts, oben). Der Bezirk um die ehemalige, von Peter Thumb erbaute Stiftskirche (siehe auch Seite 204) ist wegen seiner Geschlossenheit denkmalgeschützt und ebenso sehenswert wie der hübsche Marktplatz und der mit einer Marienstatue geschmückte Marktbrunnen. – Im unteren Elztal, an den Schwarzwaldvorbergen gelegen, zählt die Kreisstadt Emmendingen (unten rechts, Mitte) zu den früheren Residenzen der Markgrafen von Baden. Das als Zähringerbesitz bereits 1094 erwähnte Städtchen gilt als Vorlage in Goethes „Hermann und Dorothea". – Östlich von Emmendingen erhebt sich die Ruine der einst größten Burg des badischen Oberlandes: die im Jahre 808 erbaute Hochburg (unten rechts, unten). – Die schönen Trachten des Simonswälder Tales und die Gestalt des „Uhrenträgers", der bei Brauchtumsveranstaltungen wiederbelebt wird, bekunden die Verbundenheit der Talbewohner mit ihren Traditionen (unten links).

The Kandel hill-path from Oberkirch to Freiburg and the Rhine-Kaiserstuhl-Black Forest route from Breisach to Donaueschingen cross on the Kandel (right) together with numerous other footpaths. This spot, with its magnificent views, is a favourite with hikers. It is also popular for hang-gliding. – At the foot of the Kandel is Waldkirch (below, right and above), dominated by the ruins of the 13th century Kastelburg Castle. The precincts of the former collegiate church (see also page 204), built by Peter Thumb, have been designated as protected buildings because of their unique compact nature; they are well worth visiting, as are the beautiful market-square and the market fountain adorned with a statue of the Virgin Mary. – In the lower reaches of the Elz Valley, in the Black Forest foothills, is the county town of Emmendingen (below, right and centre); it was one of the former royal seats of the margraves of Baden. This small township, referred to in an official document as early as 1094 as being a Zähringen possession, is regarded as having been the model for Goethe's "Hermann und Dorothea". – To the east of Emmendingen are the ruins of what was once the largest castle in the Baden uplands: the Hochburg, built in the year 808 (below, right and below). – The beautiful costumes of the Simonswälder Valley and the figure of the "clock pedlar" who is resuscitated on the occasion of events celebrating local customs testify to the close ties between the valley populace and their traditions (below, left).

Le sentier des crêtes du Kandel menant d'Oberkirch à Fribourg et le sentier transversal Rhin–Kaiserstuhl–Forêt-Noire reliant Brisach à Donaueschingen se croisent, avec de nombreux autres sentiers, sur le Kandel (à droite). Le sommet du Kandel et son panorama sont un but d'excursion très apprécié. Les amateurs de deltaplane y viennent également s'y entraîner. Waldkirch (en bas, à droite et en haut), dominée par les ruines du Kastelburg datant du 13ème siècle, est située au pied du Kandel. Tout le quartier entourant l'église conventuelle édifiée par Peter Thumb (voir également page 204) est, en raison de son unité architecturale, classé monument historique et vaut une visite, de même que la belle Place du Marché et la Fontaine du Marché ornée d'une statue de la Vierge. Dans la vallée inférieure de l'Elz, au pied des contreforts de la Forêt-Noire, le chef-lieu de district d'Emmendingen (en bas, à droite et au milieu) était l'une des anciennes résidences des margraves de Bade. La petite cité, mentionnée déjà en 1094 comme appartenant aux Zähringen, passe pour avoir inspiré Goethe pour son drame « Hermann et Dorothée ». A l'est d'Emmendingen s'élèvent les ruines d'un château qui fut le plus important de tout le Haut Pays badois : le Hochburg construit en 808 (en bas, à droite). Les beaux costumes folkloriques de la vallée de Simonswald et le « porteur d'horloges » auxquels on redonne vie lors des manifestations traditionnelles montrent combien les habitants de la vallée sont attachés à leurs traditions (en bas, à gauche).

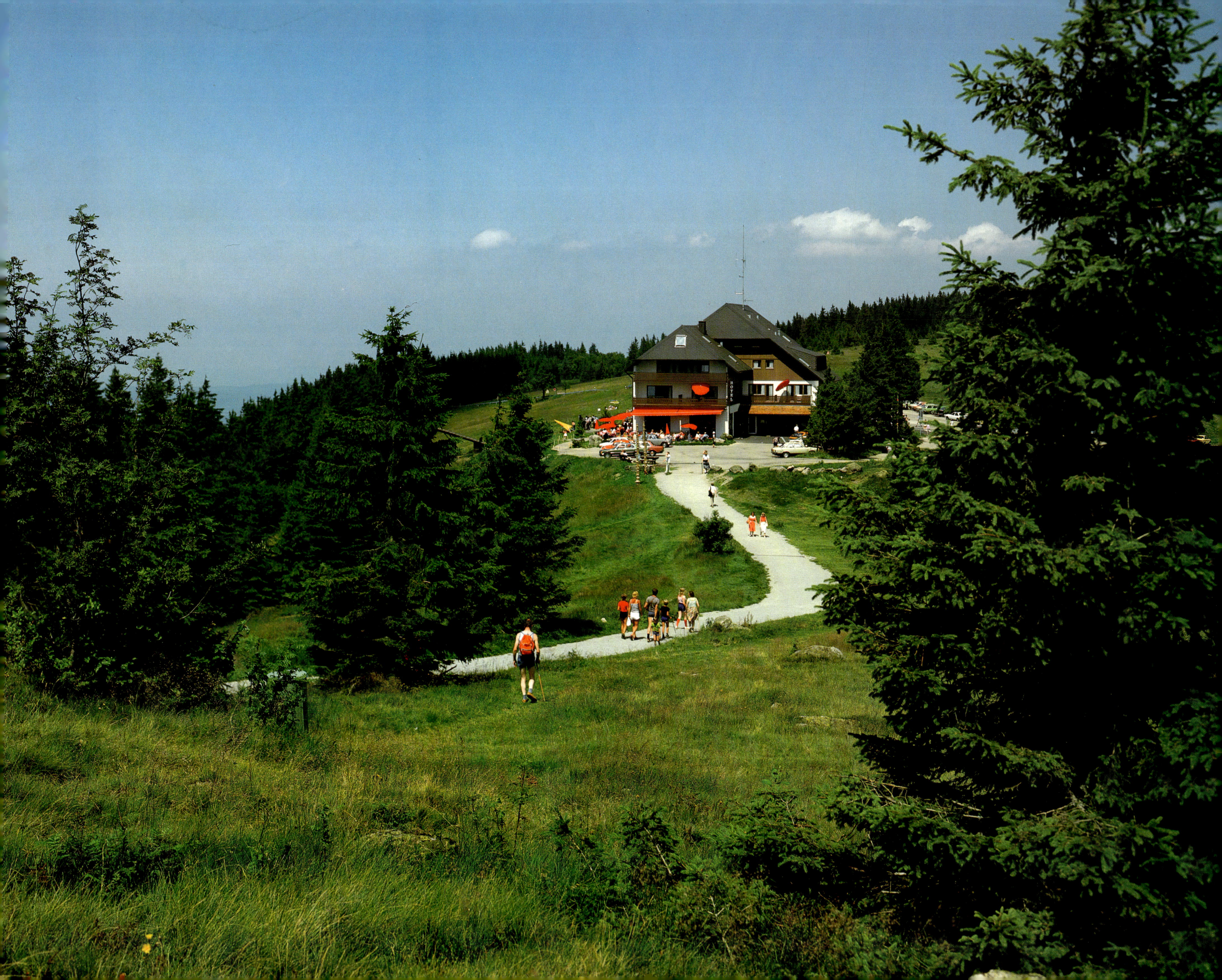

Der Kandel und der Schauinsland – zwei von Lage und Charakter her unterschiedliche Berge – haben in der Stimmung der untergehenden Sonne an kalten Wintertagen viel gemeinsam. Der steil aus der Rheinebene aufsteigende Kandel (links) wird begrenzt vom Elztal im Westen, im Osten und Norden vom Wildgutach- und Simonswäldertal und vom Glottertal im Süden. Einige Gehöfte, ein Berggasthaus und eine stilvolle Kapelle haben sich auf dem von Hektik weitgehend freien Berg angesiedelt. – Die windzerzausten, gebeugten Buchen auf dem Schauinsland (rechts), dem „Hausberg" der Freiburger, sind ein Charakteristikum dieses Berges. Die Gipfelregion ist zwar bewaldet, der lange Höhenrücken dagegen ist waldfrei und erlaubt herrliche Ausblicke in die „Freiburger Bucht", zu den Vogesen und den Schweizer Alpen. Der Berg ist durch eine Seilschwebebahn von Freiburg aus zu erreichen und über mehrere Straßen, wie die kurvenreiche Schauinslandstrecke, die Trasse über Hofsgrund mit seinen typischen, alten Schauinslandhäusern oder die Straße aus dem Wiesental über Notschrei.

Although the Kandel and the Schauinsland are two mountains which differ greatly as regards position and character, they have much in common when viewed in the ambiance of the setting sun on cold winter days. The Kandel (left), which rises steeply up from the Rhenish Plain, is bordered in the west by the Elz Valley, in the east and north by the Wildgutach and Simonswälder valleys and in the south by the Glotter Valley. A few farmsteads, an inn and an elegant chapel are to be found on this largely quiet and deserted mountain. – The bent, windblown beechtrees on the Schauinsland (right), Freiburg's "own" mountain, are a typical feature. Although there are trees at the actual summit, the long ridge of hills is bare, and provides superb views of the Freiburg area and across to the Vosges and the Swiss Alps. The mountain is accessible from Freiburg by means of a suspension cable railway and also by several roads such as the winding Schauinsland one, the route via Hofsgrund with its typical old Schauinsland houses and the road from the Wiesen Valley via Notschrei.

Le Kandel et le Schauinsland, deux montagnes très différentes l'une de l'autre par leur situation et leur caractère, se ressemblent beaucoup à l'heure du soleil couchant par les froides journées d'hiver. Le Kandel, dont les pentes abruptes s'élèvent sans transition de la plaine du Rhin (à gauche) est délimité à l'ouest par la vallée de l'Elz, à l'est et au nord par les vallées de la Wilde Gutach et de Simonswald, au sud par la vallée de la Glotter. Quelques fermes, une auberge de montagne et une charmante chapelle ont été construites sur cette montagne très protégée de l'agitation et du bruit. Les hêtres courbés et échevelés par le vent, sur le Schauinsland (à droite), sont les arbres typiques de cette montagne que les Fribourgeois appellent « leur » montagne. Le sommet lui-même est boisé, mais la longue crête est dégagée et permet de découvrir une très belle vue sur la « Baie de Fribourg », les Vosges et les Alpes suisses. Un téléférique donne accès au sommet du Schauinsland auquel conduisent également plusieurs routes, dont la route sinueuse dite « Schauinslandstrecke », la route passant par Hofsgrund où l'on peut voir de vieilles maisons typiques de la montagne, ou encore la route partant de la vallée de la Wiese et passant par Notschrei.

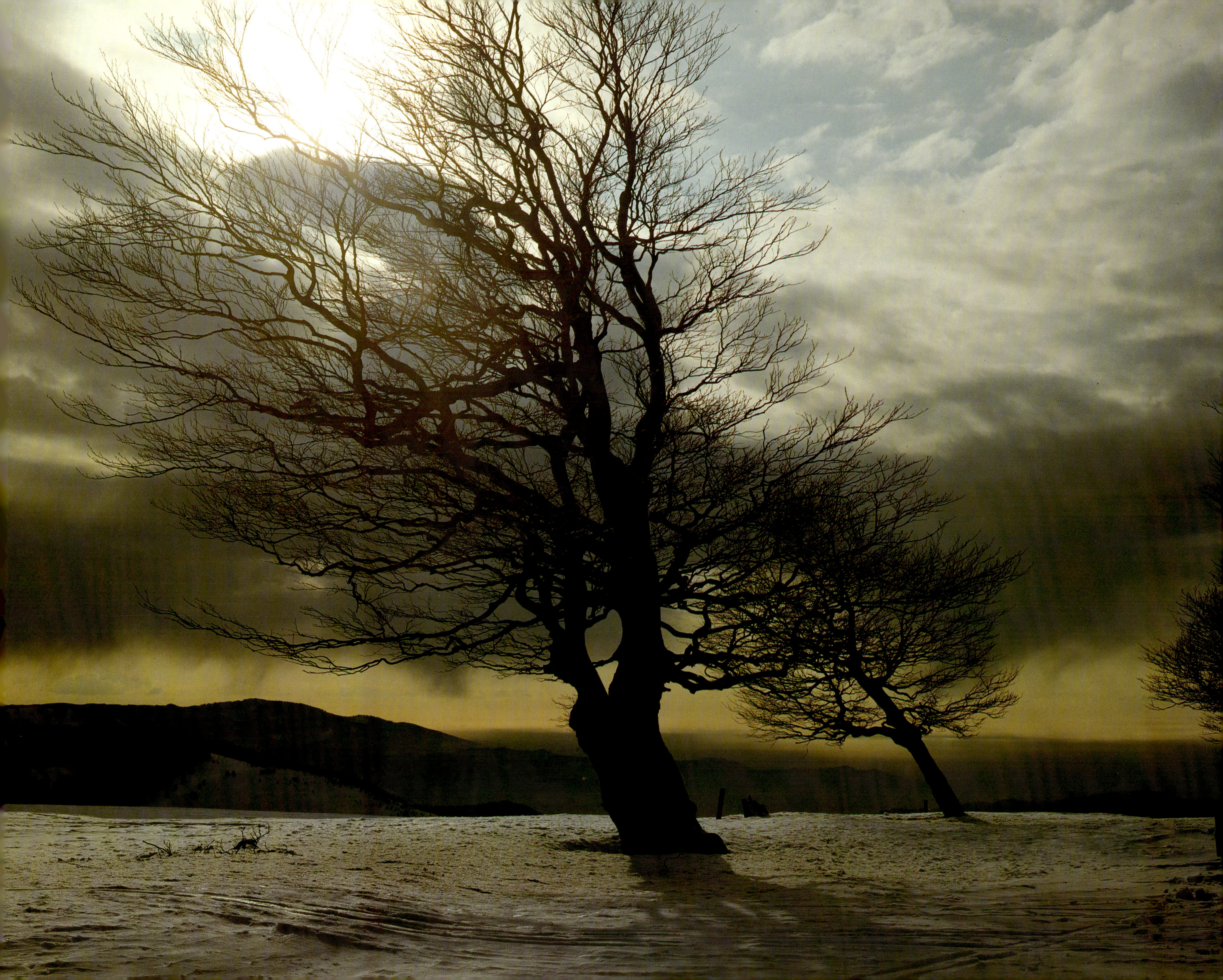

Das Glottertal zieht sich an der Südseite des Kandel hin und wurde wegen seiner klimatisch bevorzugten Lage sehr früh besiedelt. Im Hauptort des fruchtbaren Tales mit gleichem Namen (unten links), der umgeben ist von Rebhängen und Obstbaumkulturen, lädt die Dorfkirche aus dem 15. Jahrhundert mit reichgeschnitztem, goldüberzogenem Altar und freskengeschmückten Wänden ein. In den traditionsreichen Gasthäusern treffen sich Feinschmecker und Liebhaber der hier gekelterten, fruchtigen Weine zu angeregter Runde. Der liebevoll geschmückte Herrgottswinkel in den Wohnstuben der stattlichen, alten Gehöfte ist oft Treffpunkt zu frohem Musizieren (rechts). Glottertal erreichte in jüngerer Zeit durch die hier gedrehte Fernsehsendung „Schwarzwaldklinik" eine außergewöhnliche Publizität.

The Glotter Valley, which runs along the southern side of the Kandel, was inhabited very early on because of its agreeable climate. Glottertal, the principal place here and bearing the same name as this fertile valley itself (below, left), is surrounded by vineyards and orchards; the 15th century village church is noted for its richly-carved, gold-plated altar and frescoed walls. The traditional old inns are convivial meeting-places for gourmets and connoisseurs of the rich, fruity wines produced here. Beneath the lovingly decorated crucifix in the parlours of the stately old farmhouses people often gather to make joyful music (right). In recent times Glottertal has received unwonted publicity as a result of the television series, "The Black Forest Clinic", which was filmed here.

La vallée de la Glotter longe le flanc sud du Kandel et doit à son climat privilégié d'avoir vu très tôt s'y installer des habitations. Dans la principale ville de cette vallée fertile, qui porte le même nom de Glottertal (en bas, à gauche), entourée de vignobles et de cultures d'arbres fruitiers, l'église datant du 15ème siècle possède un autel en bois sculpté et doré ainsi que des fresques murales et vaut une visite. Dans les vieilles auberges de très ancienne tradition se retrouvent les gourmets et les amateurs de ce vin fruité que l'on récolte ici. Le coin décoré dit « du Bon Dieu », dans les salles des vieilles fermes imposantes, est souvent le rendez-vous de joyeux musiciens (à droite). Glottertal a connu récemment une publicité inattendue, grâce à la série télévisée « La clinique de la Forêt-Noire », tournée dans cette petite ville.

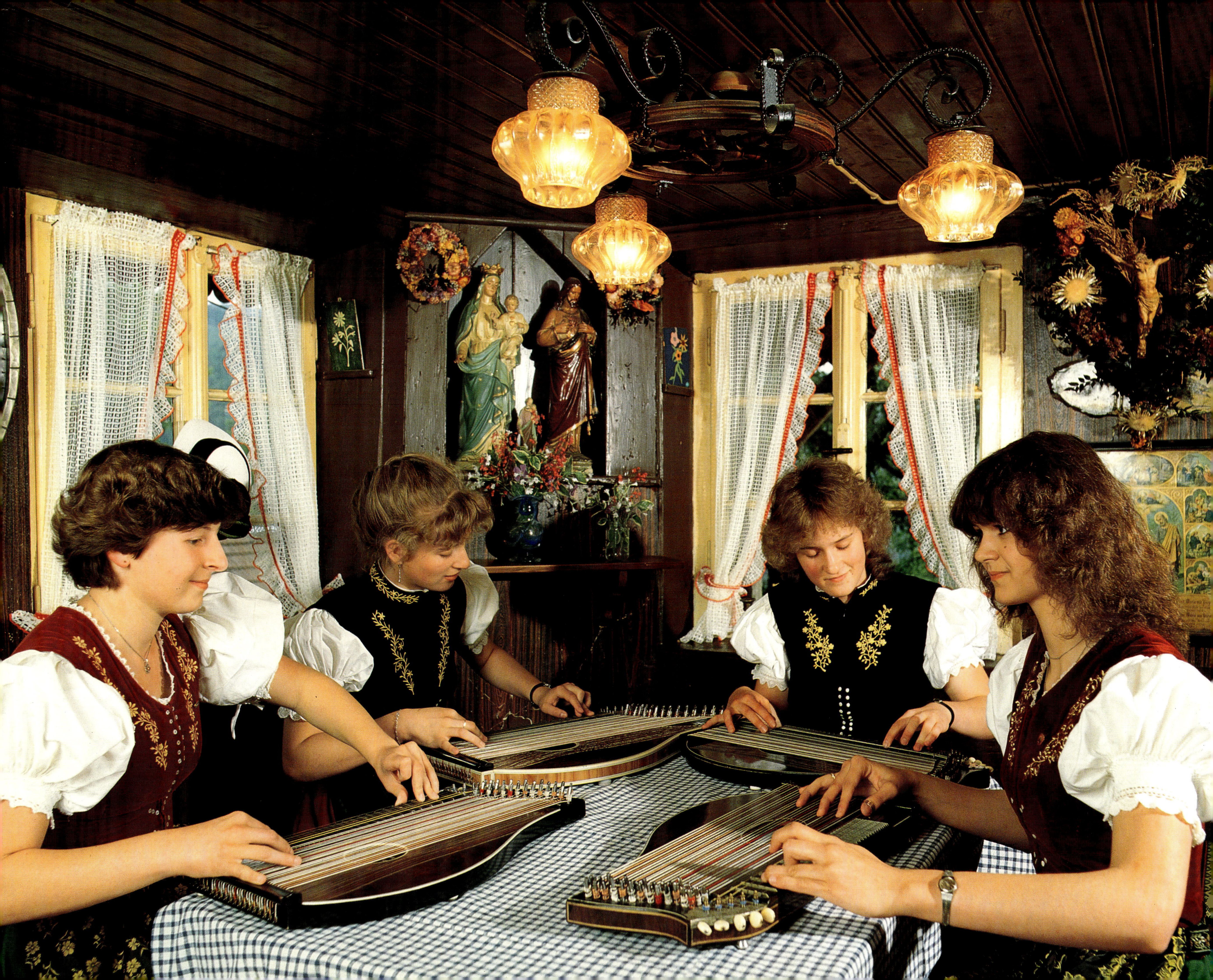

Die schöne Lage auf einer Sonnenterrasse am Fuße des Kandel und seine prächtige Klosteranlage machen den Luftkurort St. Peter doppelt anziehend. Das Kloster bestand schon 1093, wurde jedoch mehrfach zerstört und nach den Plänen von Peter Thumb 1724 in seiner heutigen Form erbaut. Die barocke Kirche mit kunstvoller Innenausstattung (unten rechts: die Orgel) war lange Zeit Grablege der Zähringer. Eine mit Statuen geschmückte Galerie und ein großartiges Deckengemälde verleihen der lichtdurchfluteten Bibliothek im Rokokostil (rechts) eine dem geistigen Genuß adäquate Atmosphäre. Angehende Priester bereiten sich heute in dem von der Erzdiözese Freiburg eingerichteten Seminar im ehemaligen Kloster auf ihren Beruf vor. – Die schönen Trachten werden vor allem an kirchlichen Festen (unten links: Erstkommunion in St. Peter) und an Hochzeiten getragen und erfreuen Auge und Herz des Beschauers.

The climatic health resort of St. Peter is doubly attractive by virtue of its magnificent monastery complex and its delightfully sunny position at the foot of the Kandel. The monastery was already in existence in 1093, but was destroyed several times until erected in 1724 in its present form in accordance with plans prepared by Peter Thumb. The Baroque church with its artistic interior (below, right: the organ) was for many years the burial-place of the Zähringen dynasty. A gallery decorated with statues and a superb painted ceiling give the light-filled rococo library (right) an appropriate atmosphere for intellectual enjoyment. Today divinity students prepare for their future vocation in the training-college established in the former monastery by the archdiocese of Freiburg. – The delightful local costumes, which are worn on special occasions such as weddings and religious feast-days (below, left: first communion in St. Peter), are a joy to behold.

La station climatique de St-Peter est à double titre un pôle d'attraction touristique : grâce à sa situation privilégiée sur une terrasse ensoleillée au pied du Kandel, et par la présence d'une splendide abbaye. Celle-ci existait déjà en 1093, mais elle fut détruite à plusieurs reprises et construite sous sa forme actuelle en 1724 d'après les plans de Peter Thumb. L'église baroque a une très belle décoration intérieure (en bas, à droite : les orgues) et fut pendant longtemps l'église de sépulture de la famille des Zähringen. Une galerie ornée de statues et une splendide fresque de plafond donnent à la bibliothèque rococo (à droite) inondée de lumière son atmosphère propice au travail de l'esprit. De nos jours, les futurs prêtres se préparent à leur sacerdoce dans le séminaire installé dans l'ancienne abbaye par le diocèse de Fribourg. Les beaux costumes folkloriques se portent surtout pour les fêtes religieuses (en bas, à gauche : Première Communion à St-Peter) et pour les mariages.

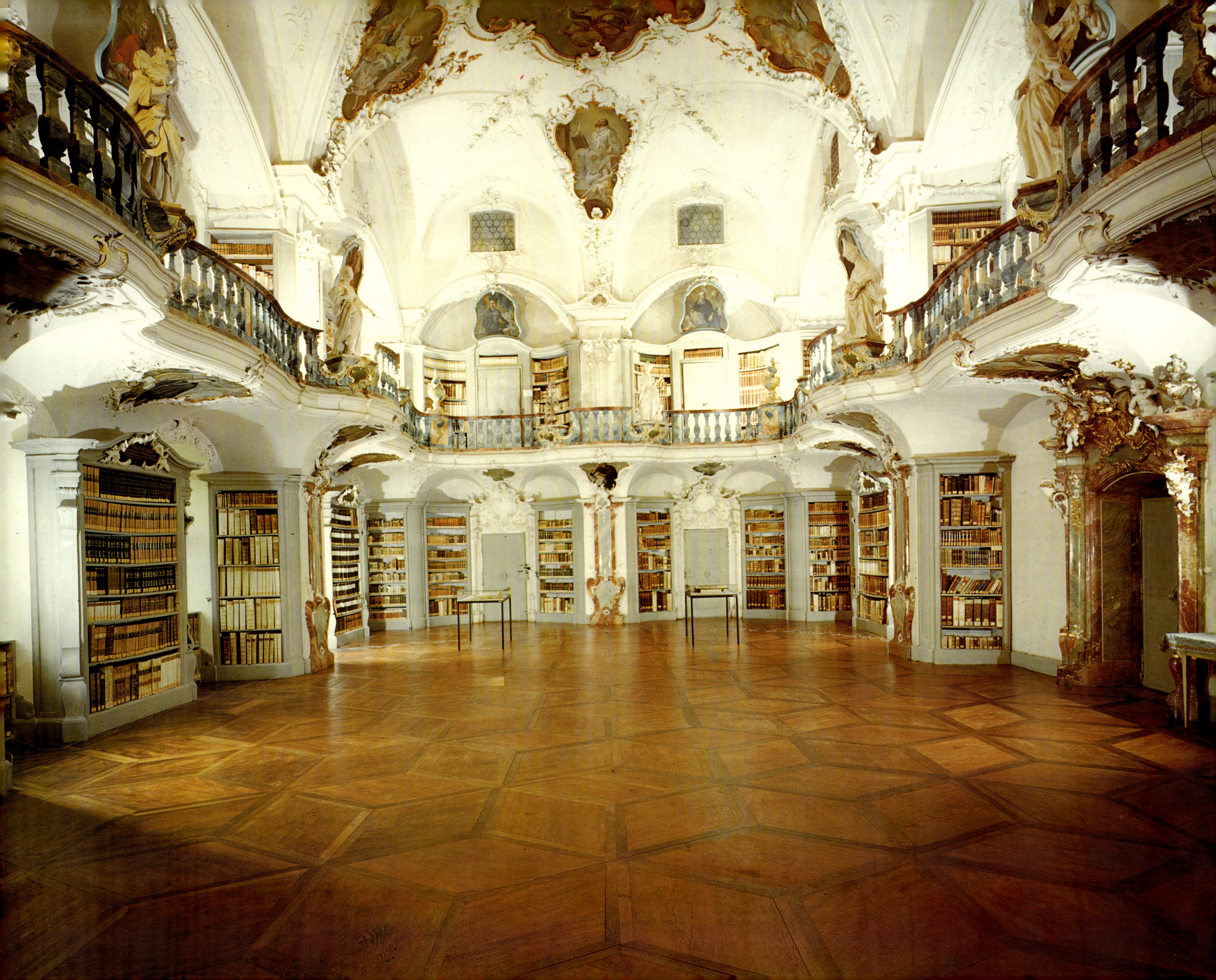

Durch ein von Laubbäumen gesäumtes Sträßchen mit St. Peter verbunden, liegt St. Märgen (unten) in der gleichen Bilderbuchlandschaft. Der gern besuchte Luftkurort hat mit seiner Rankmühle (rechts), die „die schönste Mühle des Schwarzwaldes" genannt wird, und der bekannten Wallfahrtskirche zwei besondere Sehenswürdigkeiten. Gegründet 1120 von den Augustinern, wurde das Kloster St. Märgen durch verheerende Feuersbrünste und Plünderungen mehrmals zerstört und im Jahre 1807 schließlich nach wechselvoller Geschichte aufgehoben. Die Schlichtheit der äußeren Gestalt der Wallfahrtskirche, die eine wundertätige Madonna aus dem 12. Jahrhundert beherbergt, steht im Gegensatz zu der prachtvollen, barocken Ausschmückung des Kirchenraumes (unten).

St. Märgen (below) lies on a narrow, tree-lined road linking it with St. Peter and in similar picture-book surroundings. This popular climatic health resort has two special features: the old "Rankmühle" (right), described as the "Black Forest's finest mill", and the well-known pilgrims' church. Founded in 1120 by the Augustinian brotherhood, the St. Märgen monastery was looted and ravaged by fire on several occasions until its eventful history finally came to an end in 1807, when it was dissolved. The plain outward appearance of the pilgrims' church, which contains a miracle-working 12th century Madonna, contrasts vividly with the sumptuous Baroque ornamentation of the interior (below).

St-Märgen (en bas), reliée à St-Peter par une petite route bordée d'arbres, est située dans un paysage identique, digne d'un livre d'images. C'est une station climatique fréquentée, qui possède surtout deux curiosités : le moulin « Rankmühle » (à droite), appelé « le plus beau moulin de Forêt-Noire » et la célèbre église de pèlerinage. Fondée en 1120 par les Augustins, l'abbaye de St-Märgen fut détruite à plusieurs reprises par des incendies et des pillages et finalement supprimée en 1807, après une histoire pleine de vicissitudes. La simplicité de l'architecture extérieure de l'église abritant une madone miraculeuse du 12ème siècle, contraste avec la somptueuse décoration baroque (en bas).

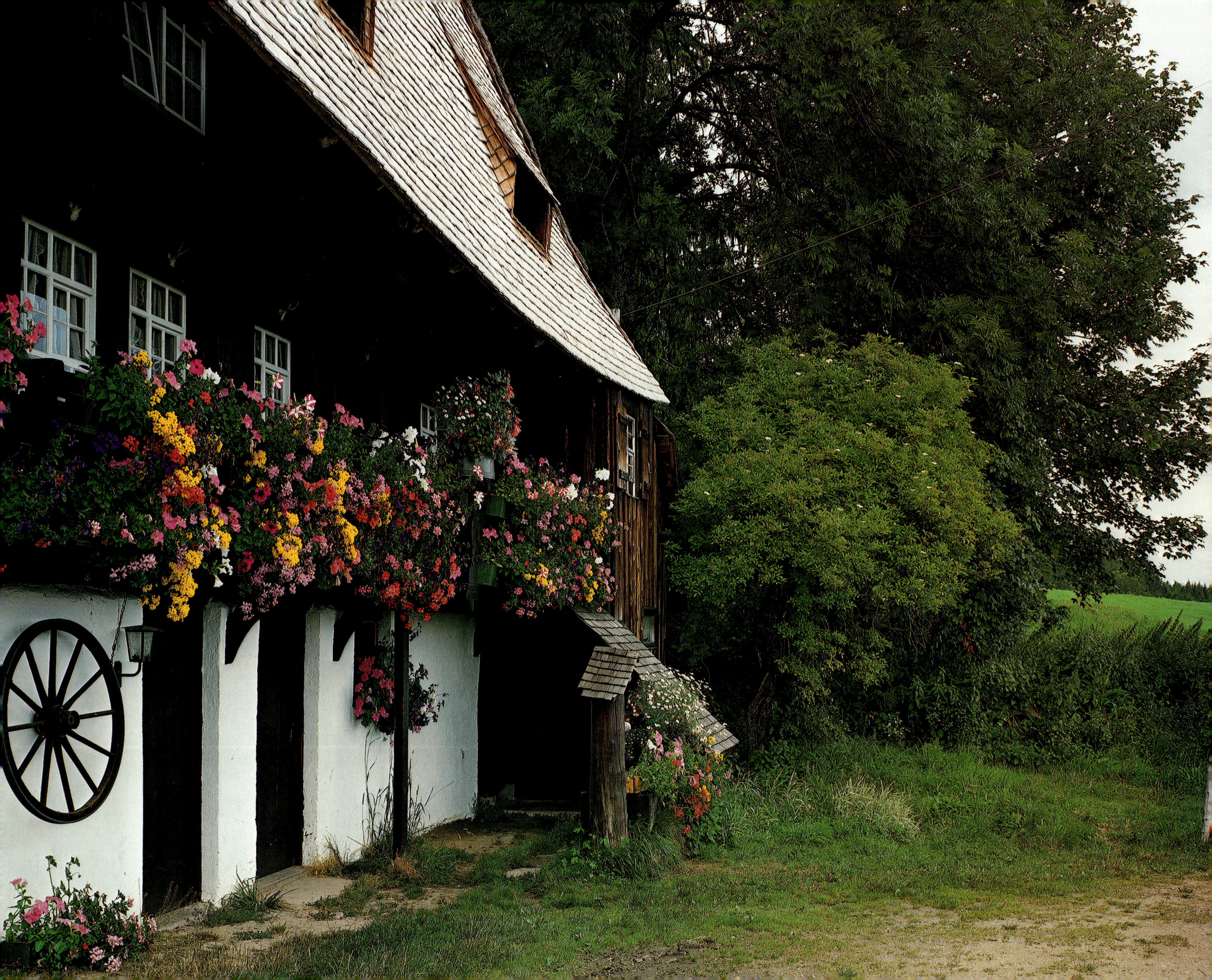

Der Zauber der Landschaft bei St. Märgen (unten) ist noch eindrucksvoller im schwindenden Licht des Abendrots. Die Silhouette der Ohmenkapelle, die auf den Grundmauern eines keltischen Heiligtums erbaut wurde, verliert sich im Schatten, während die Berge im sanften Dunst des scheidenden Tages fast schwerelos erscheinen. – Wie im Sommer die Wanderwege längs und quer das Gebirge durchziehen, so erschließt der Fernskiwanderweg Schonach–Belchen im Winter dem Skiwanderer die schneesichersten Regionen (rechts: bei Neukirch). An ihm reihen sich die schönsten Loipenzentren des Südschwarzwaldes auf.

The enchanting scenery of the countryside around St. Märgen (below) is even more impressive in the fading light at sunset. The silhouette of the Ohmen Chapel, built on the foundation walls of a Celtic holy shrine, vanishes in the gloom while the mountains assume an almost ethereal appearance in the calm haze of the waning day. – Just as in summer, the footpaths crisscross the mountains, so too, in winter, the Schonach–Belchen long-distance skiing route enables skiers to reach the areas where they can be sure of finding snow (right: near Neukirch). Adjoining it are the finest cross-country skiing-centres in the Southern Black Forest.

Le charme des paysages des environs de St-Märgen (en bas) est plus séduisant encore à l'heure du soleil couchant. La silhouette de la Chapelle d'Ohmen édifiée sur les fondations d'un ancien sanctuaire celte, se fond dans l'ombre tandis que les montagnes semblent perdre leur pesanteur dans la brume légère du jour finissant. En été, les sentiers de randonnée parcourent en tous sens la montagne et, en hiver, le sentier de randonnée à ski de Schonach-Belchen permet d'atteindre les régions d'enneigement assuré (à droite, près de Neukirch). Les plus belles pistes de ski de fond de la Forêt-Noire du Sud sont raccordées à ce sentier.

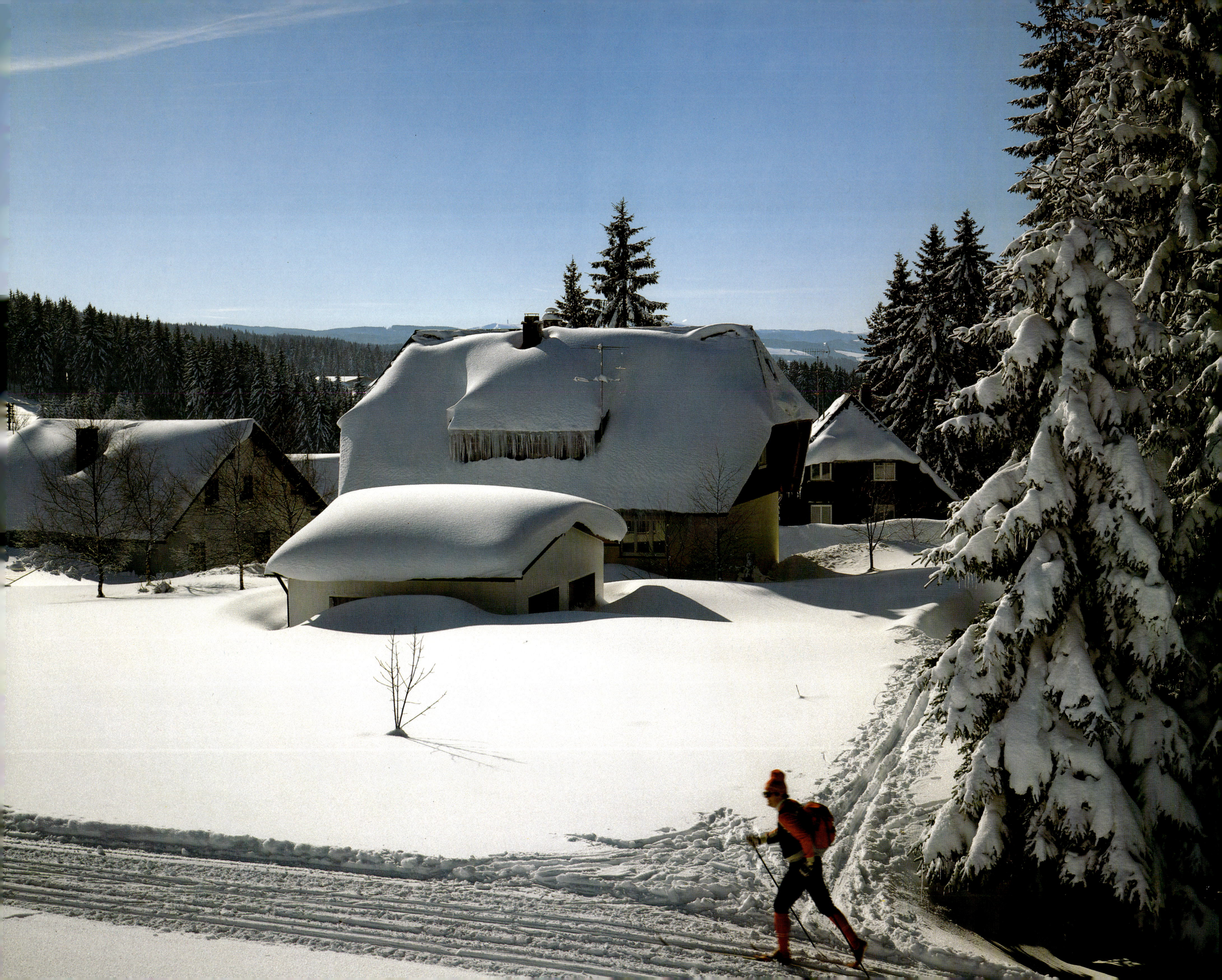

Die von Triberg über Furtwangen nach Hinterzarten führende Strecke, ein Teilstück der von Norden nach Süden den Schwarzwald durchquerenden Bundesstraße 500, bietet besonders schöne Ausblicke. Das „Nazihüsli" (abgeleitet von Ignaz) bildet mit dem freundlich herübergrüßenden St. Märgen ein sehr malerisches Motiv (rechts). – Einen starken Kontrast zu den sonnigen Hochflächen hier bietet die nahe Ravennaschlucht. Düster und etwas unheimlich ist sie. Erdrutsche und umgestürzte Bäume können den Wanderer behindern. Sie sind Ausdruck der ungestörten, sich immer wandelnden Gestalt dieser Naturlandschaft. Oberhalb des kleinen Wasserfalls findet sich in der Schlucht die dem Großjockenhof zugehörende Mahlmühle, die seit der Renovierung den Besuchern zugänglich ist (unten links). Doch nicht nur Mühlen, auch Sägen (unten rechts: Klopfsäge bei Fröhnd-Holz) dienten der Eigenversorgung der Bauern.

The section of road running from Triberg via Furtwangen to Hinterzarten–part of the B 500 which traverses the Black Forest from north to south–provides particularly fine scenic views. The "Nazihüsli" (derived from the name Ignaz or Ignatius), together with St. Märgen opposite, form a picturesque scene (right). – Contrasting sharply with the sunny uplands here is the nearby Ravenna Gorge, a sombre and somewhat sinister place, where landslips and fallen trees can impede the traveller. They are evidence of the unspoilt, ever-changing nature of this virgin countryside. In the gorge, above the small waterfall, is the corn-grinding mill belonging to the Grossjockenhof; following renovation, it is now open to visitors (below, left). Saws as well as mills (below, right: a hacksaw near Fröhnd-Holz) helped the farmers to be self-supporting.

La route fédérale 500 qui traverse la Forêt-Noire du nord au sud, offre sur sa partie comprise entre Triberg et Hinterzarten par Furtwangen de très beaux points de vue. Le « Nazihüsli » (mot dérivé d'Ignaz) forme avec St-Märgen, que l'on aperçoit à l'arrière-plan, un tableau pittoresque (à droite). Les gorges de la Ravenna contrastent fortement avec les hauts plateaux ensoleillés. C'est un site sombre et un peu inquiétant. Des glissements de terrain et des arbres abattus peuvent gêner la marche des randonneurs. Ils témoignent d'une nature encore sauvage et en pleine transformation. En amont de la petite cascade, on trouvera dans ce défilé le moulin qui fait partie de la ferme du Großjockenhof et est accessible aux visiteurs depuis sa rénovation (en bas, à gauche). Les sciéries (en bas, à droite : la sciérie de Fröhnd-Holz) servaient, avec les moulins, à l'usage personnel des paysans.

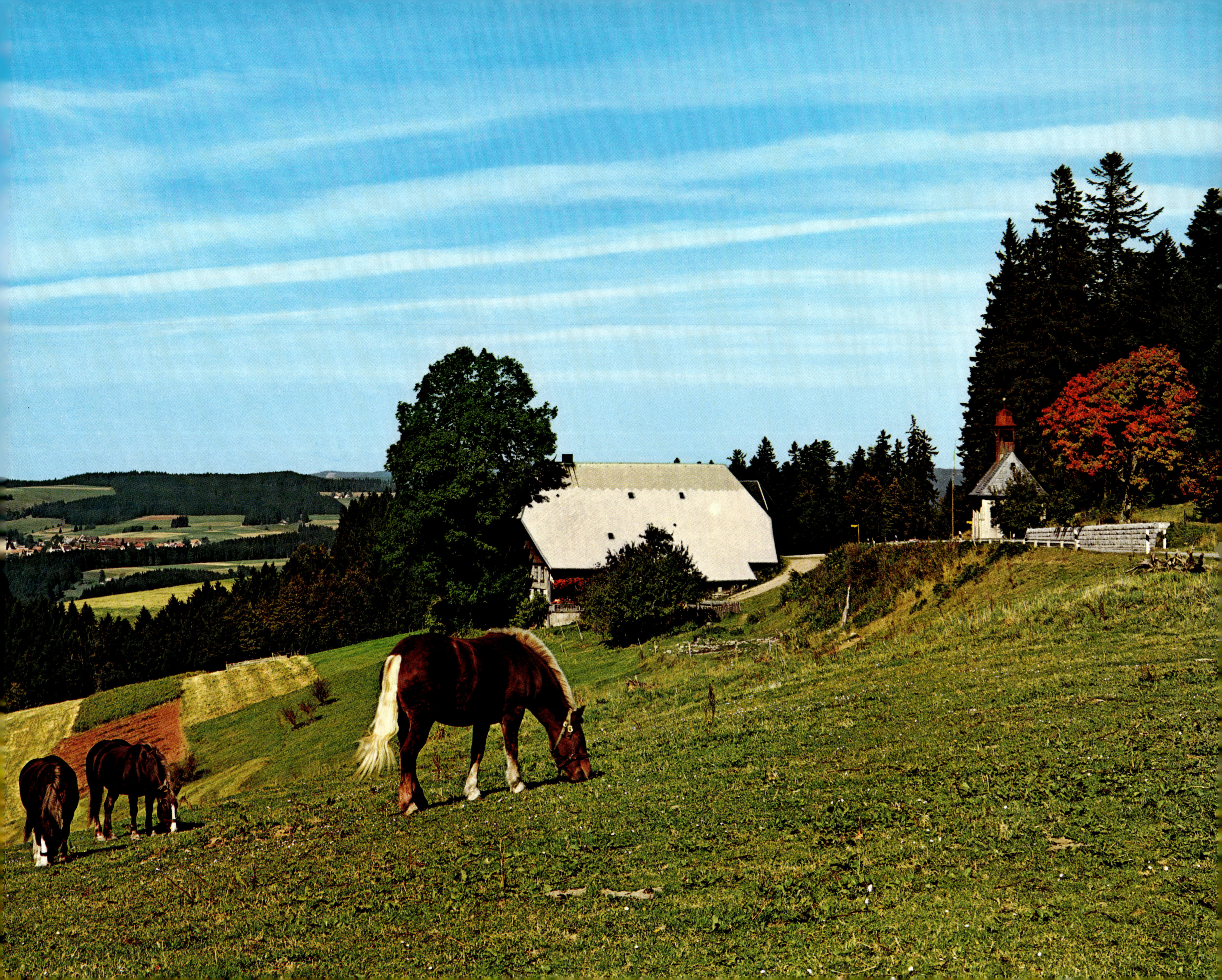

Der heilklimatische Kurort Hinterzarten (rechts und unten links) ist „ein Kurort mit ländlichem Charme", gelegen im Hochtal einer anmutigen Landschaft. Die eigenwillige, von achteckigem Zwiebelturm gekrönte Kirche „Unserer lieben Frauen in der Zarten", 1350 erstmals erwähnt, die in unserer Zeit ein modernes achteckiges Zeltdach erhielt, behütet die Ortsmitte. Hinterzarten, einer der bedeutendsten Luftkurorte, hat, trotz der vielen gepflegten Hotels und Pensionen, nichts von seiner Eigenart und Beschaulichkeit verloren (unten rechts: Kesslerhof in Hinterzarten). Die sich auf Loipen und Skipisten tummelnden Skifahrer rühmen den Namen von Hinterzarten auch als Wintersportort. Hotels, die sich durch erste urkundliche Erwähnung im Jahre 1347 zu den ältesten Deutschlands zählen dürfen, berichten in ihren Chroniken von erlauchten Gästen, die hier auf ihrer beschwerlichen Reise durchs Höllental abstiegen. So z. B. mußte auch die österreichische Kaisertochter Marie Antoinette auf ihrem Weg zur Vermählung von Wien nach Paris die alte Poststraße benutzen.

The climatic health resort of Hinterzarten (right and below, left) is "a spa with rural charm" situated in an upland valley amidst delightful scenery. Overlooking the centre of the resort and first mentioned in 1350, is the unusual "Church of Our Dear Lady in the Zarten" with its octagonal bulbous spire; it has recently been fitted with a modern octagonal pavilion roof. Although it is one of the leading climatic health resorts, Hinterzarten, despite its many superior hotels and boarding-houses, has lost none of its individuality and sense of tranquillity (below right: Kesslerhof in Hinterzarten). The visitors disporting themselves on the ski-runs and the cross-country tracks praise it as a winter sports resort. Hotels which were first mentioned in official documents as early as 1347 and may therefore well be among the oldest in Germany refer in their records to illustrious guests who stopped off here on their arduous journeys through the Höllental or "Hell Valley"; the Austrian Emperor's daughter, Marie Antoinette, for example, had to use the old mailroad on her way from Vienna to Paris for her wedding.

La station climato-thérapique d'Hinterzarten (à droite et en bas, à gauche) est une « station de cures au charme champêtre » située dans une haute vallée d'une région pleine de douceur. Le clocher à bulbe octogonal couronnant l'église « Notre-Dame de Zarten », mentionnée pour la première fois en 1350 et qui a reçu à notre époque un toit moderne octogonal, veille sur le centre de la petite ville. Hinterzarten, l'une des plus importantes stations climatiques, n'a rien perdu de son authenticité et de son calme, en dépit des nombreux hôtels et pensions toujours très coquets (en bas, à droite : le Kesslerhof à Hinterzarten). Les nombreux skieurs que l'on voit sur les pentes et pistes de fond attestent également le renom de la station de sports d'hiver qu'est Hinterzarten. Des hôtels, mentionnés parfois dans des documents datant de 1347, comptent parmi les plus anciens hôtels d'Allemagne et leurs chroniques rapportent que des hôtes illustres y firent halte après la rude montée à travers le Val d'Enfer : c'est ainsi que la fille de l'Empereur d'Autriche, Marie-Antoinette, utilisa l'ancienne Poststrasse au cours du voyage qui l'emmenait de Vienne à Paris pour son mariage.

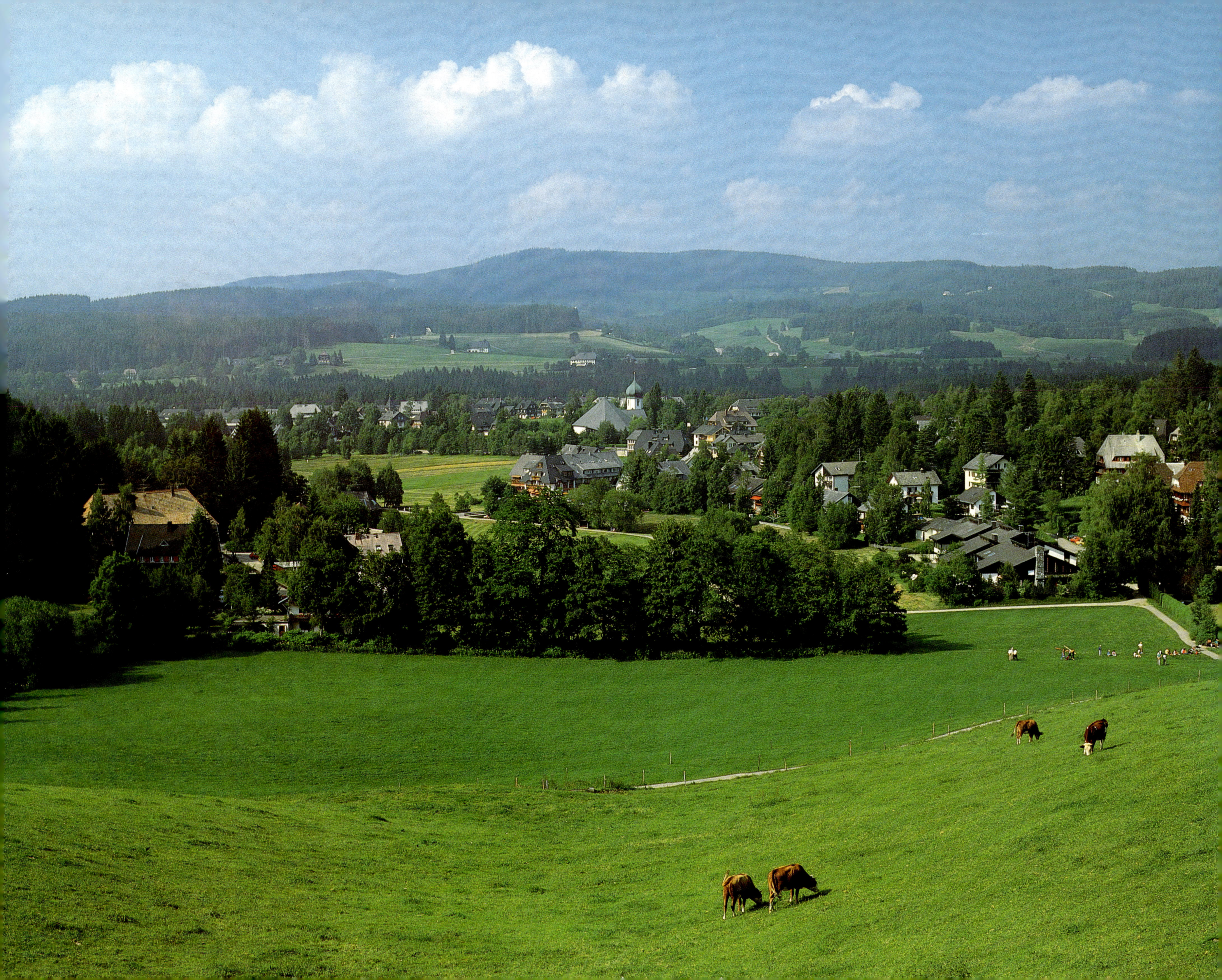

Der Titisee (unten links), größter natürlicher See des Schwarzwaldes, liegt nordöstlich des Feldbergs im Herzen des Hochschwarzwaldes. Als Touristenzentrum ist er weit über Deutschlands Grenzen bekannt. Am Nordufer liegt der Kurort Titisee (rechts), der seit 1971 mit Neustadt (unten rechts), dem mit 850 m höchstgelegenen Kneippkurort des Schwarzwaldes, einen Doppelort bildet. Neustadt, am Fuße des 1192 m hohen Hochfirst, ist ein bekannter Wintersportplatz, der mit seiner 1949 eingeweihten Skisprungschanze die größte Naturschanze Deutschlands hat. – Ein Bächlein durchfließt den Titisee: Der aus dem Feldsee am Fuße des Feldberges kommende Seebach, der als Gutach bei Neustadt den Titisee verläßt und weiter talab zur Wutach wird. Das Gebiet, von dem aus gut ausgebaute Straßen durch den Südschwarzwald ins Rhein- und Donautal führen, gehört zu den bevorzugten Reise- und Erholungslandschaften Deutschlands.

The Titisee (below, left), the largest natural lake in the Black Forest, lies to the north-east of the Feldberg in the heart of Upper Black Forest. It is famous far beyond the borders of Germany as a tourist centre. On the northern shore of the lake is the health resort of Titisee (right), combined since 1971 with Neustadt (below, right), the highest hydropathic spa in the Black Forest (850 m), to form a double community. Neustadt, at the foot of the 1192m-high Hochfirst, is a well-known winter sports resort which boasts Germany's largest natural ski-jump, inaugurated in 1949. A small stream flows through the Titisee lake: this is the Seebach, which emerges from the Feldsee lake at the foot of the Feldberg, leaves the Titisee near Neustadt as the Gutach and further down the valley becomes the Wutach. This region, from which well-constructed roads run through the Southern Black Forest into the valleys of the Rhine and the Danube, is one of the Germany's most popular holiday and recreational areas.

Le Lac Titisee (en bas, à gauche), le plus grand lac naturel de la Forêt-Noire, est situé au nord-est du Feldberg, au cœur de la Haute Forêt-Noire. C'est un centre de tourisme dont la réputation a largement dépassé les frontières de l'Allgemagne. La station de Titisee (à droite) est située sur la rive nord du lac et constitue depuis 1971 avec Neustadt (en bas, à droite), station de cures Kneipp la plus élevée de Forêt-Noire, située à 850 m d'altitude, une double localité. Neustadt, au pied du Hochfirst haut de 1192 m, est une station de sports d'hiver réputée, possédant le plus haut tremplin naturel de saut à ski d'Allemagne, inauguré en 1949. Un petit ruisseau traverse le Titisee: le Seebach qui prend sa source au pied du Feldberg dans le Feldsee, quitte le Titisee sous le nom de Gutach et devient, en aval, la Wutach. Cette région, d'où partent de très bonnes routes à travers la Forêt-Noire du sud en direction des vallées du Rhin et du Danube, est l'une des régions de tourisme et de détente les plus appréciées d'Allemagne.

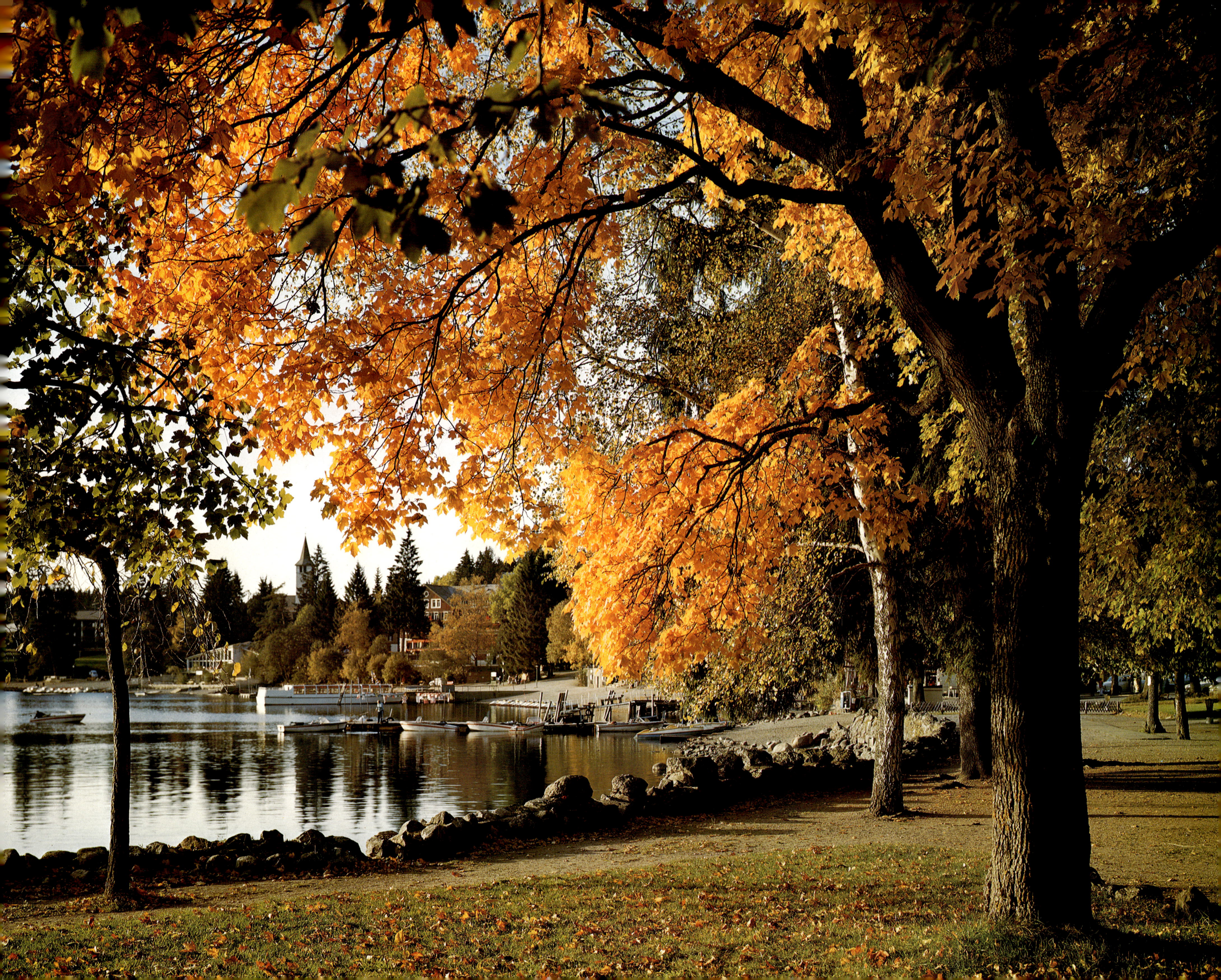

Das in seinem unteren Teil weite Bärental (rechts) führt zu Beginn aus dem Gletscherkessel des Feldsees heraus. Einzeln stehende Großbauernhöfe, zu denen oft auch eine eigene Hofkapelle – wie hier beim Zipfelhof – gehört, bestimmen vor der Kulisse des mächtigen Feldbergs das Landschaftsbild des Hochtales. Von der Straße aus, die sich vom Titisee zum Feldberg hochzieht, sind schöne Einblicke in dieses Tal möglich. – Bei Neustadt, schon in den östlichen Ausläufern des Schwarzwaldes, liegt das abgeschiedene Friedenweiler (unten rechts). Der Kneippkurort verspricht seinen Gästen Ruhe und Beschaulichkeit in einer gemäßigten Klimazone. Kirche und Klosteranlagen von Friedenweiler, die in ihrer heutigen barocken Form 1725 entstanden, gehen auf ein mehrmals durch Brände zerstörtes, von St. Georgener Mönchen vor 700 Jahren erbautes Kloster zurück. – Die Kuriositäten des „Wurzelzoos" werden vom Schnitzer in ihre endgültige Form gebracht (unten links).

The Bärental Valley (right), which widens out towards its foot, emerges initially from the Feldsee glacier lake. Isolated large farmsteads, often with their own chapel—as here at the Zipfelhof—are the main features of this upland valley dominated, in the background, by the massive Feldberg. Fine views of the valley can be obtained from the road which climbs from the Titisee to the Feldberg. – Near Neustadt, in the eastern foothills of the Black Forest, is the secluded resort of Friedenweiler (below, right), a hydropathic spa which offers its guests peace and quiet and a mild climate. Here the church and monastery, created in their present-day Baroque style in 1725, originated in a monastery which was built by St. Georgen monks 700 years ago and was ravaged several times by fire. – Here a wood-carver is fashioning curiously-shaped tree-roots into their final ornamental form (below, left).

On sort du cirque glaciaire du Feldsee par la vallée de Bärental, plus large dans sa partie inférieure. De grosses fermes isolées possédant souvent leur propre chapelle, comme ici à Zipfelhof, sont caractéristiques de cette haute vallée dominée par l'imposant massif du Feldberg. La route qui monte du Titisee au Feldberg offre de beaux points de vue sur la vallée. Près de Neustadt, qui fait déjà partie des contreforts est de la Forêt-Noire, se trouve, à l'écart, le village de Friedenweiler (en bas, à droite). La station de cures Kneipp promet à ses hôtes le calme et la tranquillité dans une région au climat tempéré. L'église et les bâtiments de l'abbaye de Friedenweiler furent construits dans leur style baroque actuel en 1725 mais leur origine remonte à une abbaye construite il y a 700 ans par des moines de St-Georgen et qui fut à diverses reprises détruite par des incendies. Le sculpteur donne leur forme définitive aux curiosités du « Wurzelzoo » (en bas, à gauche).

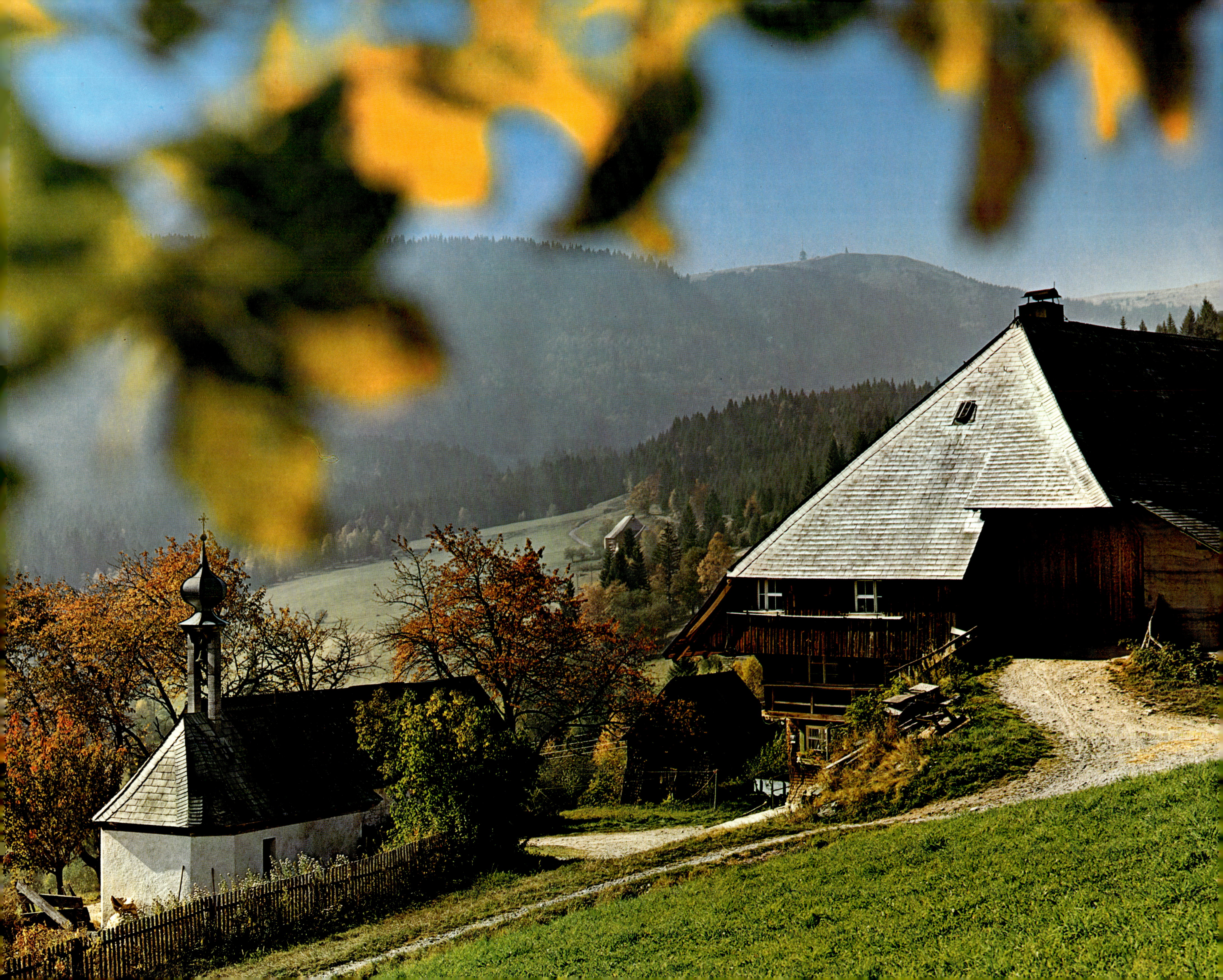

Die vielfältigen bunten Trachten des Schwarzwaldes (rechts) sind ein anmutiges Charakteristikum des Gebirges. Sie sind gleichzeitig auch Ausdruck der Verbundenheit seiner Bewohner zur Heimat. Obwohl der Schwarzwald zu den größten geschlossenen Trachtengebieten Deutschlands gehört, hat doch fast jedes Tal seine eigene Tracht. Dazu gehört vor allem das Kinzigtal im mittleren Schwarzwald mit seinen Nebentälern von Wolf, Harmersbach, Kirnbach und Gutach. Am bekanntesten, ja geradezu zu einem Symbol des Schwarzwaldes, ist der rote Gutacher Bollenhut geworden. Nicht weniger reizvoll sind die anderen Trachten, die im Nord- und Südschwarzwald getragen werden. Die Bevölkerung ist stolz auf ihre bodenständige, überlieferte Kleidung und so ist sie auch heute noch häufig zu sehen bei Kirchgang, kirchlichen Festen und besonders bei Auftritten der Trachtengruppen (unten rechts). Jeder Ort hat mindestens eine Blaskapelle (unten links), die den Einheimischen und Gästen aufspielt, denn es wird viel musiziert in den Tälern und auf den Höhen.

The many and varied forms of Black Forest costumes (right) are an attractive feature of the region. They are also an expression of the close ties which link the local inhabitants to their native soil. Although the Black Forest is one of Germany's largest areas throughout which national costumes are still worn, practically every valley boasts its own particular style. First and foremost of these is the Kinzig Valley in the Central Black Forest with its side-valleys of the Wolf, Harmersbach, Kirnbach and Gutach. The best-known form of this—it has, in fact, become symbolic of the Black Forest—is the Gutach hat with its red pompoms. But the other costumes, worn in the Northern and Southern Black Forest, are no less attractive. The people are proud of their traditional national dress which is still frequently worn for church services, on religious feast-days and, in particular, by costume groups for their performances (below, right). Each community has at least one brass band (below, left), which plays for visitors and locals alike, for music-making is a popular feature of both the valleys and the uplands.

Les costumes traditionnels colorés et variés de la Forêt-Noire (à droite) sont l'un des charmes caractéristiques de cette région montagneuse. Ils sont en même temps l'expression de l'attachement des habitants à leur pays. Bien que la Forêt-Noire soit l'un des plus importants ensembles folkloriques d'Allemagne, presque chaque vallée a son propre costume. C'est le cas surtout de la vallée de la Kinzig en Forêt-Noire moyenne et des vallées secondaires de la Wolf, du Harmersbach, du Kirnbach et de la Gutach. Le « Bollenhut » de Gutach est ainsi devenu presque un symbole de la Forêt-Noire. Les autres costumes portés au nord et au sud de la Forêt-Noire ont aussi beaucoup de charme. Les habitants sont fiers de ces costumes traditionnels que l'on porte encore souvent pour la messe du dimanche, les fêtes religieuses et surtout pour les fêtes folkloriques (en bas, à droite). Chaque village possède au moins un orchestre de cuivres (en bas, à gauche), qui se produit devant les gens du pays et les touristes, car l'on fait beaucoup de musique dans les vallées et sur les hauteurs de la Forêt-Noire.

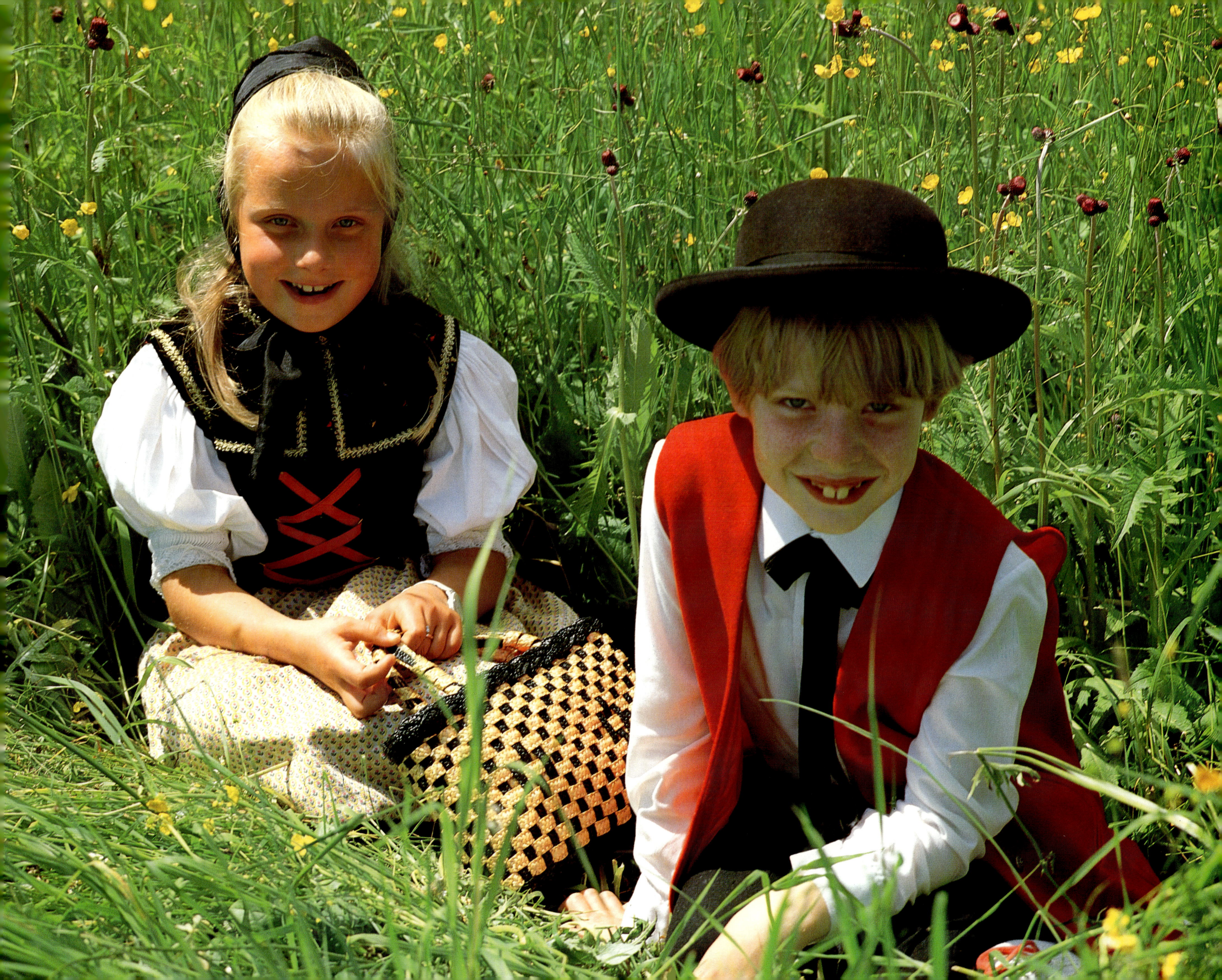

Der Schluchsee (unten und rechts), ursprünglich durch einen Moränenwall gebildet, wurde durch einen Damm im Jahre 1931 zu einer Länge von 7,3 km aufgestaut und ist seither der größte See des Schwarzwaldes. Das Gefälle vom See zum Hochrheintal wird in mehreren Staustufen durch 25 km lange, unterirdisch miteinander verbundene Druckstollen von Kraftwerken zur umweltfreundlichen Energiegewinnung genutzt. Bekannt ist der See jedoch als Attraktion für Badegäste, Wassersportler und Angler, die in seinem Wasser ihr Vergnügen finden. Alte Bauerngehöfte, Wiesen und Wälder, doch auch die Orte Aha, Schluchsee und Seebrugg spiegeln sich in seinen Wassern.

In 1931 the Schluchsee lake (below and right), originally formed within a ridge of moraine, was dammed to extend its length to 7.3 km; ever since then it has been the Black Forest's largest lake. The water from it descends to the Upper Rhine Valley for 25 km through a series of roller dams and subterraneously-interconnected pressure pipe-lines and is used by powerstations to produce energy in a way which does not harm the environment. The lake is, however, also well-known as an attractive spot where people can enjoy bathing, fishing and various water sports. Old farmsteads, woods, meadows and the villages of Aha, Schluchsee and Seebrugg are all reflected in its waters.

Le Schluchsee (en bas et à droite) qui s'est à l'origine formé grâce à un mur morainique, fut retenu en 1931 par un barrage qui en fit un lac de 7,3 km de long : il est, depuis lors, le plus grand lac de la Forêt-Noire. La différence de niveau entre le lac et la haute vallée du Rhin est utilisée par les centrales électriques pour produire de l'énergie sans polluer l'environnement, grâce à un système de barrages et un réseau de galeries souterraines long de 25 km. Mais le lac est surtout connu des baigneurs, des amateurs de sports nautiques et des pêcheurs. Des fermes anciennes, des prairies et des forêts, mais aussi les villages de Aha, Schluchsee et Seebrugg se reflètent dans ses eaux.

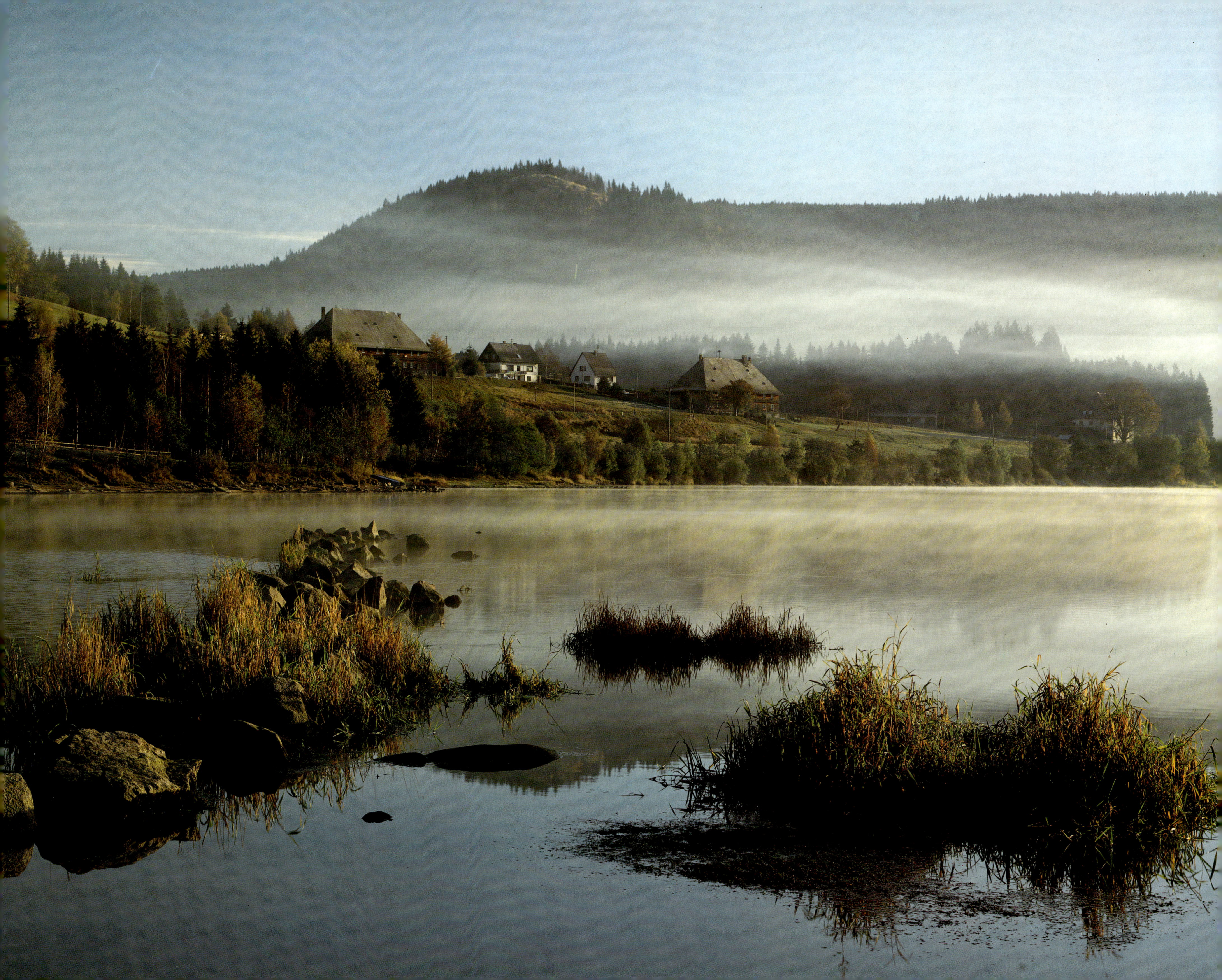

Idylle und Ruhe umgeben den Schlüchtsee (unten links), aus dem die Schlücht den Lauf durch ihr eindrucksvolles Tal beginnt, das sich hinunterzieht bis Waldshut-Tiengen. Als kleines Bächlein durchschlängelt sie den ländlichen Luftkurort Grafenhausen (unten rechts). Sonnige Hochflächen und weite Wald- und Naturschutzgebiete, durch die viele Wanderwege angelegt sind, zeichnen die Landschaft um Grafenhausen aus. In der Nähe des Ortes befindet sich die „Staatsbrauerei Rothaus", die einst zum Kloster St. Blasien gehörte und nach der Säkularisation in Staatsbesitz kam. Ebenfalls zu Grafenhausen gehörend und durchaus eine Sehenswürdigkeit ist das Heimatmuseum „Hüsli" (rechts), ein hübsches Schwarzwaldhaus, gekrönt von einem Glockentürmchen, in dem alte Schwarzwälder Volkskunst zu einer Sammlung zusammengetragen wurde. Einen großen Bekanntheitsgrad erreichte das „Hüsli" als Drehort der Fernsehserie „Schwarzwaldklinik".

The Schlüchtsee (below, left) is a quiet, delightful lake from which the River Schlücht emerges to pursue its course through its impressive valley as far as Waldshut-Tiengen. Still only a small brook, it meanders through the rural climatic health resort of Grafenhausen (below, right). Here the surrounding countryside is one of sunny uplands, vast forests and nature reserves crisscrossed by a myriad of footpaths. Near the resort is the "Rothaus State Brewery" which once belonged to the St. Blasien monastery and was nationalized after secularization. Also in Grafenhausen, and one of its main features, is the "Hüsli" local museum (right), a beautiful Black Forest house surmounted by a bell-tower and containing a collection of old examples of regional folk art. The "Hüsli" has become extremely well-known by virtue of the fact that part of the "Black Forest Clinic" television series was filmed here.

Un calme idyllique entoure le Schlüchtsee (en bas, à gauche), point de départ de la Schlücht dont la très belle vallée va jusqu'à Waldshut-Tiengen. C'est sous la forme d'un petit ruisseau qu'elle traverse paresseusement la station climatique de Grafenhausen (en bas, à droite). De hauts plateaux ensoleillés, de vastes réserves forestières et naturelles sillonnées d'innombrables sentiers de randonnée caractérisent le paysage autour de Grafenhausen. A proximité de la localité se trouve la « Brasserie d'Etat Rothaus », qui appartenait autrefois à l'abbaye de St-Blasien et devint propriété d'Etat après la sécularisation. Le Musée régional « Hüsli » (à droite), une véritable curiosité, fait également partie de Grafenhausen : c'est une jolie maison de la Forêt-Noire couronnée d'un clocheton, où l'on a constitué une collection d'objets anciens d'art populaire de la Forêt-Noire. Le « Hüsli » a acquis une grande célébrité depuis que l'on y a tourné la série télévisée « La clinique de la Forêt-Noire ».

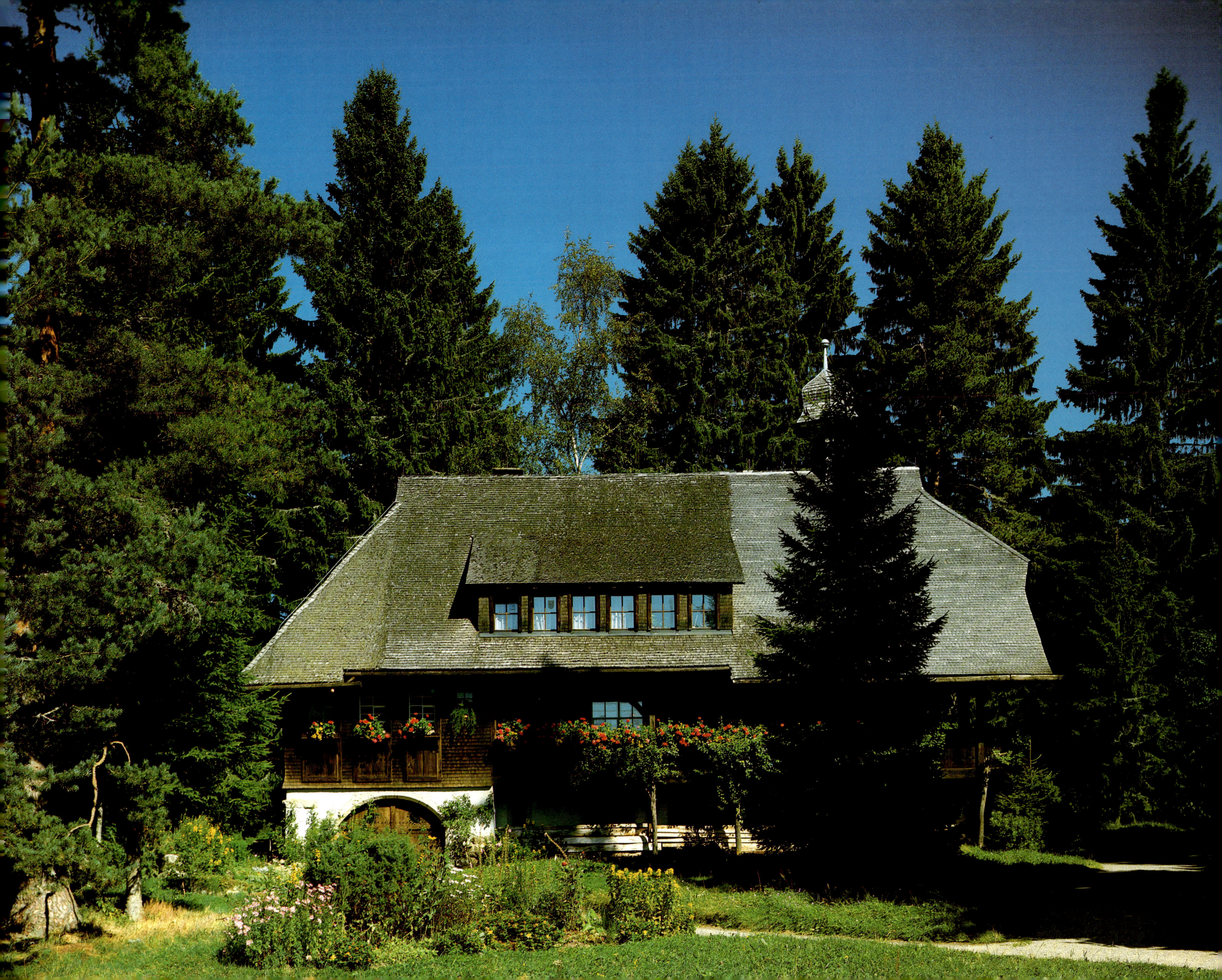

Der Luftkurort Bonndorf (unten rechts), im 13. Jahrhundert erstmals erwähnt, hat mit seinem 1592 erbauten Schloß, in dem Museen untergebracht sind und Konzerte stattfinden, eine attraktive Sehenswürdigkeit. Auf der Gemarkung des Ortes findet sich in der Wutachschlucht (unten links), die von Geologen als die eigenwilligste Schlucht Mitteleuropas bezeichnet wird, ein einmaliges Naturwunder. Die Kraft der wildströmenden Wutach höhlt den weichen Muschelkalk aus und verändert ständig Flußbett, Ufer und Steilhänge. Erdrutsche, umgestürzte Bäume, Felsbrocken und Wildwasser schaffen ein urtümliches Szenarium, in dem eine Vielfalt seltener geschützter Tiere und Pflanzen ihren Lebensraum gefunden haben. Eine Wanderung durch dieses hochinteressante Naturschutzgebiet ist ein Erlebnis besonderer Art. – Die hohen Granitfelsen unterhalb des Doppelortes Ühlingen-Birkendorf (rechts), durch die sich die Schlücht ihren Weg grub, sind ideale Übungswände für Bergkletterer.

An attractive feature of the climatic health resort of Bonndorf (below, right), first officially referred to in the 13th century, is its palace. Built in 1592, it houses museums and is the venue for various and concerts. On the outskirts of the resort is the Wutach Gorge (below, left), a unique natural phenomenon described by geologists as the strangest and most unusual ravine in Central Europe. The force of the turbulent, swift-flowing Wutach undermines the soft shell limestone so that the river bed, its banks and the steep slopes are constantly changing. Landslips, fallen trees, huge boulders and the turbulent water create a primeval scenario where a wide variety of rare, protected species of plants and animals have their habitat. A walk through this highly interesting nature reserve is a very special experience. The towering granite cliffs below Ühlingen-Birkendorf (right) through which the Schlücht dug its way are ideal for mountaineers to practise on.

La station climatique de Bonndorf (en bas, à droite), qui est mentionnée pour la première fois au 13ème siècle, possède une véritable curiosité avec son château construit en 1592 et où ont été aménagés des musées. Des concerts y sont également organisés. A la limite de la station, dans les gorges de la Wutach, que les géologues considèrent comme le ravin le plus curieux d'Europe centrale, on peut assister à une véritable merveille naturelle: les eaux de la Wutach creusent le tendre calcaire conchylien et transforme en permanence le lit de la rivière, les rives et parois rocheuses. Glissements de terrain, arbres renversés, blocs de rochers et eaux sauvages créent ici un paysage primitif où vivent une grande variété d'animaux et de plantes rares et protégés. Une randonnée dans cette réserve naturelle du plus haut intérêt est une découverte passionnante. Les hauts rochers de granit, en contrebas du village double d'Ühlingen-Birkendorf (à droite), entre lesquels la Schlücht a creusé son lit, sont des parois idéales pour les amateurs d'escalade.

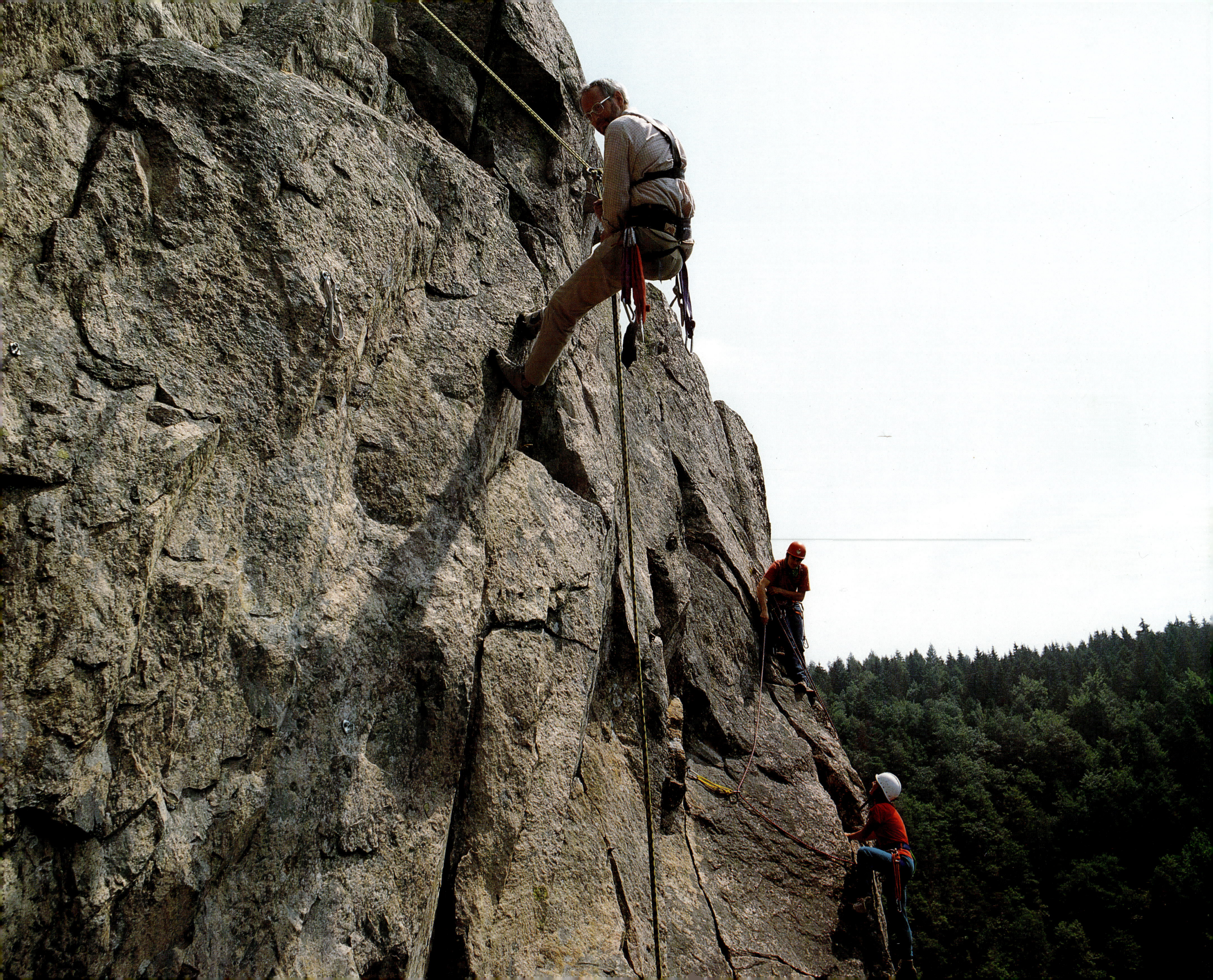

Eine sonnige, idyllische Lage, ein schönes, geschlossenes Ortsbild, hohe Luftreinheit bei mildem Reizklima und eine ideale Umgebung zum Wandern sind die Vorzüge des Luftkurortes Häusern (rechts). – Der Luftkurort und Wintersportplatz Menzenschwand (unten links) liegt in einem Hochtal am sonnenreichen Südhang des Feldbergs, welches besonders durch seine stattlichen Höfe und die malerisch wilde Kulisse des Feldbergmassivs beeindruckt. – Höchenschwand (unten rechts, oben), das „Dorf am Himmel", bekannter heilklimatischer Kurort, Wintersportplatz und höchstgelegenes Pfarrdorf, besticht durch seine unvergleichliche Lage auf einem Hochplateau, die eine großartige Aussicht auf die Alpenkette gewährt. Mildes Reizklima und eine hohe Sonnenscheindauer auch im Winter machen Höchenschwand zu einem idealen Kurort. – Eingebettet im geschützten Tal der Alb liegt St. Blasien (unten rechts, unten), der älteste und traditionsreichste heilklimatische Jahreskurort und Kneippkurort im südlichen Schwarzwald. Das Stadtbild wird beherrscht von der 64 m hohen Kuppelkirche, der viertgrößten der Erde, die zu dem einst mächtigen, aus dem 10. Jahrhundert stammenden Benediktinerkloster gehört.

The climatic health resort of Häusern (right) has many advantages, notably a delightful, sunny position, a neat and compact aspect, a high degree of air purity, a mild climate and surroundings which are ideal for walking. – The climatic health resort and winter sports centre of Menzenschwand (below, left) lies in an upland valley on the sunny southern slopes of the Feldberg; it is a particularly impressive scene with its handsome farmsteads and the wild, romantic Feldberg massif in the background. – Höchenschwand (below, right and above), the "village in the sky", is well-known as a climatic health resort, a winter sports centre and the highest parish in Germany; it is notable for its incomparable position on an elevated plateau which provides a marvellous view of the Alpine mountain-chain. It is an ideal spa, thanks to its mild yet bracing climate and prolonged periods of sunshine, even in winter. – Nestling in the sheltered Alb Valley is St. Blasien (below, right and below), the oldest and most traditional all-year climatic health resort and hydropathic spa in the Southern Black Forest. The townscape is dominated by the 64 m-high domed church, the fourth largest in the world and which belongs to the once powerful 10th century Benedictine monastery.

Une situation ensoleillée et idyllique, un ensemble d'habitations harmonieux, une grande pureté de l'air et un climat doux et tonique, un environnement pour la randonnée, tels sont les avantages dont bénéficie la station climatique de Häusern (à droite). La station climatique et de sports d'hiver de Menzenschwand (en bas, à gauche) est située dans une haute vallée sur le flanc sud très ensoleillé du Feldberg; elle impressionne le promeneur par ses fermes imposantes et le décor sauvage du massif du Feldberg. Station climatique réputée, station de sports d'hiver, Höchenschwand (en bas, à droite, en haut), « village près du ciel », ainsi nommé parce qu'il est la paroisse la plus haute de la Forêt-Noire, séduit par sa situation incomparable sur un haut plateau offrant un panorama grandiose sur la chaîne des Alpes. Un climat doux et tonique et un fort ensoleillement même en hiver font de Höchenschwand un lieu de cure idéal. Nichée au creux de la vallée de l'Alb, St-Blasien (en bas, à droite, en bas) est la station climato-thérapique et de cures Kneipp la plus ancienne et la plus riche en traditions de la Forêt-Noire du Sud. L'église à coupole haute de 64 m (elle est au quatrième rang mondial par sa taille), qui fait partie de l'abbaye des Bénédictins datant du 10ème siècle, se dresse au-dessus de la ville.

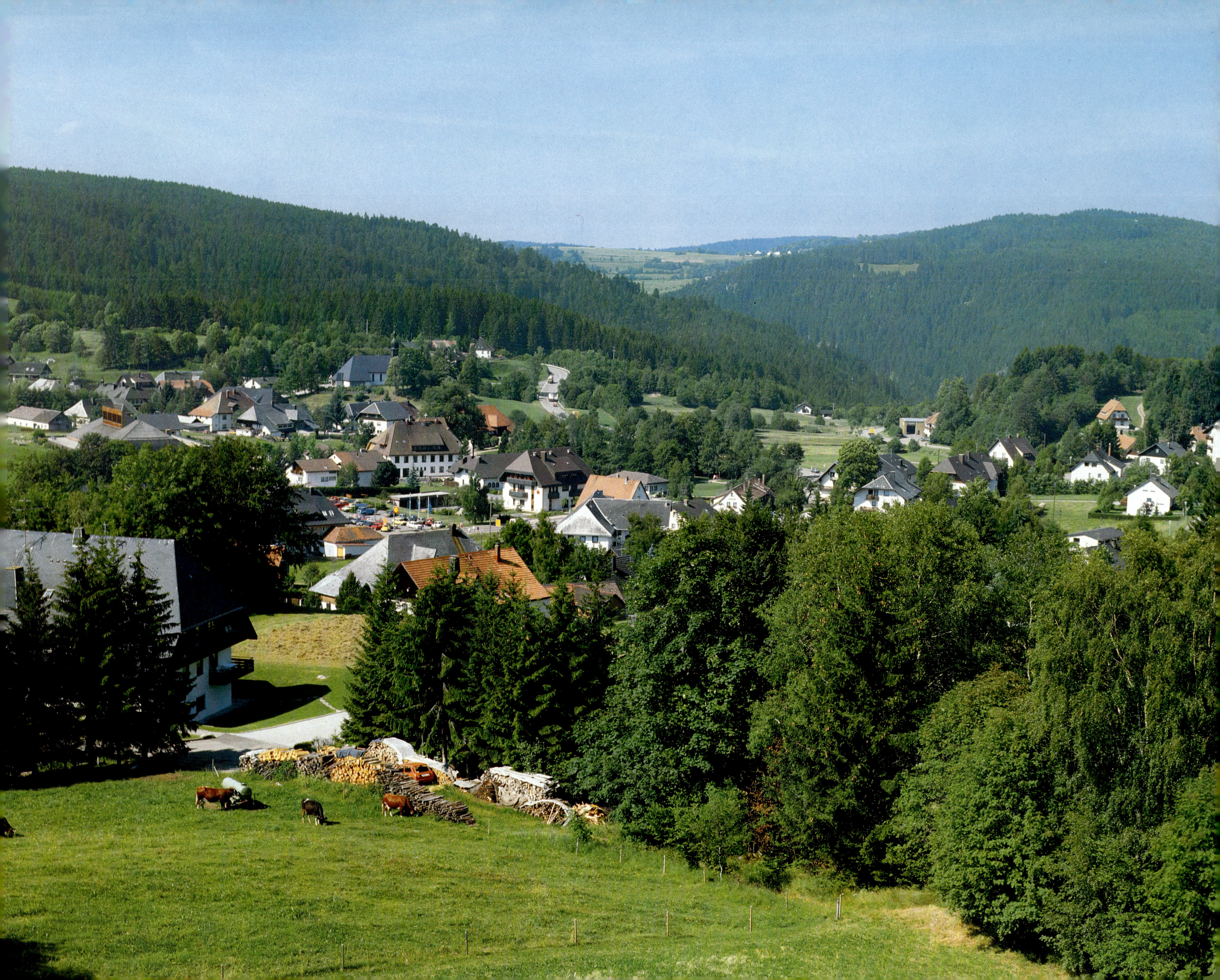

Am Hochrhein, an den Ausläufern des Hotzenwaldes, liegen zwei traditionsreiche Städte:
Bad Säckingen (unten links) mit den beiden Wahrzeichen, dem doppeltürmigen St.-Fridolins-Münster und der seit dem Jahre 1580 bestehenden gedeckten Holzbrücke über den Rhein. Zur Erinnerung an den Alemannenapostel Fridolin, der hier im Jahre 500 eine Missionszelle einrichtete – auf die die Stadtgründung zurückgeht –, erhielt das Münster, das einen wertvollen Kirchenschatz beherbergt, seinen Namen. Bekannt wurde die Stadt durch das Versepos „Der Trompeter von Säckingen" von Josef Viktor von Scheffel. Bad Säckingen ist das jüngste Heilbad des Schwarzwaldes.
Waldshut (unten rechts) strahlt mit den stolzen Bürgerhäusern in seiner Altstadt und seinen zwei Stadttoren (15. Jahrhundert), dem Rathaus und den einstigen Zunfthäusern, die den langgezogenen Marktplatz säumen, noch eine fast mittelalterliche Atmosphäre aus. Ihrer strategisch wichtigen Lage wegen hatte die 1242 gegründete Stadt vielen Überfällen standzuhalten, so auch einer Belagerung durch die Eidgenossen 1468. Zur Erinnerung an diesen erfolgreichen Widerstand feiern die Waldshuter mit der „Chilbi" jedes Jahr ein großes Fest.
Rechts: Blick auf Herrischried, einen der Hauptorte des Hotzenwaldes mit seiner schlichten zweitürmigen Kirche.

There are two townships, steeped in tradition, situated in the foothills of the Hotzenwald Forest on the Upper Rhine:
One is Bad Säckingen (below, left) with its two landmarks, the twin-spired Minster of St. Fridolin and the covered timber bridge, built in 1580, spanning the Rhine. The Minster, which contains valuable ecclesiastical treasures, derives its name in commemoration of the Alemannic apostle Fridolin who established a missionary outpost here around the year 500; this was the origin of the town itself, which became famous through Josef Viktor von Scheffel's epic poem "The Trumpeter of Säckingen". Bad Säckingen is the Black Forest's "youngest" spa.
The second is Waldshut (below, right) which, with its stately dwelling-houses in the Old Town, its two 15th century gateways, its Town Hall and the former guild-halls lining the long market-square, still exudes an almost medieval atmosphere. Because of its strategically important position the town, founded in 1242, had to withstand many attacks including, for example, a siege by the Swiss Confederation in 1468. In memory of the town's successful resistance the inhabitants of Waldshut hold a great annual celebration known as the "Chilbi". Right: a view of Herrischried, one of the chief towns in the Hotzenwald, with its simple, twin-spired church.

Deux villes de longue tradition se sont développées dans la région du Rhin supérieur bordant les contreforts de l'Hotzenwald:
Bad Säckingen (en bas, à gauche) possède deux emblèmes, la cathédrale à deux tours St-Fridolin et le pont couvert sur le Rhin datant de 1580. C'est l'apôtre aleman St-Fridolin qui créa ici vers l'an 500 une mission à la cathédrale abritant un trésor de grande valeur. La ville dut sa célébrité à une épopée en vers de Josef Viktor von Scheffel, « le joueur de trompette de Säckingen ». Bad Säckingen est la plus jeune des stations thermales de Forêt-Noire.
Waldshut (en bas, à droite), avec ses fières maisons bourgeoises de la vieille ville, ses deux portes du 15ème, son hôtel de ville et les anciennes maisons des corporations bordant la longue Place du Marché, a conservé une atmosphère presque médiévale. En raison de sa situation stratégique, la ville fondée en 1242 dut résister à de nombreux assauts, dont un siège soutenu en 1468 par les Conjurés. C'est en souvenir de cette résistance victorieuse que les habitants célèbrent chaque année une grande fête, le « Chilbi ».
A droite: vue sur Herrischried, l'une des principales localités du Hotzenwald, et son église à deux tours, de style très sobre.

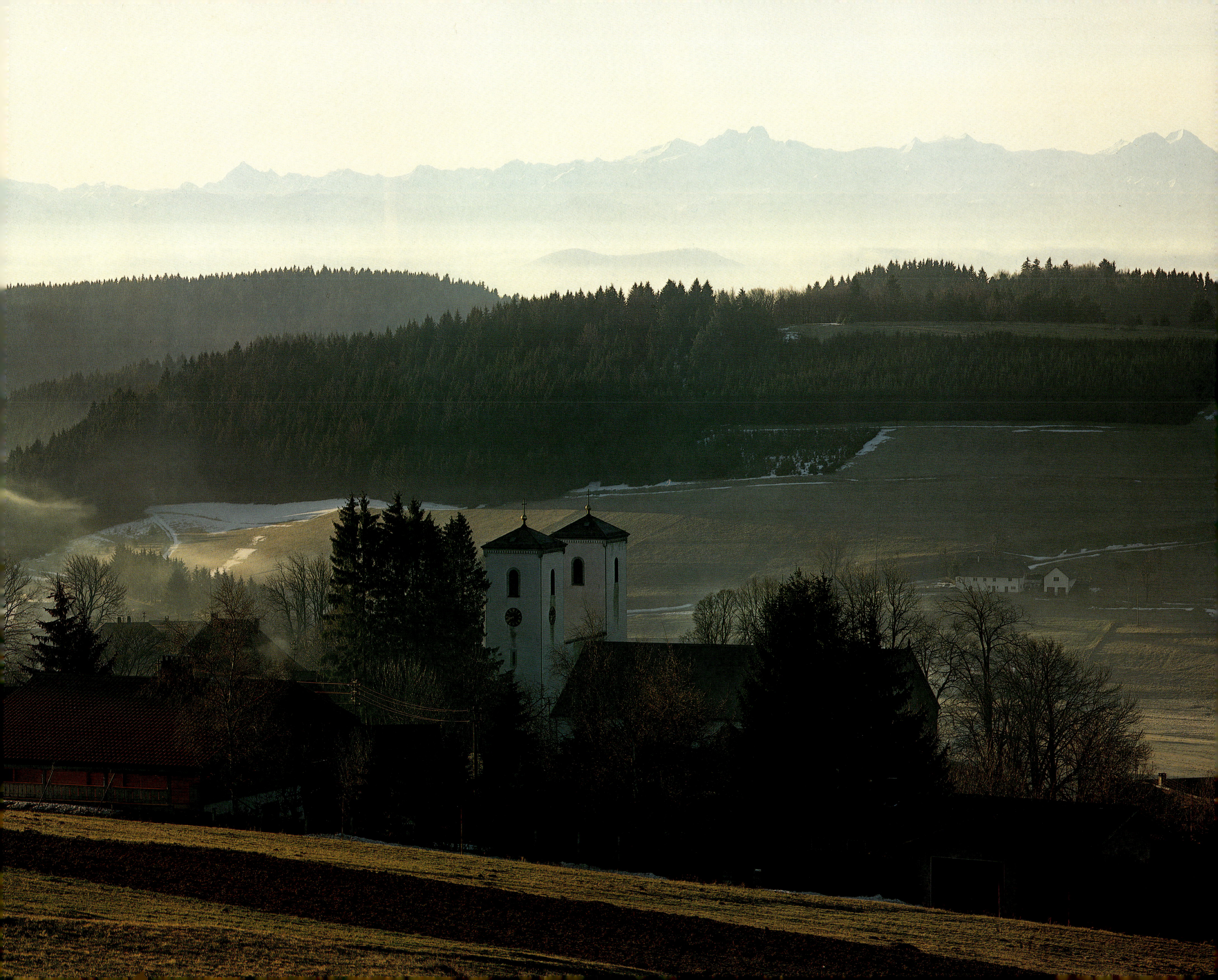

Der Hotzenwald, begrenzt vom Hochrhein und den beiden Städten Bad Säckingen und Waldshut im Süden, zieht sich bis vor Todtmoos und St. Blasien im Norden. Seine ruhige und alltagsferne Landschaft mit der prächtigen Kulisse der nahen Schweizer Alpen übt einen ganz besonderen Reiz aus. Die bewegte Geschichte ist gekennzeichnet vom großen Freiheitswillen der Hotzenwälder, der sich besonders gegen die harte, vom Kloster St. Blasien ausgehende Herrschaft richtete. Die Menschen hier hängen am Überkommenen, weshalb auch die alten Hotzenwälder Bauerntrachten noch oft zu sehen sind. Mit Dachsberg, Görwihl, Herrischried und Rickenbach als den Hauptorten finden sich auf der „Sonnenterrasse" des südlichen Schwarzwaldes freundliche, gern besuchte Erholungs- und Luftkurorte, die alle eines gemeinsam haben: die herrliche Lage mit idealen Wandermöglichkeiten (rechts: am Albsee), Ruhe, mildes Reizklima und eine bodenständige und doch weltoffene Bevölkerung (unten links: Heuernte in Dachsberg, unten rechts: Besuch beim Köhler in Wittenschwand, einer Teilgemeinde von Dachsberg).

The Hotzenwald Forest, bounded by the Upper Rhine and the two towns of Bad Säckingen and Waldshut in the south, extends northwards as far as the outskirts of Todtmoos and St. Blasien in the north. It is a quiet and secluded countryside which, with the magnificent backdrop of the nearby Swiss Alps, has a special charm all its own. Its turbulent history is characterized by its inhabitants' overweening desire for freedom—a feeling directed in particular against the harsh domination imposed by the St. Blasien monastery. The people here are mindful of tradition, which is why the old Hotzenwald peasant costumes are often to be seen. Many popular and attractive holiday and climatic health resorts such as Dachsberg, Görwihl, Herrischried and Rickenbach are to be found here on the Southern Black Forest's "sun terrace". All have this in common: a magnificent situation, ideal for walks (right: by the Alb lake), peace and quiet, a mild yet bracing climate and a populace which, though steeped in local tradition, is receptive to the outside world (below, left: hay harvest in Dachsberg; below, right: visit to a charcoal-burner in Wittenschwand, a district of Dachsberg).

L'Hotzenwald, délimité au sud par le Hochrhein et par les deux villes de Bad Säckingen et de Waldshut, s'étend vers le nord jusqu'à Todtmoos et St-Blasien. C'est une région calme et protégée de l'agitation quotidienne et à laquelle l'arrière-plan des Alpes suisses proches confère un charme particulier. Son histoire mouvementée est caractérisée par la volonté d'indépendance de ses habitants, dirigée en particulier contre la domination impérieuse du couvent de St-Blasien. Les gens sont ici attachés aux traditions, ce qui explique que l'on rencontre encore souvent les anciens costumes traditionnels de l'Hotzenwald. Dachsberg, Görwihl, Herrischried et Rickenbach en sont les principales villes, stations de vacances et stations climatiques accueillantes situées sur la « terrasse au soleil » de la Forêt-Noire du Sud et qui ont toutes un point commun: une situation magnifique offrant des conditions de randonnées idéales (à droite, au bord du Lac Albsee), le calme, un climat doux et tonique et des habitants à la fois attachés à leur pays et ouverts au monde extérieur (en bas, à gauche: fenaison à Dachsberg; en bas, à droite: visite chez le charbonnier de Wittenschwand, commune rattachée à Dachsberg).

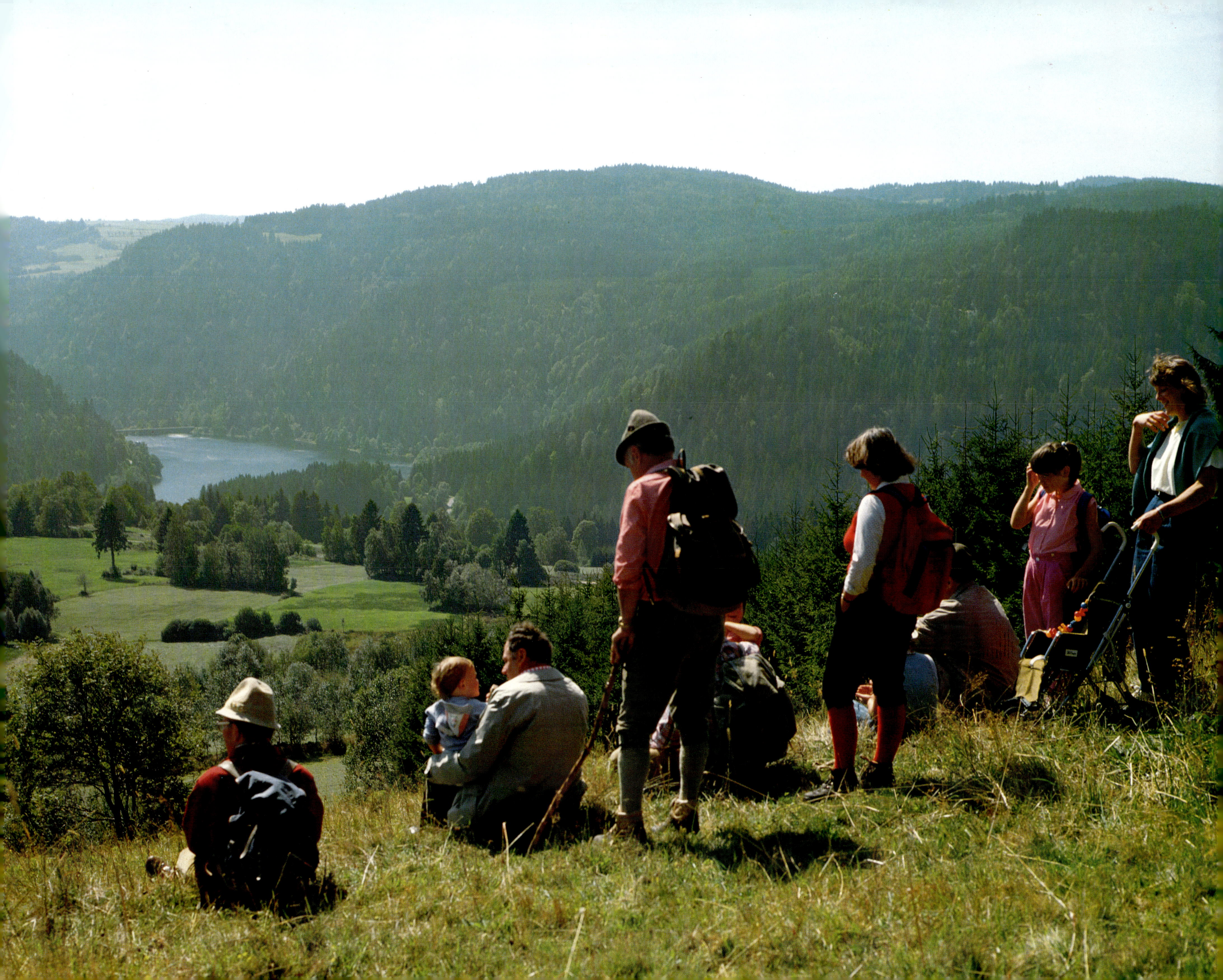

Der Feldberg (unten), der König der Schwarzwaldberge, subalpine Insel, hier aus ungewöhnlicher Sicht vom Hubschrauber aus. Mit seinen 1494 Metern überragt er alle anderen Schwarzwaldberge und hat als Touristen- und Erholungsgebiet, besonders aber als Wintersportzentrum größte Bedeutung. Von seinen baumlosen Kuppen geht ein einzigartiger Blick weit über die ihn umgebenden Berge bis zur Alpenkette, bei guter Fernsicht von der Zugspitze bis zum Montblanc. Das gesamte Feldbergmassiv, an dem fünf Flüsse ihre Quellen haben, ist Naturschutzgebiet mit seltenen alpinen und arktischen Pflanzen. Die 1936 aus der Steiermark eingesetzten Gemsen, die sich seither freudig vermehrt haben, fühlen sich in dieser Berglandschaft offensichtlich wohl. Das emsige Leben und Treiben an einem „Skisonntag" auf dem Feldberg, wo Tausende von Skibegeisterten mit Autos und Bussen ankommen, verliert sich in seiner näheren Umgebung bald, wie hier an der Menzenschwander Hütte (rechts), einem gemütlichen Gasthaus, das aus einer früheren Schutzhütte hervorging.

The Feldberg (below), a sub-Alpine peak and "king" of the Black Forest mountains, is seen here from an unusual angle in a picture taken from a helicopter. 1494 metres high, it overtops all the other peaks in the Black Forest; it is extremely important as a recreational and tourist area and particularly so as a winter sports centre. From its bare, rounded summit there is a superb view far across the surrounding mountains to the Alpine chain—in good visibility from the Zugspitze to Mont Blanc. The entire Feldberg massif, on which five rivers have their source, is a nature reserve with rare Alpine and Arctic plants. The chamois which were introduced here from Styria in 1936 have bred happily and obviously feel at home in this mountainous region. The hustle and bustle of a "skiing Sunday" on the Feldberg, when thousands of enthusiastic skiers arrive by car and coach, is soon forgotten in the nearby surroundings—at the Menzenschwander Hütte, for example (right), a pleasant inn converted out of a former mountain shelter.

Le Feldberg (en bas), roi des monts de la Forêt-Noire, île subalpine, vu ici d'hélicoptère sous un angle inhabituel. Avec ses 1494 m, il domine tous les autres massifs de la région et a une importance considérable en tant que lieu de détente, mais surtout en tant que centre de sports d'hiver. Le panorama que l'on découvre de ses sommets dénudés sur les monts qui l'entourent et sur la chaîne des Alpes – par temps clair de la Zugspitze au Mont Blanc – est absolument unique. L'ensemble du massif du Feldberg, où cinq fleuves prennent leur source, est un site protégé où poussent des plantes alpines et arctiques rares. Les chamois, transportés en 1936 de Carinthie, s'y sont depuis très rapidement reproduits et se sentent apparemment bien dans cette région montagneuse. L'animation qui règne les « dimanches de ski » sur le Feldberg où se rendent des milliers d'amateurs de ski, en voiture et en bus, s'apaise dans les proches environs, comme ici dans la Menzenschwander Hütte (à droite), auberge paisible qui était autrefois un refuge de montagne.

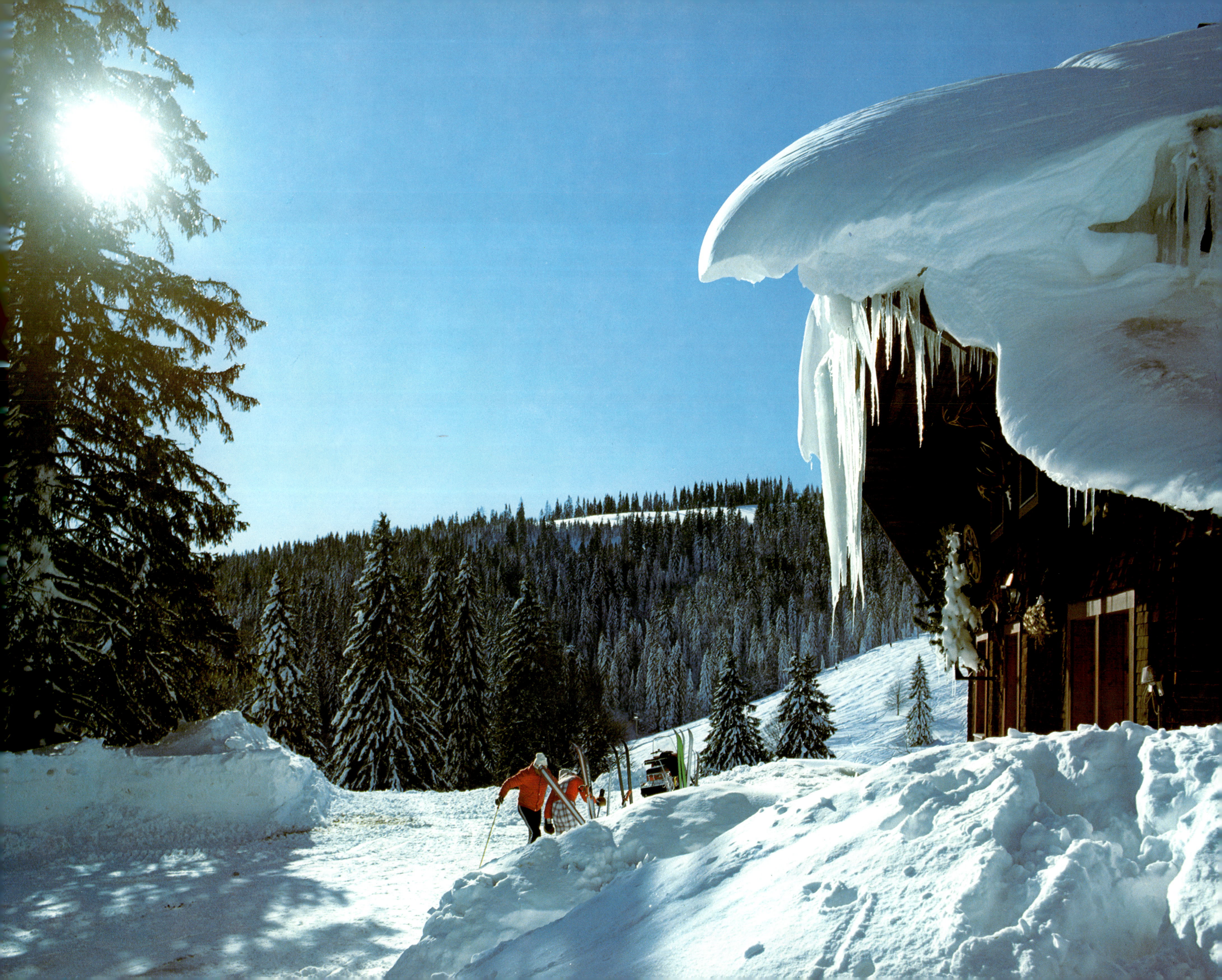

Der Schwarzwaldwinter mit seiner verzauberten Landschaft und seinen unzähligen Wintersportmöglichkeiten hat viele begeisterte Freunde. Die schönsten Hänge, mit unterschiedlich schwierigen, präparierten Pisten, Liften und Flutlicht (unten links: am Notschrei) sind Treffpunkt der Abfahrtsläufer. Naturen, die es ruhiger mögen, ziehen allein oder in Gruppen auf den schön angelegten Loipen ihre Bahn (unten rechts: am Belchen). Eissportlern werden Natur- und Kunsteisbahnen geboten. Große Veranstaltungen wie z. B. Weltcuprennen im Riesenslalom, welche in Fahl bei Todtnau ausgetragen werden, oder die internationalen Hundeschlittenrennen in Bernau (rechts) und Todtmoos bringen Tausende von Zuschauern auf die Beine. Wer denkt wohl beim Anblick der heutigen Wintersportler mit ihrer modernen Ausrüstung noch an die ersten Skifahrer, die sich, nach der Gründung des ersten deutschen Skiclubs 1892 in Todtnau, hier im Hochschwarzwald in ihrem neuen, abenteuerlichen Sport im unpräparierten Tiefschnee abmühten?

The Black Forest winter with its enchanted scenery and its countless winter sports facilities has many enthusiastic supporters. Keen skiers congregate on the finest slopes with their lifts, floodlighting and downhill runs of varying degrees of difficulty (below, left: at the Notschrei). The less energetic go off alone or in groups along the well laid-out cross-country tracks (below, right: on the Belchen). Both natural and artificial ice skating-rinks are available. Major events such as World Cup slalom-racing in Fahl near Todtmoos and the international sledge-dog races in Bernau (right) and Todtmoos attract thousands of spectators. Does anyone, watching today's skiing enthusiasts with their modern equipment, ever spare a thought for the first skiers who, after the establishment of the original German skiing-club in Todtnau in 1892, wearily practised their new, adventurous sport in deep, unprepared snow here in the Upper Black Forest?

L'hiver en Forêt-Noire, avec ses paysages de rêve et ses innombrables possibilités de sports d'hiver, a de fervents adeptes. Les très belles pistes bien damées et de difficultés variées, les téléskis et les pistes éclairées le soir (en bas, à gauche, près du Notschrei) sont le rendez-vous des skieurs. Ceux qui préfèrent les endroits plus calmes font seuls ou en groupe leur chemin sur les pistes de fond bien tracées (en bas, à droite, au Belchen). Les amateurs de patinage sur glace ont le choix entre les patinoires naturelles et artificielles. De grandes manifestations, par exemple la Coupe du monde de slalom géant, organisées à Fahl près de Todtnau, ou les courses de chiens de traîneaux de Bernau (à droite) attirent des milliers de spectateurs. Quand on voit aujourd'hui les skieurs dans leur équipement moderne, qui pense encore aux premiers skieurs qui, ici en Forêt-Noire après la fondation du premier club de ski allemand de Todtnau en 1892, se donnaient bien de la pleine pour pratiquer dans la neige profonde leur nouveau sport plein d'imprévu?

Matzinger ZIEL Matzinger
ZIEL
BERNAU
ZIEL
BERNAU
Matzinger
46

Die freie Hochfläche auf dem Bergrücken des Schauinsland bietet Wanderern und Autotouristen beidseits der Wege und Straßen ein herrliches Panorama (unten links das St.-Wilhelmer-Tal, welches mit einem kaum begehbaren Urwald, dem Bannwald Napf, seinen Abschluß findet). Schief gewachsene Wetterbuchen (unten rechts) säumen die Wanderwege und zeigen, wie heftig hier der Westwind wehen kann. – Der Blick auf das malerische Hofsgrund (rechts), in dem sich schöne alte Schauinslandhäuser an die Flanken des Berges drücken, läßt seine frühere Bedeutung als Bergwerkssiedlung fast vergessen. In diesen Berg, früher auch Erzkasten genannt, wurden seit dem 13. Jahrhundert insgesamt 40 km lange Stollen getrieben, um die einst ergiebigen Vorkommen von Silber, Blei und Zink abzubauen, die Freiburg, als den Eigentümer dieser Gruben, zu Wohlstand kommen ließen. Eines der farbenprächtigen Glasfenster im Freiburger Münster weist auf den früher so bedeutenden Bergbau hin. Ein Sonnenforschungsinstitut von der Fraunhofer-Gesellschaft, 1942 gegründet, wurde hier am Nordhang des Schauinsland der guten Sicht wegen eingerichtet.

The bare ridge along the Schauinsland mountain provides hikers and motorists with magnificent uninterrupted panoramic views on both sides of the roads and footpaths (below, left: the St. Wilhelmertal Valley which ends in the Napf, an almost impenetrable protected region of primeval forest). The footpaths are lined with crooked beech-trees (below right), showing how strongly the west wind can blow here. – This view of Hofsgrund (right), where fine old Schauinsland houses huddle against the mountainside, almost makes one forget its former importance as a mining settlement. From the 13th century onwards a total of 40 kilometres of galleries were driven into this mountain (formerly also known as the "ore box") in order to extract the once lucrative deposits of silver, lead and zinc which brought prosperity to Freiburg as the mines' owner. One of the colourful stained-glass windows in Freiburg Minster depicts this once so important mining industry. A solar research institute, founded in 1942 by the Fraunhofer Association, was established here on the northern slope of the Schauinsland because of the good visibility.

Le vaste haut plateau qui est situé sur la crête montagneuse du Schauinsland offre un superbe panorama aux voyageurs et aux automobilistes qui circulent des deux côtés des chemins et des routes (en bas, à gauche, la vallée de St-Wilhelm qui se termine par une région de forêts pratiquement impénétrables, le Bannwald Napf). Des hêtres au tronc penché (en bas, à droite) bordent les sentiers de randonnée et montrent la force du vent d'ouest dans cette région. La vue que l'on a sur Wolfsgrund (à droite) où les belles maisons anciennes du Schauinsland se blottissent contre les flancs de la montagne, fait oublier que la ville fut autrefois un centre minier important. Dès le 13ème siècle, on creusa dans la montagne un réseau de 40 km de galeries pour exploiter les riches gisements d'argent, de plomb et de zinc. Cette exploitation fit la richesse de Fribourg qui possédait ces mines, et l'un des superbes vitraux de la cathédrale rappelle cette exploitation minière autrefois si importante. Un institut de recherches solaires de la Société Fraunhofer, fondé en 1942, a été installé sur les pentes nord du Schauinsland en raison de la qualité de la visibilité.

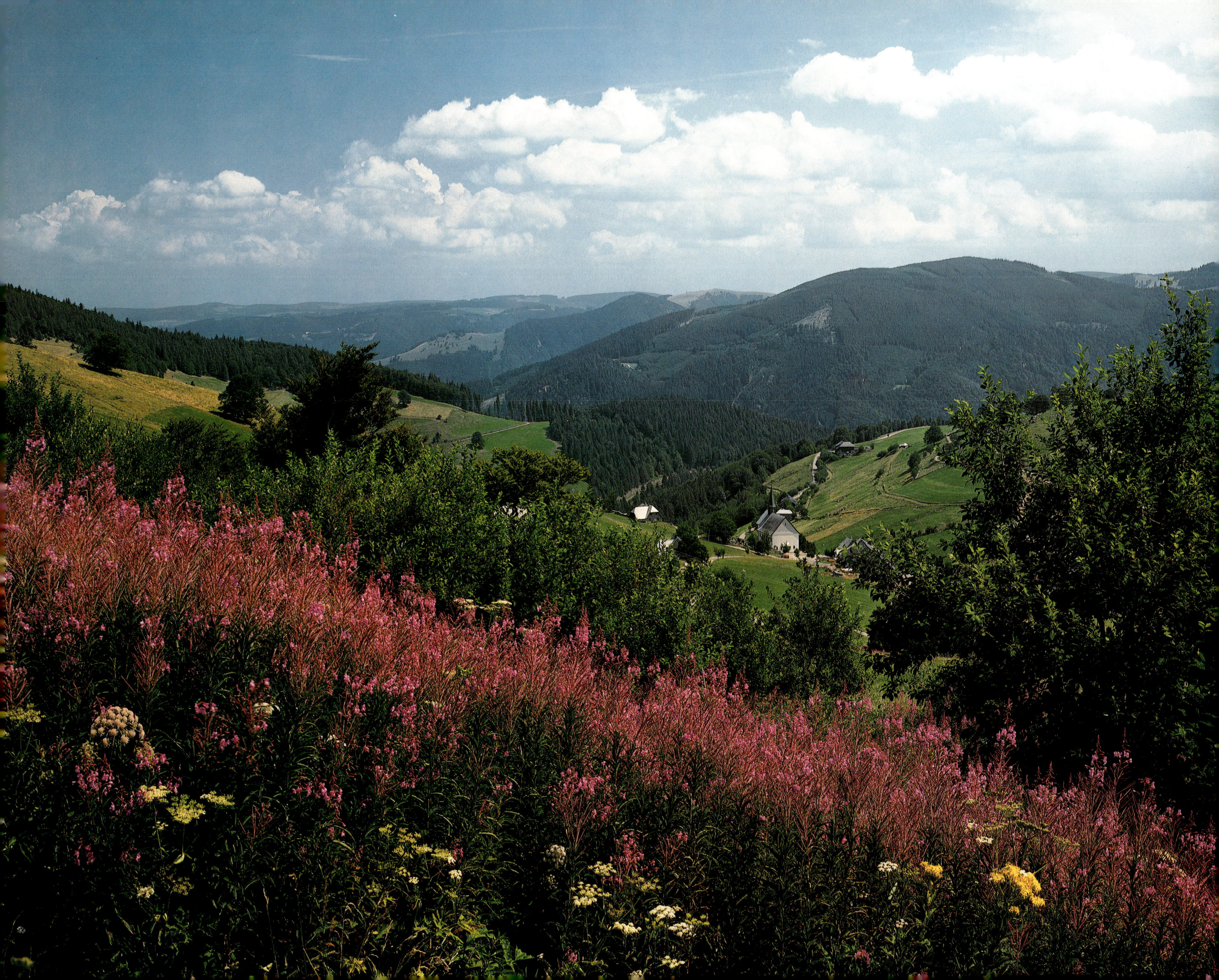

Die Straße vom Schauinsland über den Notschrei ins Wiesental erschließt eine besonders urwüchsige Landschaft. Der weite Talkessel von Präg (rechts), in dem eine Gruppe von großdächigen Schwarzwaldhöfen „beieinanderhockt", läßt die Tätigkeit der sieben Eiszeitgletscher noch deutlich erkennen. – Aus 13 verstreut liegenden Weilern und Ortsteilen ist der heilklimatische Kurort Todtmoos (unten links) zusammengewachsen. Die Wallfahrtskirche Mariä Himmelfahrt, die aus einer Gnadenkapelle von 1255 hervorging, beherrscht das waldreiche obere Wehratal. Ein modernes, in die Landschaft passendes Kurhaus sowie die Meisterschaften im Schlittenhunderennen sind die jüngeren Attraktionen des Ortes. – Eine Wanderung ins Hochtal von Ibach ist nicht nur zur Zeit der Wollgrasblüte (unten rechts, oben) besonders lohnend. – Der Luftkurort und Wintersportplatz Bernau ist bekannt durch seine freie, sonnige Lage in einem weiträumigen Hochtal, wo es sich herrlich wandern läßt; er ist auch als Heimatort des Malers Hans Thoma berühmt. Im Hans-Thoma-Museum im Bernauer Rathaus (unten rechts, unten) gibt eine ständige Ausstellung Einblick in sein Schaffen. Die Sammlung im Holzschneflermuseum Resenhof weist auf die frühere Beschäftigung der Talbewohner als Holzschnitzer hin.

The road from the Schauinsland via the Notschrei and down into the Wiesental Valley traverses a particularly wild, primeval countryside. The deep valley basin of Präg (right), in which a group of large-roofed Black Forest farmsteads stand "cheek by jowl", clearly reveals the work of the seven Ice Age glaciers. – The climatic health resort of Todtmoos (below, left) has been formed out of 13 scattered hamlets and local communities. The pilgrims' Church of the Assumption of the Blessed Virgin, which originated as a pilgrims' chapel built in 1255, dominates the wooded Upper Wehra Valley. Among the resort's more recent attractions are the modern Kurhaus, which merges harmoniously into its surroundings, and the sledge-dog racing championships. – A walk into the Ibach upland valley is a rewarding experience, especially when the cotton-grass is in flower (below, right and above). – The climatic health resort and winter sports centre of Bernau is noted for its open, sunny position in a spacious upland valley where there are marvellous walks; it is also famous as the home of the painter Hans Thoma. There is a permanent exhibition of his works in Bernau Town Hall (below, right and below). The collection of exhibits in the Resenhof Museum reminds us of the valley people's erstwhile activities as wood-carvers.

La route du Schauinsland qui passe par le Notschrei et mène à la vallée de la Wiese fait découvrir un paysage particulièrement sauvage. Le large cirque de la vallée de Präg (à droite) où les fermes imposantes au large toit sont tassées les unes auprès des autres montre encore nettement les marques de l'activité des sept glaciers qui existaient là à l'ère glaciaire. La station climatique de Todtmoos (en bas, à gauche) s'est constituée à partir de treize hameaux et localités dispersés. L'église de pèlerinage « Mariä Himmelfahrt », à l'origine chapelle érigée en 1225 en l'honneur de la Vierge, domine la vallée supérieure de la Wehra et ses vastes forêts. Un kurhaus ainsi que les courses moderne qui s'intègre bien au paysage, de chiens de traîneaux sont les attractions les plus récentes de la station. On ne saurait trop recommander également une randonnée dans la haute vallée de l'Ibach, et pas uniquement à l'époque où fleurit la linaigrette (en bas, à droite, en haut). La station climatique et de sports d'hiver de Bernau est connue pour son site dégagé et ensoleillé, dans une haute vallée largement ouverte où les randonnées sont un véritable plaisir. C'est aussi le pays du peintre Hans Thoma. Au Musée Hans Thoma, qui se trouve dans l'hôtel de ville de Bernau, une exposition permanente permet de découvrir l'œuvre du peintre (en bas, à droite). Les collections d'objets en bois taillé du Musée Resenhof montrent l'une des plus anciennes activités des habitants de la vallée.

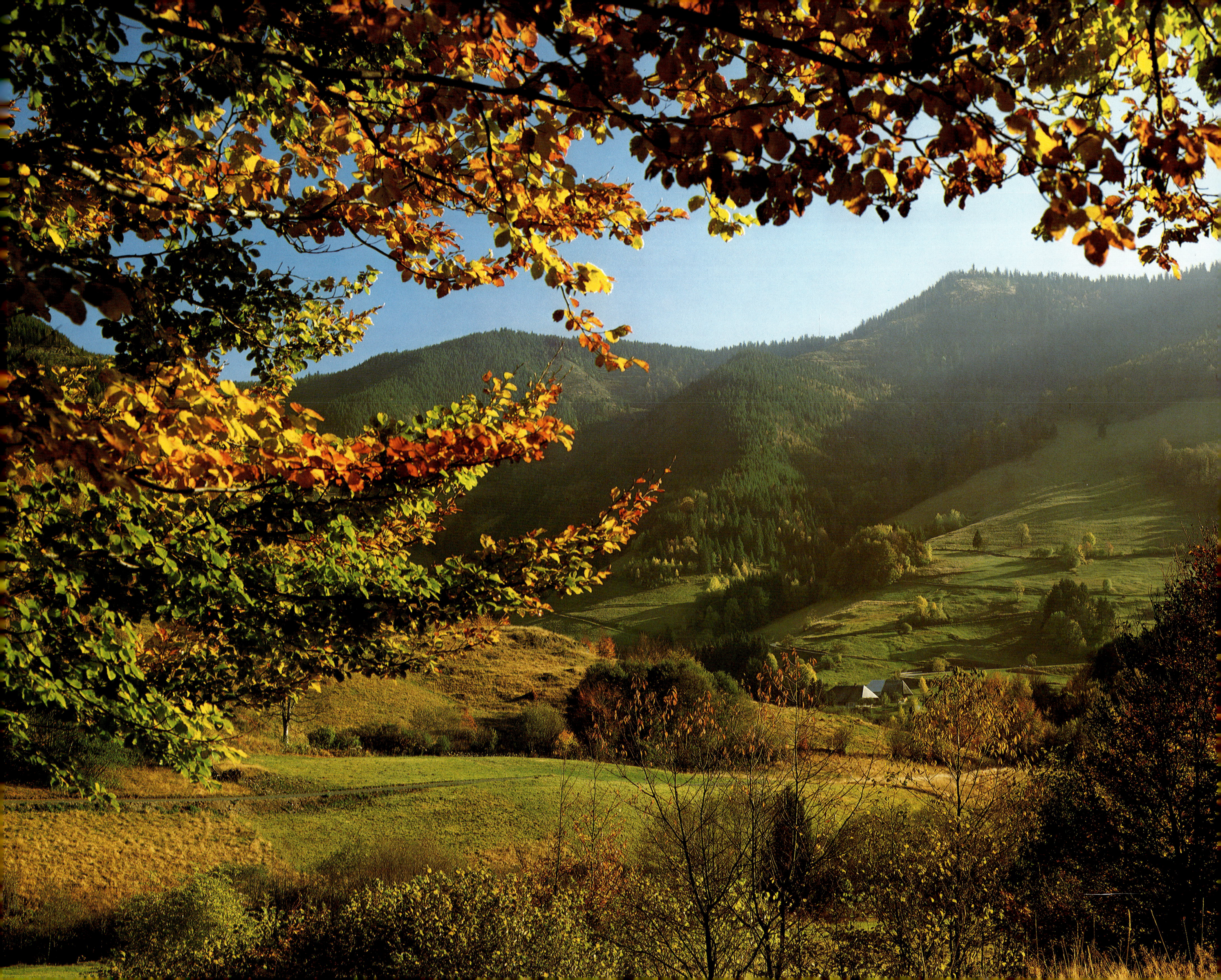

Im Gegensatz zum Feldberg „massiv", das aus mehreren Gipfeln besteht, ist der Belchen eine einzelstehende, weit gegen das Rheintal und das Markgräflerland vorragende Scholle. Mit seinen 1414 Metern ist er nicht nur der höchste Schwarzwaldberg außerhalb des eigentlichen Feldberggebietes, sondern er verfügt noch über weitere Superlative. Nirgends sonst im Schwarzwald gibt es solche Steilabstürze über so große Höhen, nirgends sonst aber auch kommt man mit dem Auto so weit hinauf – bis 1365 Meter unmittelbar unter den Gipfel (unten links: Der Belchen im Frühlicht, im Hintergrund die Alpen). Dadurch ist der Belchen aber auch zum Berg der bequemen „Gipfelstürmer" geworden. Gleichwohl ist der „schönste Berg des Schwarzwaldes" ein Gipfelerlebnis mit einmaligen Rundblicken, auch für den, der nicht so gut zu Fuß ist (unten rechts). – Urwüchsige Schwarzwalddörfer – Neuenweg, Böllen, Schönenberg, Wembach, Aitern, Wieden und die Luftkurorte Schönau und Münstertal – sind für den, der sich's weniger bequem machen will, Ausgangspunkte für einsame Wanderungen (rechts: Wembach, typische Schwarzwaldhöfe mit dem Walmdach und der „Laube").

In contrast to the Feldberg massif, which consists of several peaks, the Belchen is a single mass jutting far out towards the Rhine Valley and the Markgräflerland. It reaches an altitude of 1,414 metres and is thus the Black Forest's highest mountain outside the Feldberg area. But it has also other claims to fame: nowhere else in the Black Forest are there such high and steep declivities, yet nowhere else is it possible to drive so far up by car–to 1,365 metres, immediately below the summit (below, left: the Belchen in the early morning light with the Alps in the background). As a result the Belchen has become a favourite resort for climbers who prefer to "attack" a mountain peak the easy way. Be that as it may, to stand on the summit of the "Black Forest's grandest mountain" with its unique panoramic views is a marvellous experience, even for those who are not too good at walking (below, right). – For more energetic people the ancient Black Forest villages of Neuenweg, Böllen, Schönenberg, Wembach, Aitern and Wieden and the climatic health resorts of Schönau and Münstertal are starting-points for secluded, solitary walks (right: typical Black Forest farmsteads in Wembach, each with its hipped roof and "outhouse").

Contrairement au « massif » du Feldberg, composé de plusieurs sommets, le Belchen est une montagne isolée dressée vers la vallée du Rhin et le Markgräflerland. Culminant à 1414 m, il n'est pas seulement le plus haut sommet de la Forêt-Noire hors de la région du Feldberg, mais dispose aussi de bien d'autres qualités. Nulle part ailleurs on ne trouve autant de parois abruptes, nulle part ailleurs on ne peut accéder aussi haut en voiture – jusqu'à 1365 m, juste au-dessous du sommet (en bas, à gauche: le Belchen aux premières heures du matin, avec les Alpes à l'arrière-plan). Le Belchen est devenu pour cette raison la montagne de ceux qui aiment « vaincre les sommets » sans efforts. Et pourtant, « la plus belle montagne de la Forêt-Noire » permet de découvrir, même pour ceux qui ne sont pas de grands grimpeurs, du haut de son sommet, des panoramas exceptionnels (en bas, à droite). D'authentiques villages de la Forêt-Noire – Neuenweg, Böllen, Schönenberg, Wembach, Aitern, Wieden et les stations climatiques de Schönau et de Münstertal – sont pour tous ceux qui préfèrent la difficulté le point de départ de grandes randonnées solitaires (à droite: Wembach, fermes typiques de la Forêt-Noire, avec leur grand toit et leur « Laube »).

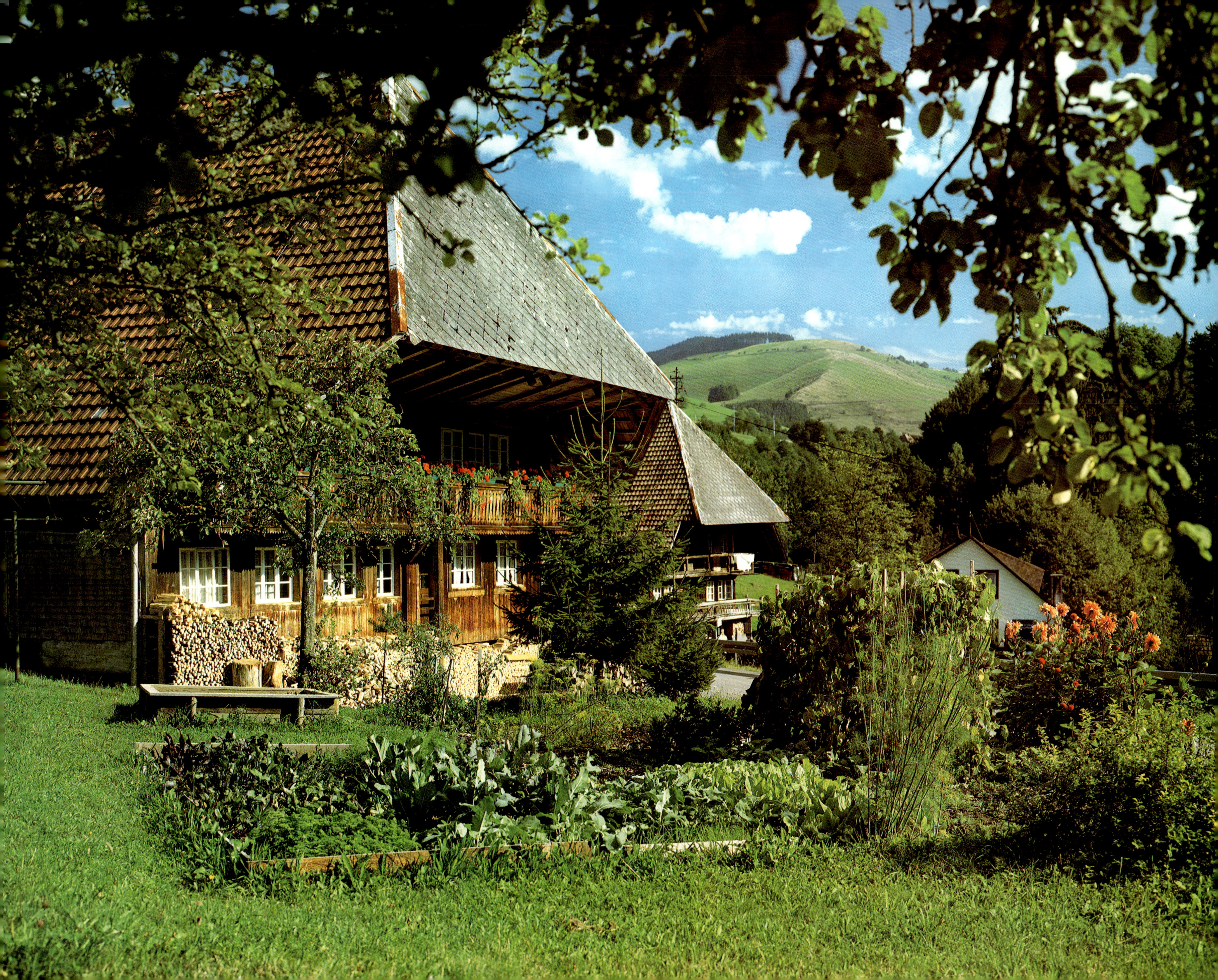

Noch geht es hier im Winter ruhiger zu als am Feldberg, obwohl alle sportlichen Voraussetzungen gleichermaßen vorhanden sind, vom Gipfellift am Belchen (rechts) über den Skizirkus am Wiedener Eck (unten links: Wieden im Winter) bis hin zu den vielen Loipen (unten rechts: Langlaufzentrum Hohtann). Leider bringt der Wintersport auch Probleme für Natur und Landschaft, doch haben die vorhandenen Einrichtungen nicht nur für die Wintererholung, sondern auch für die Umwelt etwas Positives: den „Bündelungseffekt", durch den zwar örtliche Belastungen entstehen, dafür aber andere Gebiete großflächig entlastet und zu Oasen winterlicher Ruhe werden.

It is more peaceful here in winter than on the Feldberg, although all the identical recreational facilities are available, ranging from the Belchen summit lift (right) and the skiing circuit at the Wiedener Eck (below, left: Wieden in winter) to the many cross-country ski-runs (below, right: the Hohtann long-distance skiing centre). Winter sports, unfortunately, cause problems for the natural surroundings; a constructive effort has been made, however, to arrange the available facilities in such a way as to cater for both recreational and environmental needs: this is the "bunching effect", which means that, although certain localities may be overcrowded, the pressure on other large areas is relieved, enabling them to remain as oases of winter peace and quiet.

L'hiver est ici plus calme que sur les pentes du Feldberg même si l'on y trouve également toutes les conditions permettant la pratique des sports d'hiver: télésiège du Belchen (à droite), domaine skiable du Wiedener Eck (en bas, à gauche: Wieden en hiver) ou nombreuses pistes de ski de fond (en bas, à droite, centre de ski de fond de Hohtann). Malheureusement, les sports d'hiver sont aussi à l'origine de bien des problèmes pour la nature et les paysages; cependant les dispositions prises n'ont pas seulement des effets positifs pour les vacances d'hiver, mais aussi pour l'environnement: « l'effet de concentration » provoque assurément des gênes locales mais permet aussi de soulager de vastes régions et de préserver des oasis de repos hivernal.

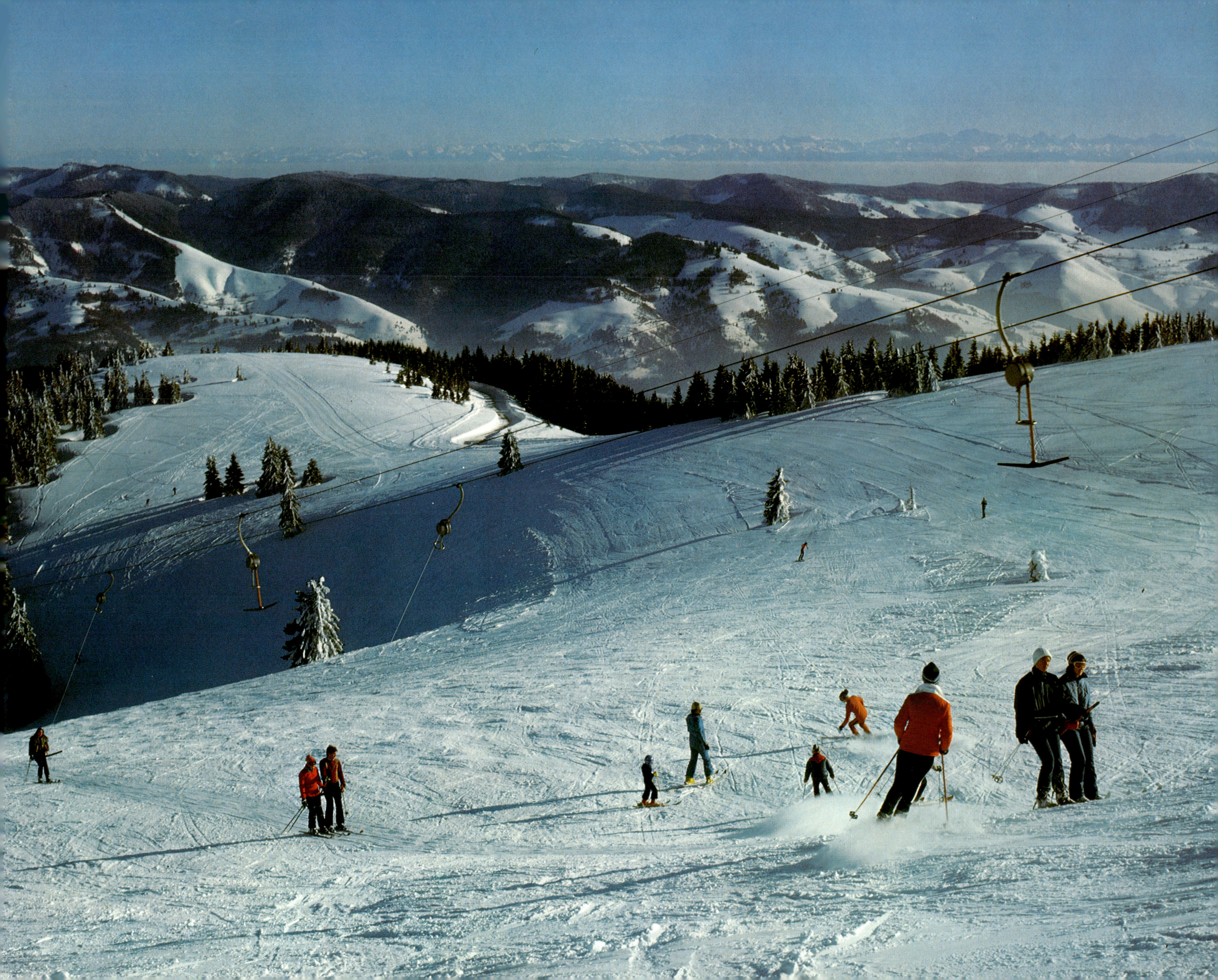

Parallel zum Großen Wiesental verläuft das Tal der Kleinen Wiese vom Belchen bis westlich von Schopfheim. Diese stille, anmutige Gegend zu durchwandern macht besondere Freude. Vorbei an den kleinen Örtchen Wieslet, Tegernau, Elbenschwand und Bürchau wird fast am Ende des Tales bei Neuenweg (unten links) der romantische Nonnenmattweiher erreicht (rechts). Der kleine See im Landschaftsschutzgbiet ist einmalig durch seine schwimmende Torfinsel mit seltenen Pflanzen. Manch einer glaubt, der Name des Sees stamme von einem versunkenen Nonnenkloster. Wahrscheinlicher ist, daß er von „Nonnen" – zur Mast bestimmten Kühen –, die hier auf der Weide waren, abgeleitet wurde. Der Nachbarort Böllen (unten rechts) ist mit weniger als 100 Einwohnern die kleinste Gemeinde Baden-Württembergs.

The valley of the Lesser Wiese runs parallel to that of the Greater Wiese from the Belchen to west of Schopfheim. It is a rare pleasure to walk through this pleasant, peaceful region past the tiny hamlets of Wieslet, Tegernau, Elbenschwand and Bürchau until, near Neuenweg (below, left), almost at the end of the valley, the romantic Nonnenmattweiher is reached (right). This small lake, situated in a conservation area, has a unique feature: a floating island of peat with rare plants. Many people believe that the lake derives its name from a submerged convent or "Nonnenkloster", but a more likely explanation is that it comes from "Nonnen", the fattened cattle which grazed in the pastures here. The neighbouring hamlet of Böllen (below, right) has fewer than 100 inhabitants and is the smallest community in Baden-Württemberg.

La vallée de la petite Wiese est parallèle à la grande vallée de la Wiese, du Belchen à l'ouest de Schopfheim. Les randonnées à travers cette région paisible et gracieuse sont très agréables. On atteint le romantique étang de Nonnenmatt (à droite) situé presque au bout de la vallée, près de Neuenweg (en bas, à gauche) en passant par les petites localités de Wieslet, Tegernau, Elbenschwand et Bürchau. Le petit lac de ce site protégé a une grande originalité avec son île flottante de tourbe et ses plantes rares. Certains affirment que le nom du lac provient d'un couvent de religieuses englouti. Mais il est beaucoup plus probable qu'il est dérivé de « Nonnen», nom donné ici à certaines vaches destinées à être engraissées et qui paissaient sur ces paturâges. La localité voisine, Böllen, (en bas, à droite) compte moins de 100 habitants: c'est la plus petite commune du Bade-Wurtemberg.

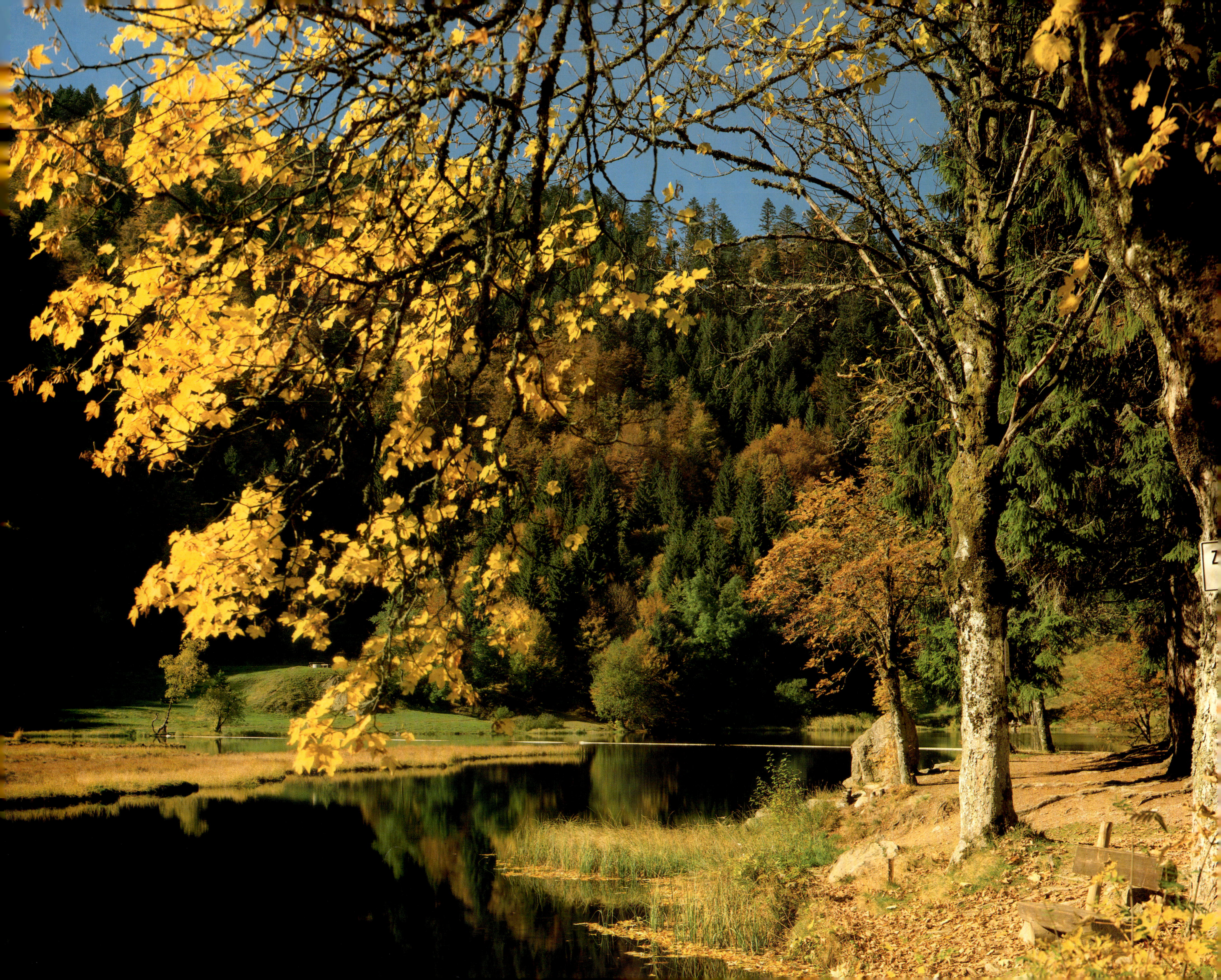

Steinen (rechts) im unteren Wiesental, wenige Kilometer nordöstlich von Lörrach gelegen, hat mit seinem Vogelpark Weitenau (unten links) eine überraschende Sehenswürdigkeit. Auf einem Gelände von 12 ha, welches weitgehend in seiner ursprünglichen Form erhalten blieb, wurden ca. 300 Vogelarten aller Erdteile angesiedelt. Nicht nur die vielfältige Vogelwelt wird von den Besuchern aus dem ganzen „Dreiländereck" bewundert, auch heimische Sumpf- und Wasserpflanzen und vom Aussterben bedrohte Amphibien können in den vielen Teichen und Biotopen beobachtet werden. Von den höhergelegenen Ortsteilen Steinens aus ist an klaren Tagen eine beeindruckende Alpensicht zu genießen. – Das liebliche Kandertal liegt im Übergangsbereich vom hohen Schwarzwald mit dem 1165 m hohen Blauen und dem Markgräfler Rebland (unten rechts). Hauptort des Tales ist die 776 erstmals erwähnte Brezel- und Töpferstadt Kandern, die schon zum Markgräflerland zählt. Im Forsthaus wird ein historisches „Willkommbuch" ebenso behütet wie die „Goldene Sau", ein Trinkgefäß aus alten Zeiten.

A surprising feature of Steinen (right) in the lower reaches of the Wiese Valley, a few kilometres to the north-east of Lörrach, is its Weitenau bird sanctuary (below, left). Some 300 species of birds from all over the world were established here in 12 hectares of land which has largely been preserved in its original form. Visitors from the entire "three countries corner" can not only admire this wide variety of ornithological specimens but also observe indigenous marsh and aquatic plants and endangered amphibious species in the many ponds and aquariums. On clear days an impressive view of the Alps can be obtained from the higher up parts of Steinen. – The delightful Kander Valley is situated in the transitional area between the mountainous Black Forest, with the 1165m-high Blauen, and the vineyards of the Markgräflerland (below, right). The chief town in the valley–already forming part of the Markgräflerland–is Kandern, noted for its pottery and pretzels and officially referred to as early as the year 776. In the "Forester's House" are two carefully-preserved relics–a historic old "visitors' book" and the "Golden Sow", an ancient drinking-vessel.

Steinen (à droite) est située dans la vallée inférieure de la Wiese, à quelques kilomètres de Lörrach. Son parc ornithologique de Weitenau (en bas, à gauche) est une véritable curiosité. Sur une superficie de 12 hectares ayant dans l'ensemble conservé son aspect initial, on a apporté environ 300 espèces d'oiseaux de tous les continents. Les visiteurs n'y admirent du reste pas seulement la diversité du monde des oiseaux: dans de nombreux étangs et marais ils peuvent également observer les plantes aquatiques et les plantes des marais de la région ainsi que les amphibies menacés de disparition. Quand le temps est clair, le panorama que l'on découvre des hauteurs de Steinen sur les Alpes est impressionnant. La ravissante vallée de la Kander se trouve entre la Haute Forêt-Noire dont le Mont Blauen culmine à 1165 m, et les vignobles de Markgräflerland (en bas, à droite). La ville la plus importante de la vallée est Kandern: construite en 776 et d'abord connue comme la ville des « Brezels » et des poteries, elle fait déjà partie du Markgräflerland. Dans la Maison Forestière, on conserve précieusement un « Livre de bienvenue » historique, ainsi que la « Truie d'or », une coupe à boire de l'ancien temps.

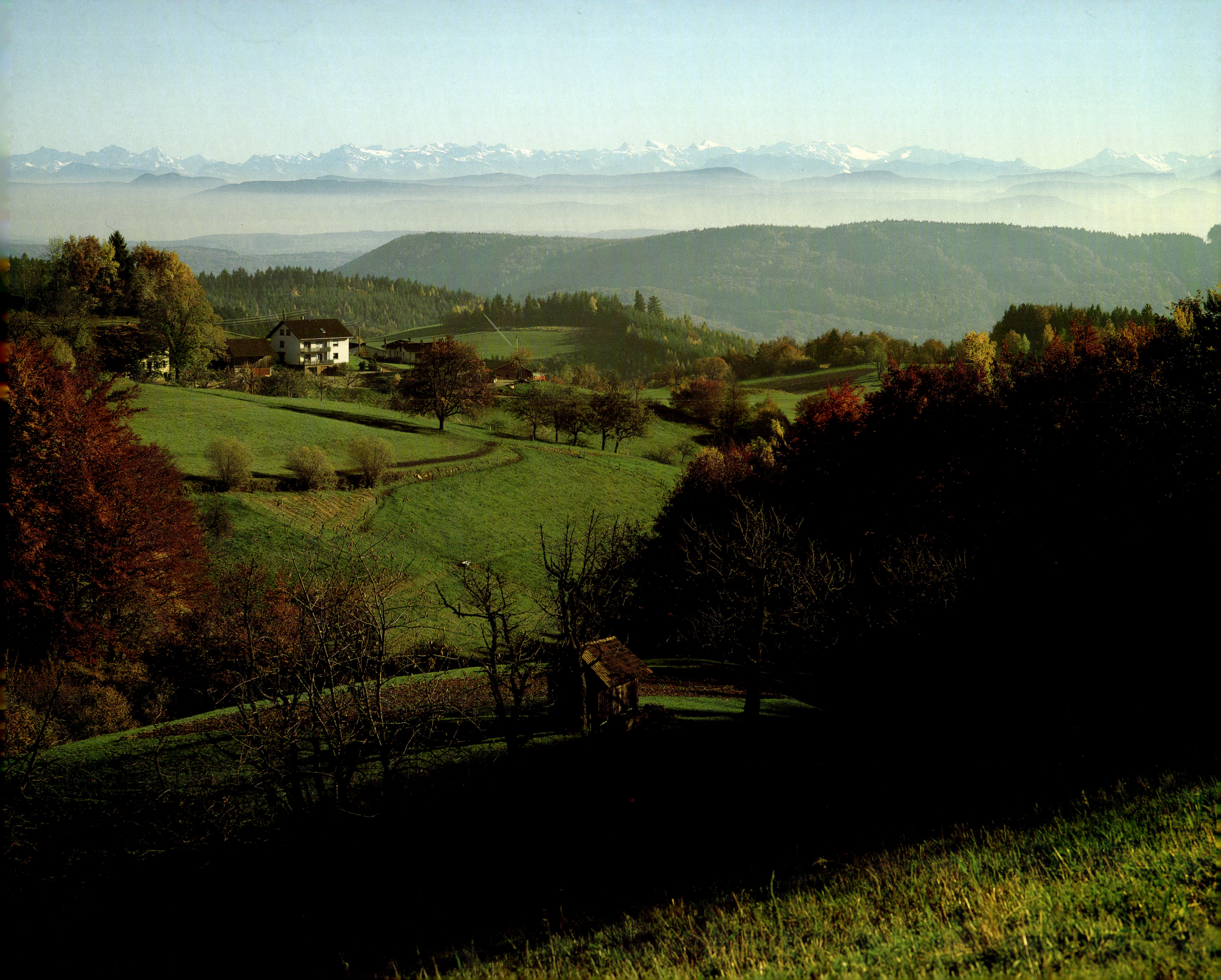

Auf einem weit ins untere Wiesental vorgeschobenen Bergkamm sitzt trutzig über Lörrach die Ruine der Burg Rötteln (unten links). Die umfangreiche, zweitgrößte Ruine Badens besteht aus der Hauptburg, der Unterburg, in der bis 1668 das Landgericht tagte, dem am Nordende aufragenden Bergfried, dem mächtigen unteren Turm und den Befestigungsanlagen. Im Sommer finden hier vor den stimmungsvollen Kulissen Burgfestspiele statt. – Das Wasserschloß Reichenstein, eines der ganz wenigen Wasserschlösser im Schwarzwald, setzt im Dorf Inzlingen bei Lörrach einen malerischen Akzent (rechts). – „Kleinod der Markgräflerlandes" wird das zwischen Kandern und Badenweiler gelegene Schloß Bürgeln (unten rechts) genannt. Ursprünglich im Besitz der Freiherren von Kaltenbach, ging es 1125 an das Kloster St. Blasien. Nach mehreren Bränden und Verwüstungen folgte der Wiederaufbau. Von einer Anzahl Markgräfler Bürgern, die sich im Bürgeln-Bund zusammenschlossen, wurde das dem Verfall preisgegebene Bauwerk 1920 erworben. Das liebevoll restaurierte und mit künstlerischen Kostbarkeiten ausgestattete Schloß wird bis heute vom Bürgeln-Bund erhalten und entzückt seine Besucher. Es ist Hauptschauplatz der Fernsehserie „Lorentz und Söhne".

On a mountain ridge jutting defiantly far out into the lower reaches of the Wiese Valley and overlooking Lörrach is the ruined castle of Rötteln (below, right). This enormous complex, the second largest ruin in Baden, comprises the main castle itself, the lower castle, where the district court met until 1668, the towering keep at the north end, the huge lower tower and the fortification works. Summer plays are staged here in this impressive setting. – The moated castle of Reichenstein, one of the very few of its kind in the Black Forest, is a picturesque feature of the village of Inzlingen near Lörrach (right). – Bürgeln Palace (below, right), situated between Kandern and Badenweiler, is known as the "jewel of the Markgräflerbad". Originally owned by the barons of Kaltenbach, it passed to the St. Blasien monastery in 1125. It was finally reconstructed after being burned and devastated on several occasions. The building, which had been left to deteriorate, was acquired in 1920 by a number of Markgräfler citizens who had banded together to form a "Bürgeln association". The association still maintains the lovingly-restored palace, which now contains many precious items of artistic merit and delights all who come to see it. It is the main setting of the television series "Lorentz and Sons".

Les ruines du château de Rötteln (en bas, à gauche) dominent Lörrach en se dressant fièrement sur un éperon rocheux qui s'avance dans la vallée inférieure de la Wiese. Ces ruines imposantes – le château est par ses dimensions le second du pays de Bade – se composent du château principal, du château inférieur où siégea jusqu'en 1668 le tribunal du Land, du donjon qui se dresse sur le côté nord, de l'imposante tour du bas et des remparts. En été, des représentations théâtrales ont lieu dans ce décor majestueux. Le castel d'eau de Reichenstein, l'un des rares castels d'eau de la Forêt-Noire, apporte une note pittoresque au village d'Inzlingen, situé près de Lörrach (à droite). Le château de Bürgels (en bas, à droite), entre Kandern et Badenweiler, est appelé le « joyau du Markgräflerland ». A l'origine, propriété du Comte de Kaltenbach, il sera acquis en 1125 par l'abbaye de St-Blasien. Il a été reconstruit après avoir subi de nombreux incendies et déprédations. Condamné à l'abandon, le château fut acheté en 1920 par quelques citoyens du Markgräflerland qui constituèrent une association pour la défense du château (le Bürgel-Bund). Restauré avec amour et décoré d'objets de valeur, il a été jusqu'à présent entretenu par le Bürgel-Bund pour le plaisir de ses visiteurs. C'est là que se déroulent la plupart des scènes de la série télévisée « Lorentz et fils ».

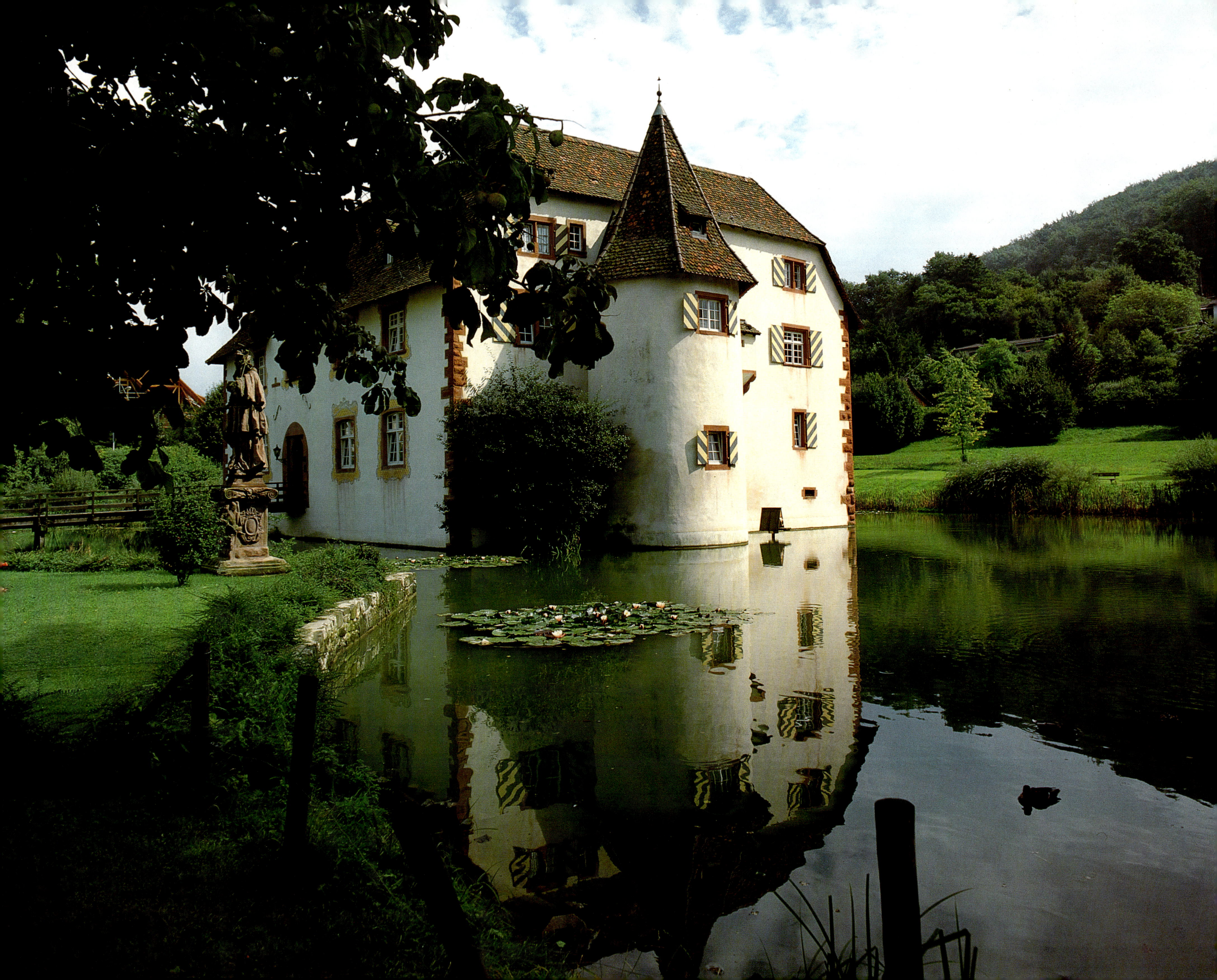

Die Badische Weinstraße beginnt in Baden-Baden und zieht sich an der Westseite des Schwarzwaldes nach Süden. Die Ortsnamen auf ihrer Strecke durch das Markgräflerland vom Münstertal bis Weil am Rhein lesen sich wie eine Weinkarte. – Mittelpunkt in diesem gesegneten Landstrich, umgeben von Reben und Obstbäumen, ist eines der beliebtesten Heilbäder Deutschlands: Badenweiler (unten rechts). Kelten und Römer kannten schon die Heilkraft seiner Quellen. Die Ruinen der ehemals prächtigen römischen Bäder vermitteln ein Bild damaliger Badekultur. Im Rücken der 1167 m hohe Blauen, wird Badenweiler von der Ruine der im 11. Jahrhundert von den Zähringern erbauten Burg überragt. Sie ist integriert in den Kurgarten und steht in gewolltem, eindringlichen Kontrast zum modernen Kurhaus. Prominente Gäste schätzen den ruhigen, gediegenen und gehobenen Ansprüchen gerecht werdenden Badeort mit dem Markgrafenbad als Zentrum. – Bad Bellingen (unten links), ein noch junges Bad, südlich von Badenweiler gelegen, hat sich mit der 1955 erbohrten Markusquelle rasch einen guten Namen in der Reihe der Thermalbäder im Rheingraben erworben.

The "Baden Wine Road" starts in Baden-Baden and runs southwards along the western edge of the Black Forest. The place-names on its route through the Markgräflerland from the Münster Valley to Weil am Rhein read like a wine-list. – The focal point of this fertile region, surrounded by vineyards and orchards, is one of Germany's most popular spas: Badenweiler (below, right). The medicinal qualities of its springs were known in Celtic and Roman times. The ruins of the former magnificent Roman baths give us some idea of the bathing habits of those days. On a ridge of the 1167m-high Blauen, Badenweiler is dominated by the ruins of the castle built by the Zähringer in the 11th century. It has now been incorporated in the spa gardens, where it provides a deliberately striking contrast to the modern Kurhaus. Prominent figures among its guests appreciate this quiet, superior spa which, centred around the Markgrafen Baths, seeks to maintain the very highest standards. – Bad Bellingen (below, left), a very recent spa situated south of Badenweiler, has rapidly earned itself a good reputation among the Renish thermal spas thanks to the Markus Spring drilled in 1955.

La Route des Vins du Pays de Bade commence à Baden-Baden et s'étire vers le sud sur le flanc ouest de la Forêt-Noire. On lit les noms des localités sur cette route qui traverse le Markgräflerland de la vallée de la Münster à Weil am Rhein comme on lit une carte des vins. Le centre de cette région privilégiée, entourée de vignes et d'arbres fruitiers, est Badenweiler (en bas, à droite), l'une des stations thermales les plus appréciées d'Allemagne. Les Celtes et les Romains connaissaient déjà les vertus curatives de ses sources. Les ruines des thermes romains, qui constituaient un ensemble remarquable, témoignent de l'importance des bains à l'époque romaine. Avec en toile de fond le Mont Blauen culminant à 1167 m, Badenweiler est dominée par les ruines du château construit par les Zähringen au 11ème siècle. Elles sont intégrées au jardin thermal et forment un contraste très marquant avec le kurhaus de style moderne. Le centre est constitué par le Markgrafenbad qui satisfait aux exigences de calme et de bon ton. Bad Bellingen (en bas à gauche) est encore une jeune station située au sud de Badenweiler. Avec la source St-Marc creusée en 1955, elle a vite acquis une bonne renommée parmi les stations thermales du fossé rhénan.

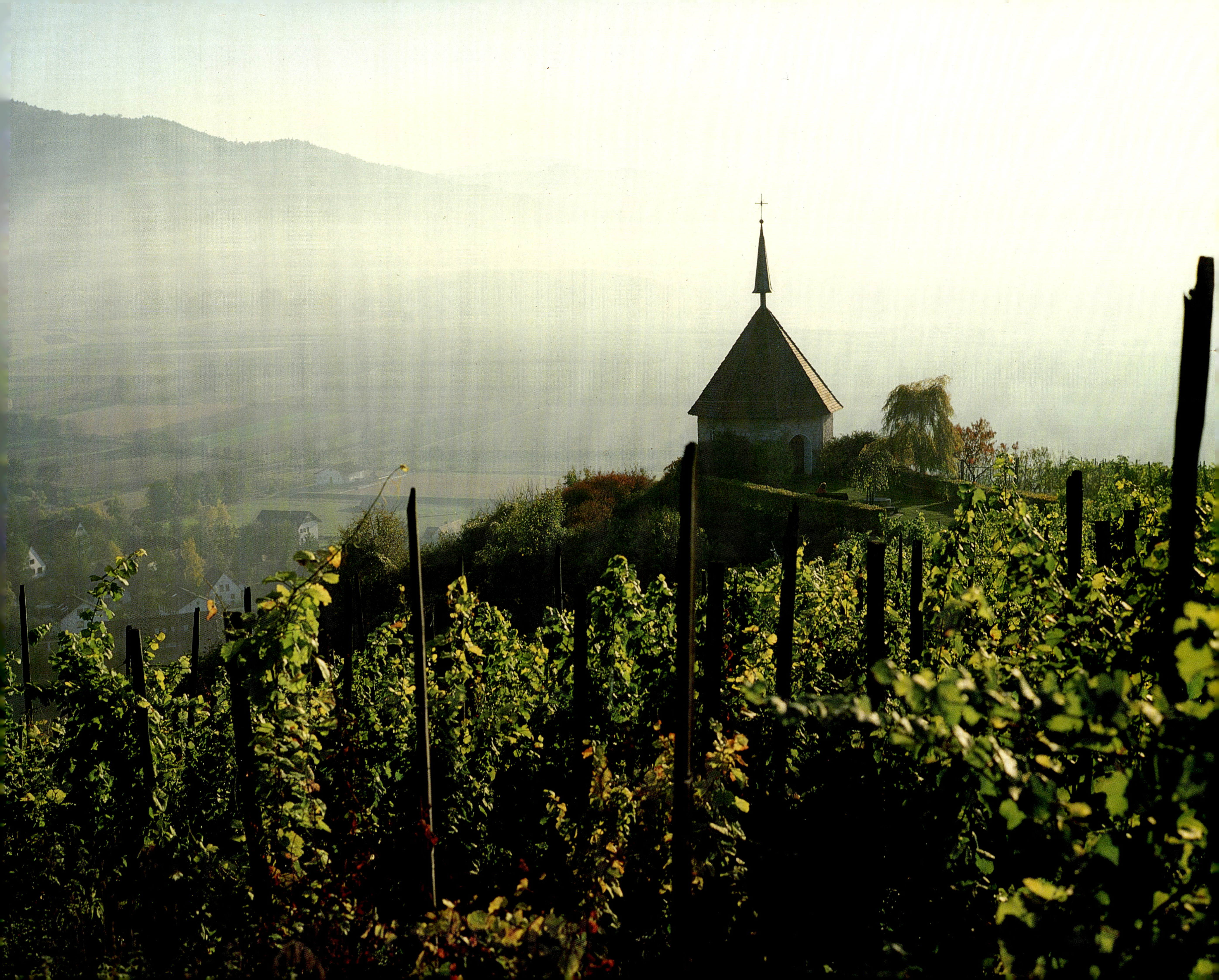

Seit 1911 hat sich Bad Krozingen (unten rechts) am Oberrhein kontinuierlich weiterentwickelt. Heute verfügt das Mineralheilbad über Thermalquellen, die in zahlreichen Kureinrichtungen genutzt werden. Das milde, niederschlagsarme Klima trägt zur Gesundung ebenso bei wie die überaus freundliche Gestaltung des Ortes und seiner Umgebung. – In Staufen beginnt das romantische Münstertal (rechts), das seinen Namen von der kleinen, 1346 von den Freiburgern zerstörten Berwerksstadt Münster erhielt. Ein begehbarer Stollen im oberen Tal verschafft einen realistischen Einblick in die frühere Bergwerksarbeit. Am Fuße des Belchen hat das Tal in den Gebäuden des Klosters St. Trudpert (unten links) einen dominierenden Punkt. Es ging aus einer Klause des irischen Missionars St. Trudpert hervor, der hier 643 mit der Christianisierung begann. Benediktinermönche bauten um das Jahr 800 dieses erste Kloster ihres Ordens rechts des Rheines, welches 1709 nach den Plänen des berühmten Baumeisters Peter Thumb unter Einbeziehung des bestehenden gotischen Chores seine heutige Form erhielt. Die mit barocken Kostbarkeiten ausgestattete Kirche, in der erlesene Konzerte stattfinden, ist auch als Hochzeitskirche sehr beliebt. Nach dem historischen Gasthof Spielweg gabelt sich das Tal. Von dort führt eine Straße zum Schauinsland, die andere über die Paßhöhe Wiedener Eck zum Belchen und ins Wiesental.

Bad Krozingen (below, right) on the Upper Rhine has undergone continuous development since 1911. Today this mineral spa boasts thermal springs which are used in numerous medicinal installations. The mild climate and low rainfall are contributory factors in aiding patients' recovery as well as enhancing the pleasant appearance of the resort and its surroundings. – Staufen marks the beginning of the romantic Münster Valley (right), which derives its name from the small mining town of Münster destroyed in 1346 by a Freiburg army. A gallery in the upper part of the valley, open to the public, provides a realistic insight into the mining industry as it was in these days. At the foot of the Belchen the valley is dominated by the buildings of the St. Trudpert monastery (below, left). This originated from a hermitage of the Irish missionary St. Trudpert, who began to convert the region to Christianity in the year 643. Around 800, Benedictine monks built this, their brotherhood's first monastery on the right bank of the Rhine; in 1709 it was given its present-day form based on plans produced by the famous architect, Peter Thumb, and incorporating the existing Gothic chancel. The church, in which notable concerts are held, contains many valuable Baroque works of art; it is also a very popular venue for weddings. Beyond the historic old Spielweg inn the valley divides into two, one road leading to the Schauinsland and the other over the Wiedener Eck pass to the Belchen and the Wiese Valley.

Depuis 1911, Bad Krozingen (en bas, à droite), située sur la rive du Rhin supérieur, n'a cessé de se développer. Cette station dispose de sources thermales que l'on utilise dans de nombreuses installations. Les pluies sont rares dans ce climat dont la douceur, associée au cadre ravissant de la ville et de ses environs, sont autant de facteurs bénéfiques pour la santé. La romantique vallée de la Münster commence à Staufen (à droite) et tient son nom de la petite ville minière de Münster, détruite en 1346 par les Fribourgeois. Une galerie aménagée dans la vallée supérieure permet de découvrir la mine telle qu'elle se présentait autrefois. Au pied du Belchen, les bâtiments du couvent de St-Trudpert (en bas, à gauche) sont l'un des attraits de cette vallée. L'origine du couvent fut l'ermitage du missionnaire irlandais St-Trudpert, qui commença en 643 à christianiser la région. Vers l'an 800, les Bénédictins construisirent sur la rive droite du Rhin le premier couvent de leur ordre: celui-ci prit sa forme actuelle en 1709 d'après les plans du célèbre architecte Peter Thumb, qui y intégra le chœur gothique existant. L'église, où l'on donne de très beaux concerts, et également très appréciée pour les cérémonies de mariage, est décorée de chefs d'œuvre de l'art baroque. Après l'auberge historique de Spielweg, la vallée principale se divise en deux vallées secondaires: de là, l'une des routes mène au Schauinsland, l'autre au Belchen et dans la vallée de la Wiese en passant par le col du Wiedener Eck.

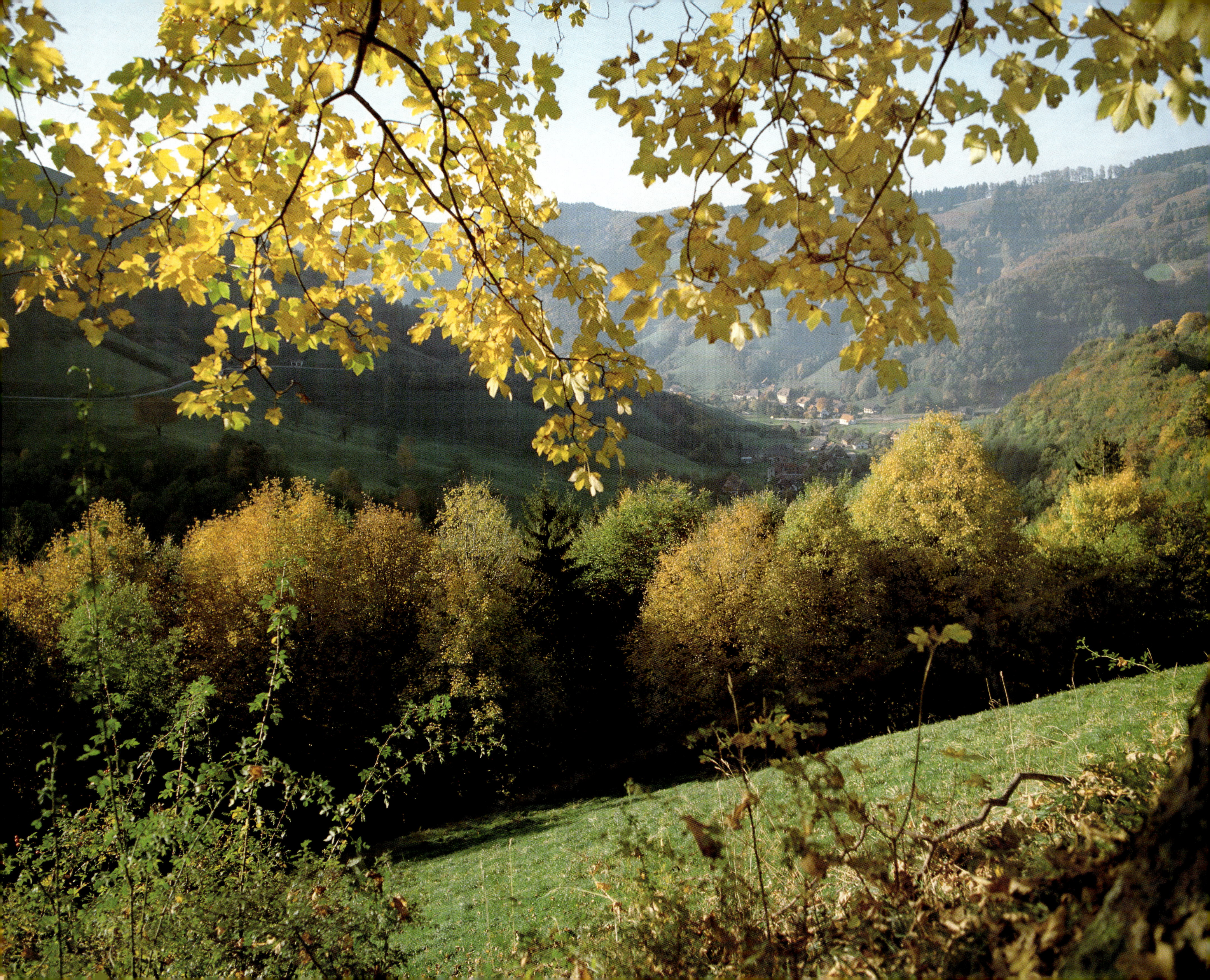

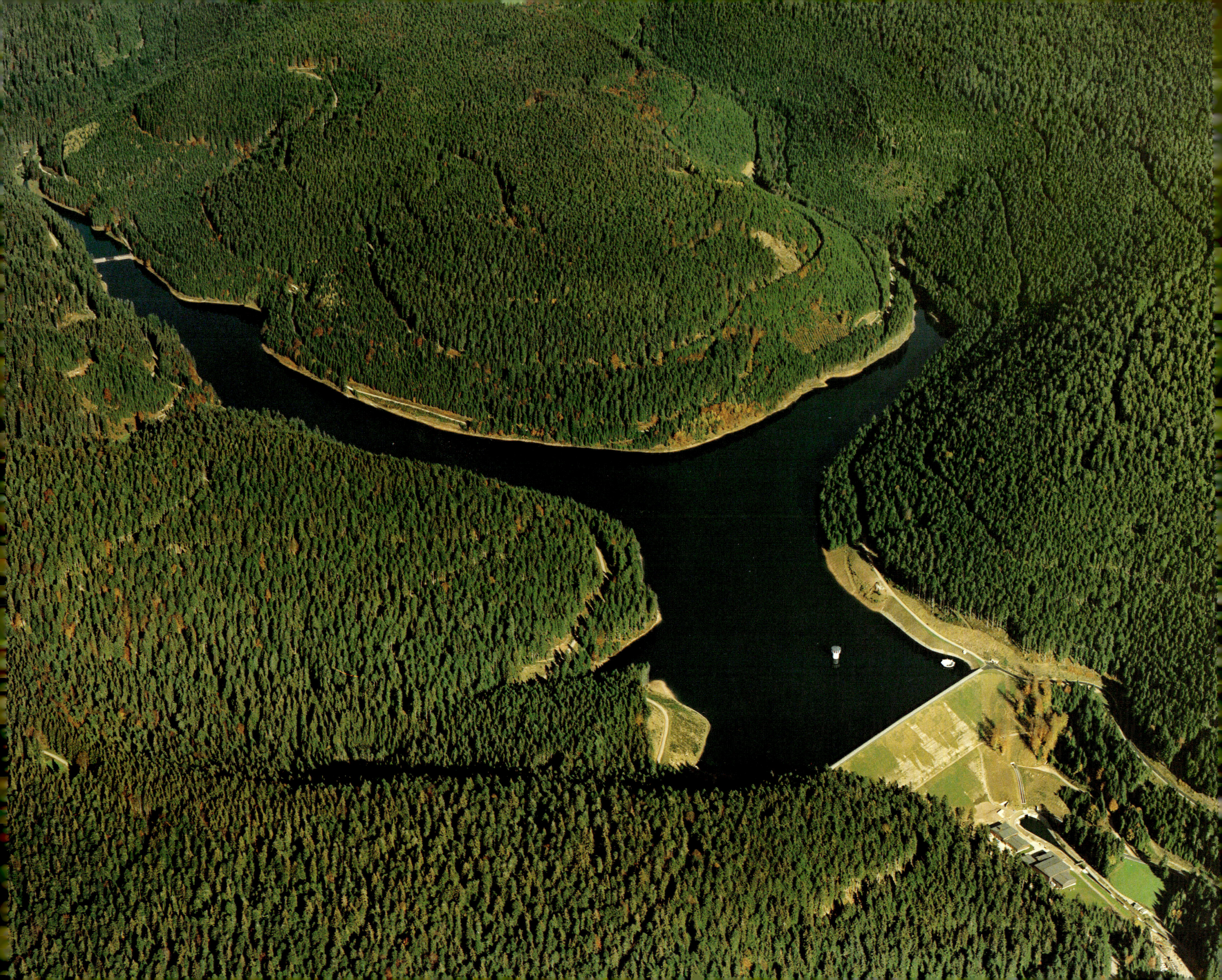

Wald und Natur, Tiere und Pflanzen

Liest man vom Schwarzwald, so muß man zuerst an den Wald denken: Er prägt das Landschaftsbild des Gebirges. Um Aussichtspunkte zu schaffen, mußte in den dichtbewaldeten Hochlagen des Nordschwarzwaldes da und dort sogar Wald gerodet werden. Diese Probleme hat der mittlere Schwarzwald kaum, der Waldanteil ist etwas niedriger, die vielen Privatwaldbesitzer mit ihren unterschiedlichen Anforderungen an den Wald sorgen immer wieder für Aussichten. Südlich des Feldberges ist ein großflächiger Wechsel von Mischwäldern und Viehweiden anzutreffen, die dieser Landschaft ihren typischen offenen Charakter geben.

Fast überall im Schwarzwald sind heute Fichte, Tanne und Buche maßgeblich am Waldbild beteiligt, aber besondere Akzente setzt im Norden die Latsche auf den Grinden, in der Mitte die hier besonders dominierende Tanne, im Süden die Buche, die oft als Weidfeldbuche Zeugnis früheren Waldes ablegt (Seiten 196 und 197).

Die wirtschaftliche Bedeutung des Waldes für die Besitzer wie für die Volkswirtschaft ist nach wie vor groß, aber die Probleme infolge von Umwelteinflüssen wachsen, die Waldschäden sind nicht mehr zu übersehen.

Wald und offene Flur sind Heimat vieler seltener Pflanzen. In den klimatisch milden Vorgebirgszonen von Badenweiler bis Baden-Baden fühlen sich wärmeliebende Blumen des Mittelmeerraumes wohl, in den rauheren Gipfellagen finden sich Kostbarkeiten aus den Alpen und dem hohen Norden (Seiten 198 und 199).

Ob sich Fuchs und Hase hier „gute Nacht" sagen? Jedenfalls sind sie noch reichlich da, zusammen mit Hirsch, Reh, Wildschwein, Dachs, Marder, um nur einige zu nennen. Der Auerhahn ist sehr selten geworden, dafür haben sich Kolkrabe, Wanderfalke und neuerdings Stein- und Fischadler wieder in Einzelexemplaren eingefunden. Künstlich eingesetzt wurden Gemsen, denen man mit viel Glück fast überall im Hochschwarzwald begegnen kann. Dagegen sind Einbürgerungsversuche mit Murmeltieren gescheitert. Jeder kann im Sommer und Winter zum Schutz und zur Erhaltung einer intakten Umwelt beitragen, wenn er nur die wichtigsten von vielen Punkten beachtet:
— Bleiben Sie auf den markierten Wegen, Loipen und Pisten!
— Pflücken Sie keine Pflanzen, jede könnte selten sein!
— Nehmen Sie Ihren Abfall mit nach Hause!

So wird sich der Schwarzwald in seiner ursprünglichen Schönheit auch für die nächsten Generationen erhalten können.

Trinkwasserspeicher „Kleine Kinzig"
The "Kleine Kinzig" drinking-water reservoir near Alpirsbach
Réservoir d'eau potable « La petite Kinzig » près d'Alpirsbach

Woodlands, the world of nature, flora and fauna

Whenever one reads of the Black Forest one thinks first and foremost of the woodlands which typify the scenery of this mountainous region. Here and there in the densely-wooded uplands of the Northern Black Forest the trees have even had to be cut down in order to create vantage-points from which a view can be obtained. This is a problem which affects the Central Black Forest rather less, since the many private woodland owners—with their differing requirements as regards the timber on their properties—always ensure that good vantage-points are provided. To the south of the Feldberg is a large area consisting of mixed forest alternating with pasturage—a contrast to which the countryside owes its typically open and exposed character.

Today, almost everywhere in the Black Forest, it is sprucetrees, firs and beeches which dominate the scene. In the north, dwarf pines predominate on the rocky outcrops; in the centre, firs; and in the south, beeches—the latter often indicating the existence of a much earlier forest (pages 196 and 197).

Forests continue to be of great importance, both for their owners and the national economy as a whole, but the problems arising from environmental factors are increasing and the damage to the woodlands can no longer be disregarded. The woods and open meadows are the natural habitat of many rare plants. Heat-loving flowers from the Mediteranean region flourish in the mild climate of the foothills between Badenweiler and Baden-Baden, while in the rather more inclement uplands we find rare species from the Alps and the far north (pages 198 and 199).

Here in the forests foxes and hares are still plentiful, as are stags, roe deer, wild boar, badgers and martens, to name but a few. The mountain-cock has now become scarce but, as against that, individual specimens of ravens, peregrine falcons and, more recently, golden eagles and ospreys have reappeared. Chamois have been settled here, and with a bit of luck you can come across them nearly everywhere in the Upper Black Forest. On the other hand, attempts to introduce marmots failed.

Everyone can help to protect and preserve the environment by observing just the most important of many rules:
— keep to the signposted footpaths and marked crosscountry skiing tracks and ski-runs!
— do not pick any plants; any one of them could be a rare specimen!
— take your rubbish back home with you!

In this way it will be possible to preserve the Black Forest in its original beauty for future generations.
Black Forest hospitality

La forêt et la nature, les animaux et les plantes

Le mot Forêt-Noire fait d'abord surgir des images de forêts: c'est elle qui donne leur caractère aux paysages de ces montagnes. Pour dégager des points de vue, il a même fallu parfois essarter la forêt, ici ou là, dans des zones très boisées de la Forêt-Noire du Nord. La moyenne Forêt-Noire ne connaît guère ces problèmes, les forêts y sont un peu moins denses et de nombreux propriétaires privés assurent, grâce aux nécessités de l'exploitation, des perspectives dégagées. Au sud du Feldberg, les forêts mêlées alternent avec les vastes pâturages, donnant au paysage son caractère ouvert typique de cette région.

Presque partout en Forêt-Noire, les espèces dominantes sont l'épicéa, le sapin et le hêtre, mais on trouve plus particulièrement le pin nain sur les sommets du nord, au centre surtout le sapin et dans le sud, le hêtre, dont quelques-uns, isolés au milieu des pâturages, témoignent de la présence d'anciennes forêts. (pages 196 et 197)

L'importance économique de la forêt, pour les propriétaires comme pour l'économie du pays, reste entière, mais les problèmes liés à l'environnement s'accroissent, les dommages causés à la forêt par la pollution sont de plus en plus visibles. Dans les forêts et les campagnes poussent de nombreuses plantes rares. Les fleurs des régions méditerranéennes se sentent très bien dans les zones climatiques plus douces des contreforts, de Badenweiler à Baden-Baden, tandis que l'on trouve sur les sommets plus rudes des espèces originaires des Alpes et du nord (pages 198 et 199).

La faune est représentée bien évidemment par les renards et les lièvres, mais aussi par les cerfs, chevreuils, sangliers, blaireaux et martres, pour ne citer que quelques espèces. Le coq de bruyère est devenu très rare, par contre l'on trouve à nouveau quelques exemplaires du corbeau « Kolkrabe », du faucon migrateur et, depuis peu de temps, de l'aigle royal et de l'aigle pêcheur. Des chamois ont été apportés dans nos régions et, avec beaucoup de chance, l'on peut en apercevoir un peu partout en Haute Forêt-Noire. Par contre, les tentatives faites pour acclimater les marmottes ont échoué.

En été comme en hiver, chacun peut contribuer à protéger et à conserver intact l'environnement, en veillant à respecter quelques règles essentielles:
— Rester sur les sentiers et les pistes balisés!
— Ne pas cueillir de plantes, chacune pouvant être une espèce rare!
— Emporter avec soin ses déchets!

Ainsi la Forêt-Noire pourra conserver sa beauté d'origine – pour nous et pour les générations à venir.
Hospitalité de la Forêt-Noire

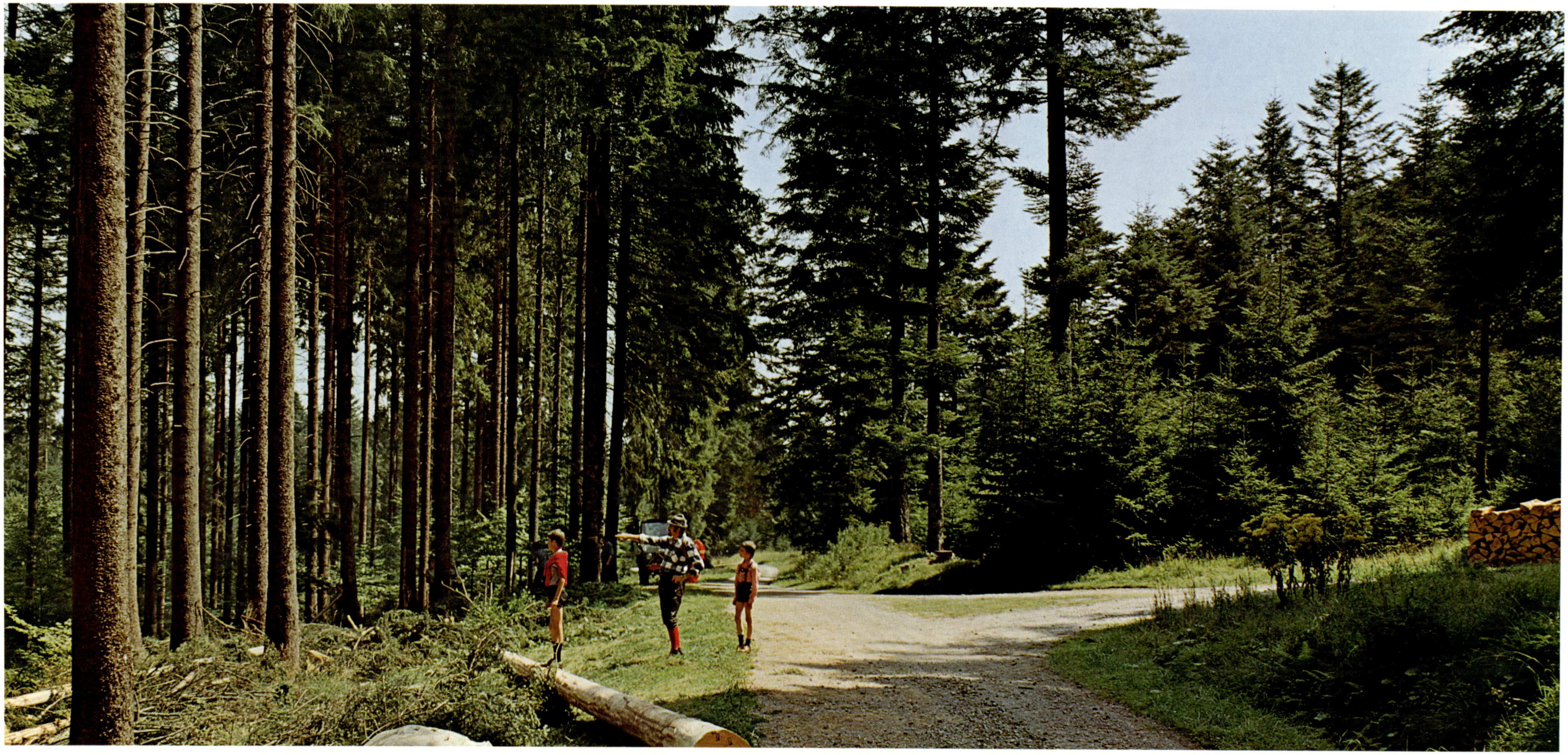

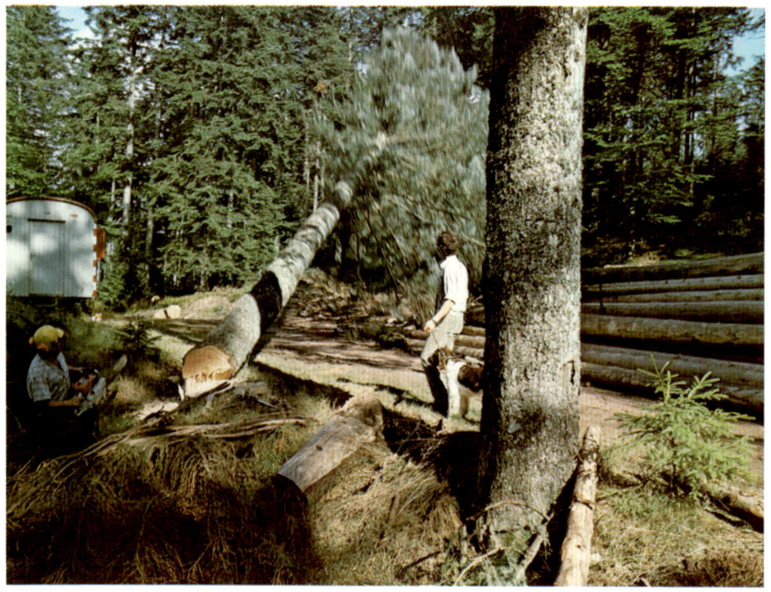

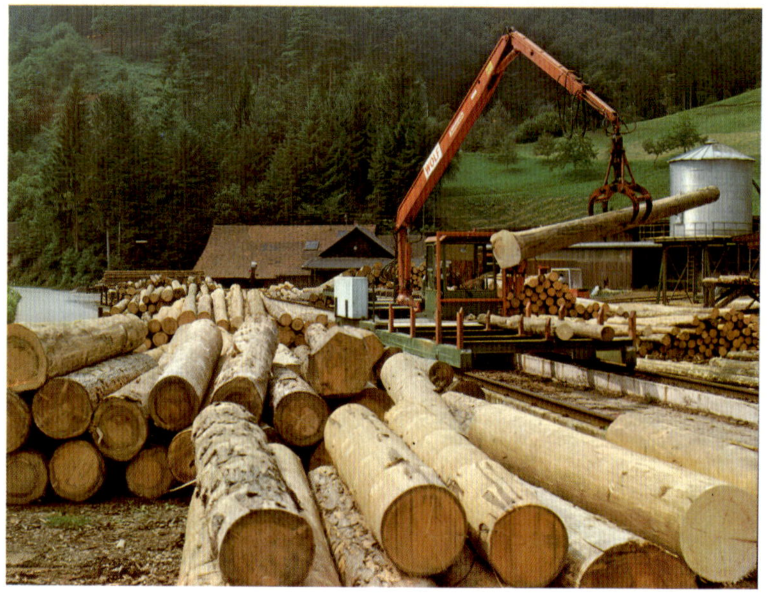

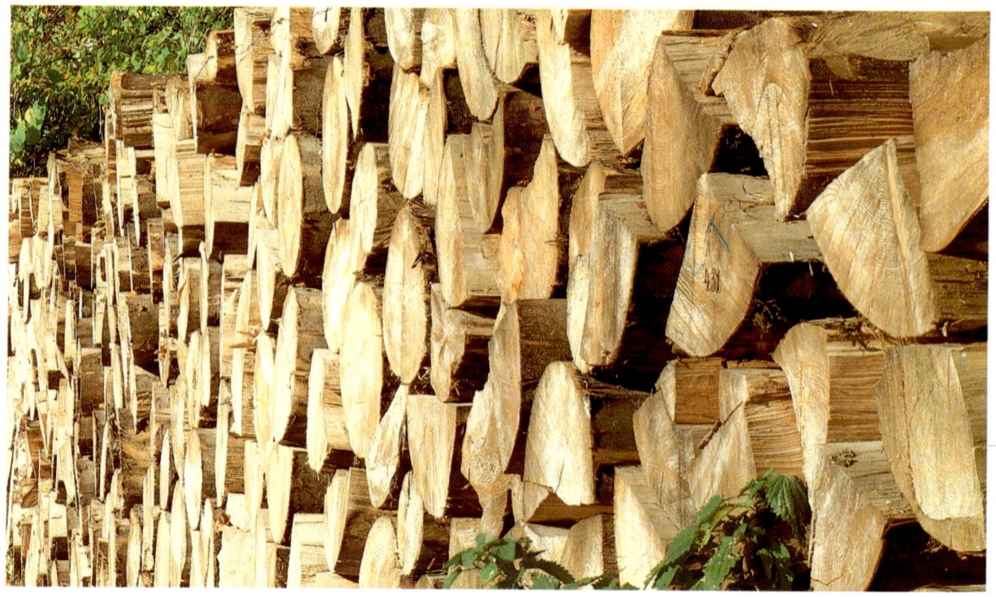

inks oben: Femelwald – Mischung aller Altersgruppen im Baumbestand.

inks unten, von links: Holzernte, Sägewerk, Papierholz.

Unten von links: Weidfeldbuchen, die im Südschwarzwald oft solitär anzutreffen sind.

Typischer Wald im mittleren Schwarzwald: Mischbestand aus Laubbäumen und Tannen.

Der Charakterbaum der Grinden im Nordschwarzwald ist die Latsche.

Left at top: Mixed forest–a mixture of trees of all ages.

Left at bottom, from the left: Wood cutting, saw mill, wood for making paper.

At the bottom, from the left: Beech-trees, which are often found all by themselves in the South of the Black Forest.

Typical forest in the central Black Forest: Mixed forest of trees with leaves and fir trees.

The characteristic tree in the North of the Black Forest is the dwarf-pine.

A gauche, en haut: Forêt mixte – Un mélange de toutes les catégories d'âge du peuplement en arbres.

En bas, à partir de la gauche: Abattage du bois, scierie, bois pour la fabrication du papier.

En bas, à partir de la gauche: Des hêtres qui sont souvent solitaires dans le sud de la Forêt-Noire.

Une forêt typique du centre de la Forêt-Noire: Forêt mixte des arbres à feuilles et des sapins.

L'arbre caractéristique du nord de la Forêt-Noire est le pin nain.

198

Rechts: Besonders häufig im Schwarzwald anzutreffen: Roter Fingerhut – Digitalis purpurea.

Links oben, von links: Erste Frühlingsboten: Wiesenprimel – Primula véris.
Eine Rarität und streng geschützt: Türkenbund – Lilie, Lilium mártagon.
Auf Bergwiesen findet sich eine hochwertige Heilpflanze: Arnika – Arnica montána.

Links unten, von links: Setzt im Sommer Farbakzente: Heidekraut – Callúma vulgaris.
Ist nach der Reife eine Köstlichkeit: Blüte der Heidelbeere – Vaccinium myrtillús.
Anmut in Farbe und Form: Scheuchzers Glockenblume – Campanula scheuchzeri.

Photo right: Very frequently found in the Black Forest: Foxglove–digitalis purpurea.

Left at top, from the left: First signs of spring: Meadow primroses–primula véris.
A rarity and strictly protected: Turk's-cap lily–lilium mártagon.
On mountain meadows, a valuable medicinal plant grows: arnica–arnica montána.

Left at bottom, from the left: Colourful in summer: Heather–callúma vulgaris.
After ripening, they are delicious: Flower of the bilberry–vaccinium myrtillús.
Charming in colour and shape: Blue-bells–campanula scheuchzeri.

A droite: Très fréquent dans la Forêt-Noire: la digitale rouge – digitalis purpurea.

A gauche, en haut, à partir de la gauche: Les premiers signes du printemps: primevères des prés – primula véris.
Une rareté strictement protégée: le martagon – lilium mártagon.
Dans les prés de montagne, on trouve la plante médicinale: arnica – arnica montána.

A gauche, en bas, à partir de la gauche: Coloré le paysage en été: la bruyère – callúma vulgaris.
Délicieuses lorsqu'elles sont mûres: des myrtilles ici en fleurs – vaccinium myrtillús.
De forme et de couleur attrayantes: la campanule – campanula scheuchzeri.

Rechts: König der Wälder: Rothirsch mit weiblichen Tieren.

Ganz links: Jungfüchse am Bau.

Mitte oben: Sehr selten geworden ist der Auerhahn.

Mitte unten: Gemsen wurden 1936 im Hochschwarzwald erfolgreich angesiedelt.

Photo right: King of the woods: Stag with red deer.

At the very left: Young foxes at their foxhole.

Top centre: The mountain-cock has become very rare.

Bottom centre: In 1936, chamois settled again in the High Black Forest.

A droite: Le roi des forêts: le cerf avec des chevreuils.

Tout à gauche: jeunes renards dans leur renardière.

Au centre, en haut: le coq de bruyère est devenu très rare.

Au centre, en bas: Une colonie de chamois a été établie dans la haute Forêt-Noire en 1936.

200

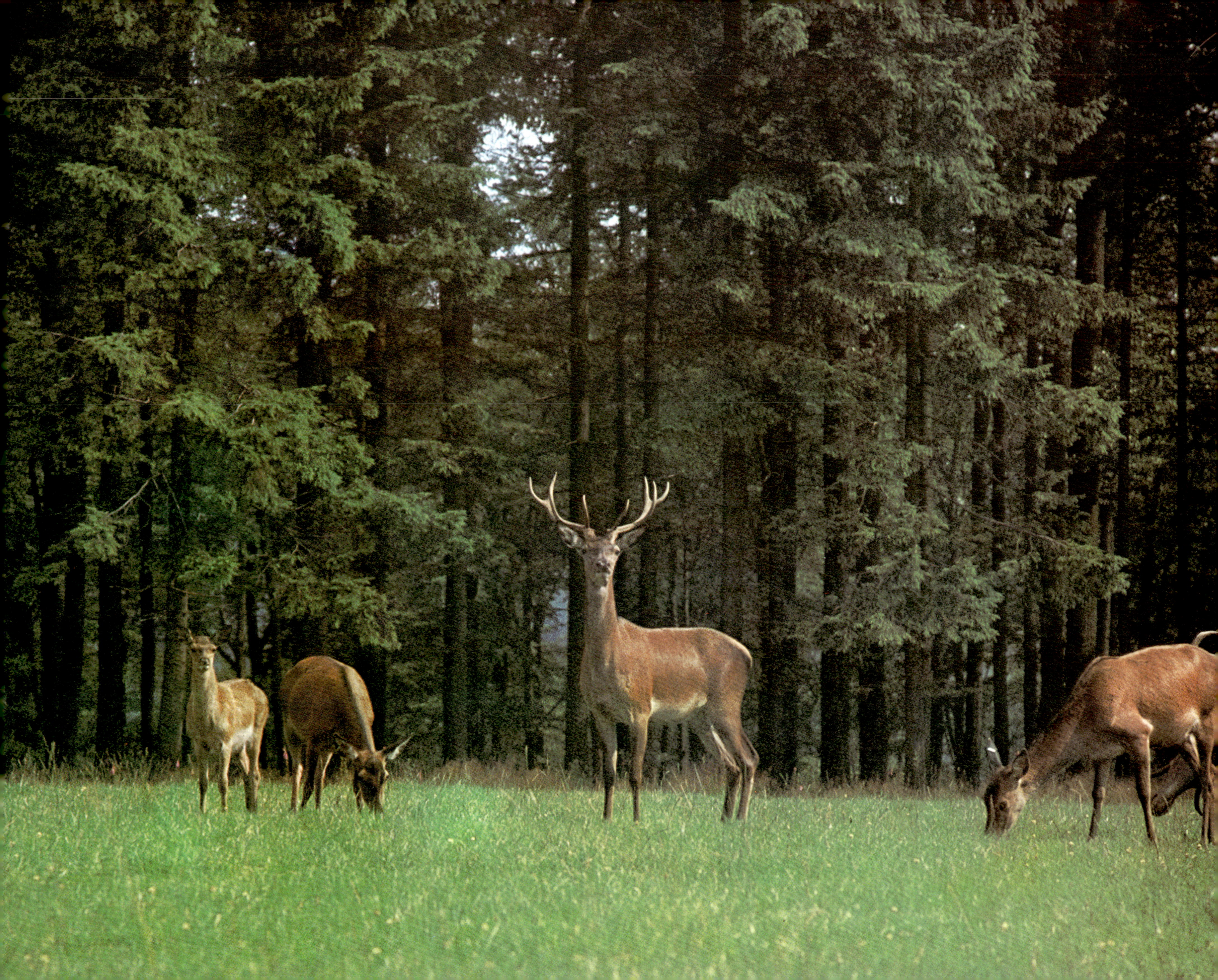

Zeugen der Vergangenheit

Oben links: Alter Grenzstein auf Gemarkung Ehrsberg über dem Wiesental mit dem Wappen der Herren von Schönau.

Oben rechts: Ruine der Burg Alt-Windeck aus dem 13. Jahrhundert bei Bühl.

Unten links: Altes Gemäuer des 1192–1196 erbauten und 1803 vollständig ausgebrannten Prämonstratenserklosters Allerheiligen im Lierbachtal.

Unten rechts: Ruine der römischen Bäder in Baden-Baden.

Rechts: Kirche St. Nikolaus in Buchenberg.

Links with the past

Above, left: Old boundary-stone bearing the coat-of-arms of the Schönau nobility on the Ehrsberg boundary overlooking the Wiese Valley.

Above, right: Ruins of the 13th century castle of Alt-Windeck near Bühl.

Below, left: Ancient walls of the Premonstratensian monastery of All Saints in the Lierbach Valley; built between 1192 and 1196, the monastery was completely gutted by fire in 1803.

Below, right: Ruins of the Roman baths in Baden-Baden.

Right: Church of St. Nicholas in Buchenberg.

Témoins du passé

En haut, à gauche: une ancienne borne-frontière sur les limites d'Ehrsberg au-dessus de la vallée de la Wiese, avec les armoiries des seigneurs de Schönau.

En haut, à droite: les ruines du château d'Altwindeck construit au 13ème siècle près de Bühl.

En bas, à gauche: Vieux murs de l'abbaye des Prémontrés à Allerheiligen dans la vallée du Lierbach. Cette abbaye, construite entre 1192 et 1196, fut détruite par un incendie en 1803.

En bas, à droite:: ruines des thermes romains de Baden-Baden.

A droite: l'église St-Nicolas à Buchenberg

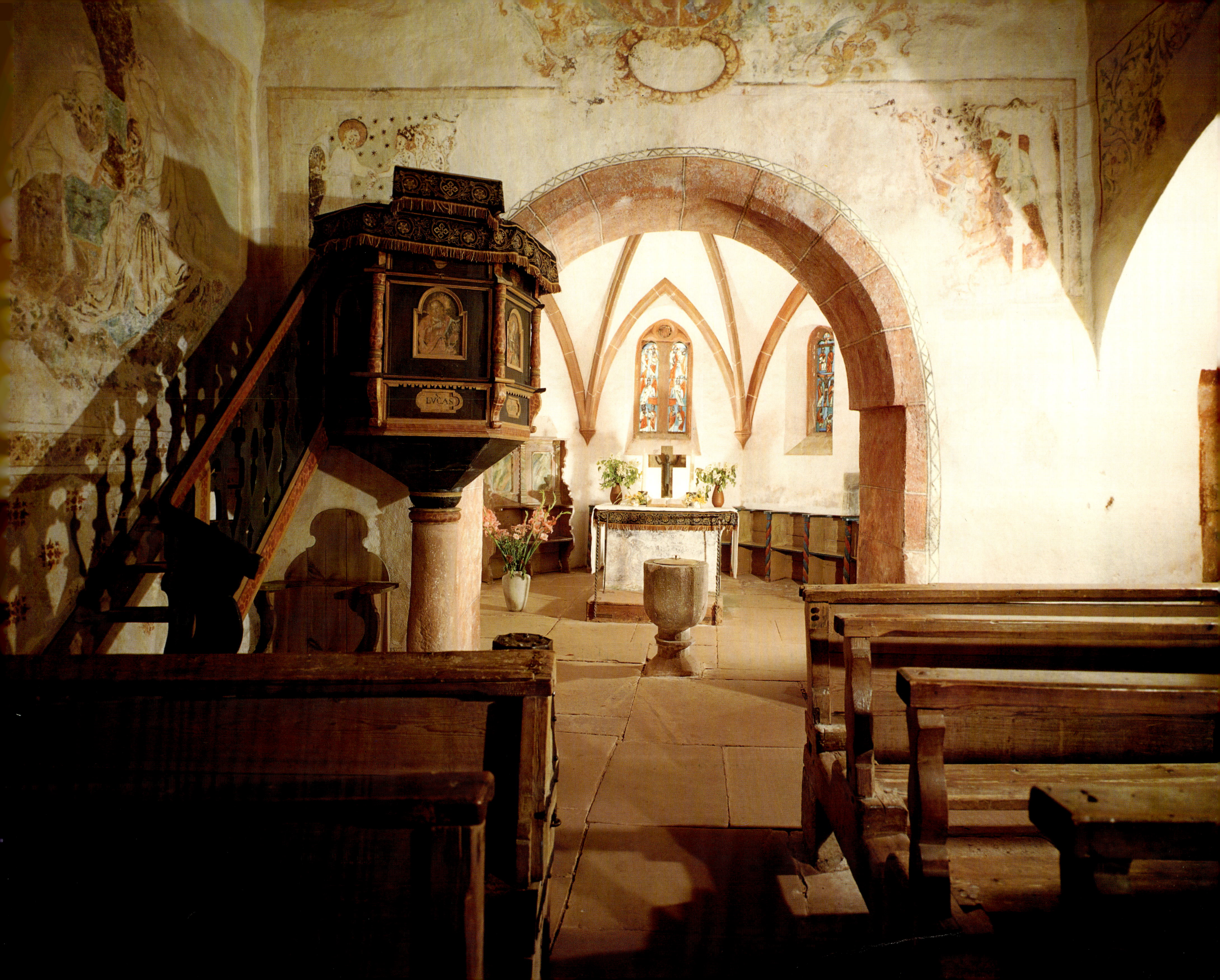
LVCAS

Kultur und Brauchtum

Oben links: Palmenweihe in der Stiftskirche von Waldkirch.

Oben rechts: Klosterspiele in Hirsau.

Unten links: Kammerkonzert in der Münsterkirche Klosterreichenbach.

Unten rechts: Für die Fronleichnamsprozession gelegter Blütenteppich in Hofstetten.

Rechts: Närrisches Treiben der „Hornberger Hörner" und der „Buchenbronner Hexen" während der Fasnet in Hornberg.

Culture and old customs

Above, left: Consecration of the palms in the collegiate church in Waldkirch.

Above, right: Monastery plays in Hirsau.

Below, left: Chamber music concert in the cathedral church in Klosterreichenbach.

Below, right: Carpet of flowers laid for the Corpus Christi procession in Hofstetten.

Right: Buffoonery by the "Hornberger Hörner" and the "Buchenbronner Hexen" at carnival-time in Hornberg.

Culture et coutumes

En haut, à gauche: Fête des Rameaux dans l'église conventuelle de Waldkirch.

En haut, à droite: Les Jeux de l'abbaye d'Hirsau.

En bas, à gauche: Concert de musique de chambre à l'église de Klosterreichenbach.

En bas, à droite: Tapis de fleurs pour la procession de la Fête-Dieu à Hofstetten.

A droite: les bouffonneries des « Hornberger Hörner » et des « Buchenbronner Hexen » pendant le Carnaval de Hornberg.

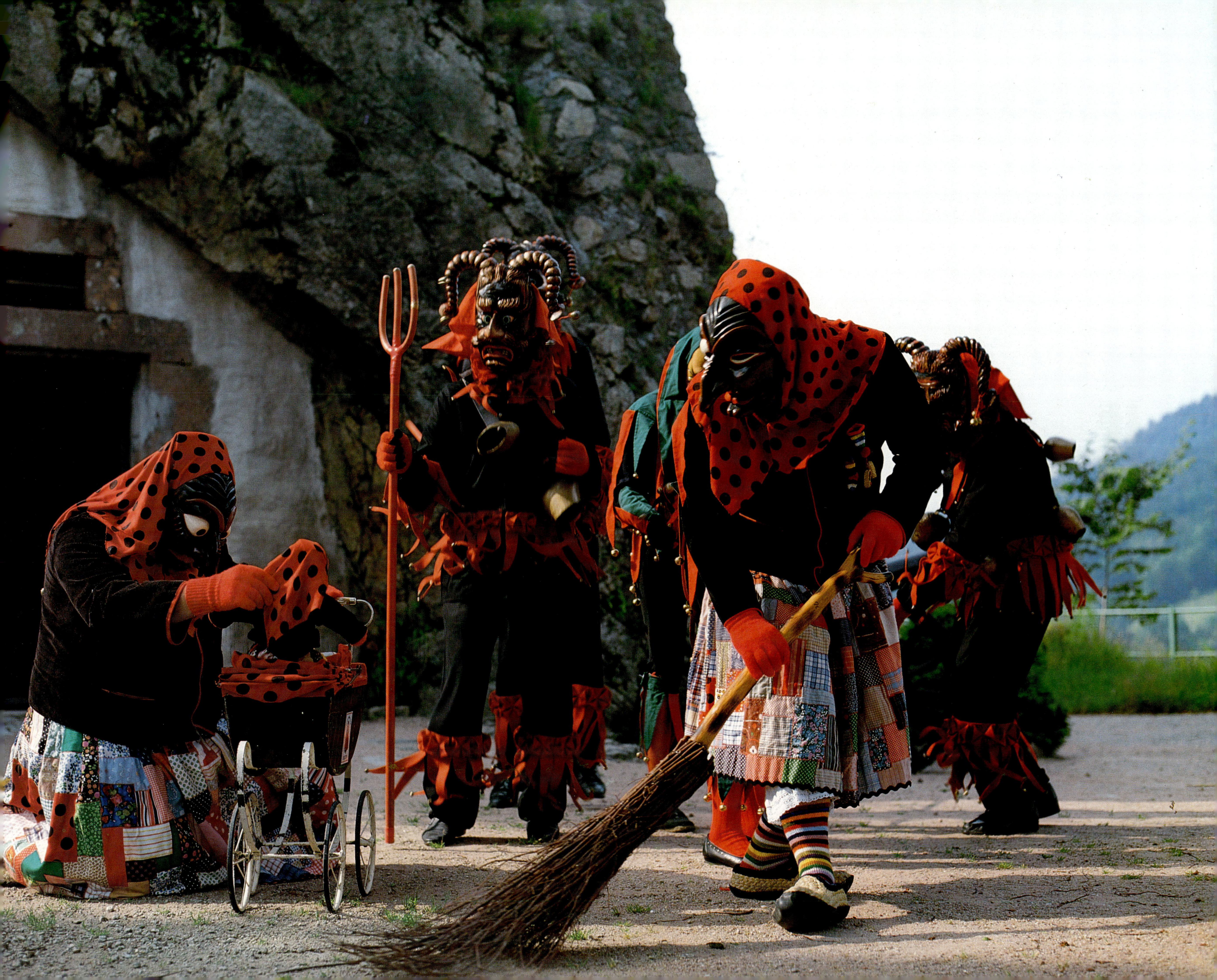

206

Schwarzwälder Gastlichkeit

Solch herrliche Wirtshausschilder weisen seit alters her auf die gepflegte Gastlichkeit im Schwarzwald hin. Ob man sich der Vielzahl heimischer Spezialitäten in einer ländlichen Gaststätte, der internationalen Küche in gut geführten Hotels oder den kulinarischen Genüssen in „sternengeschmückten" Restaurants hingibt, immer wird man von Behaglichkeit und Fürsorglichkeit umgeben sein. Die heimischen Weine werden ebenso wie die klaren, oftmals aus Beeren oder Obst selbstgebrannten „Geiste und Wässerle" zum Verweilen und Wiederkommen animieren.

Since time immemorial elegant inn-signs such as these have drawn attention to the refined nature of Black Forest hospitality. Whether you sample the wide variety of regional specialities in a rural inn, the international cuisine of a well-run hotel or the culinary delights of a five-star restaurant, you will always by served with cordial and solicitous attention. The local wines, just like the pure brandies and spirits—often home-distilled from berries or fruit—will encourage you to linger over them and to come back again for more!

Ces magnifiques enseignes d'auberges sont toujours le signe de la parfaite hospitalité de la Forêt-Noire. Que l'on préfère les nombreuses spécialités régionales savourées dans une auberge de campagne, la cuisine internationale dans de très beaux hôtels ou la haute gastronomie dans des restaurants à étoiles, partout l'on est accueilli dans une même atmosphère chaleureuse. Les vins du pays, tout comme les eaux de vie souvent distillées par la maison à partir de baies ou de fruits vous invitent à vous attarder... et à revenir.

Register

Die normalen Ziffern verweisen auf die Textseiten, die fettgedruckten auf die Bildseiten.

A

Achern 9, **86**
Achertal 9, 86
Affental 76
Aha 160
Aitern 180
Albsee **171**
Albtal 8, 11, 166
Allerheiligen, Klosterruine, Wasserfall 9, 14, 88, **202**
Alpirsbach 10, 13, 14, **62, 63**
Altensteig 8, **56**
Altschweier 76
Altwindeck, Burg 76, **202**

B

Baar 10, 116
Bad Bellingen 15, **190**
Bad Dürrheim 10, 15, **116**
Baden-Baden 9, 13, 14, 15, **34, 190, 202**
Badenweiler 13, 15, **190**
Bad Griesbach 15, **90**
Bad Herrenalb 8, 14, 15, **48**
Badische Weinstraße 9, 84, 190
Bad Krozingen 15, **192**
Bad Liebenzell 8, 15, **52**
Bad Peterstal 15, **90**
Bad Rippoldsau 9, 15, **92**
Bad Rotenfels 8, 15, **36**
Bad Säckingen 11, 15, **168,** 170
Bad Teinach 8, 15, **52**
Bärental 12, **157**
Baiersbronn 8, **44, 45**
Belchen 10, 11, 12, 134, **154, 180, 183,** 184, 192
Bernau 12, **175,** 178
Berneck 8, **56**
Bernecktal 10, 114
Besenfeld 58
Biberach 9, **88**
Birkendorf-Ühlingen 12
Blasiwald 11
Blauen 10, 134, 186, 190
Bleibach 10
Blindensee 12, **123**
Böllen 180
Boll, Ruine 12
Bonndorf 12, **164**
Brandenkopf 9
Bregtal 10
Breisgau 10
Breitnau 12
Brigachtal 10, 112, **113**
Buchenberg 112, **203**

Bühl 9, **76**
Bühlerhöhe 15, 76
Bühlertal 9, **76**
Bühlott 9, 76
Bürchau 184
Bürgeln, Schloß 11, **188**
Buhlbachsee 12

C

Calmbach 8
Calw 8, **54**
Christophstal 13

D

Dachsberg 11, **170**
Denzlingen 10
Dobel 15
Donaueschingen 10
Dornstetten 8, **61**

E

Eberstein, Schloß 8
Eisental 76
Elbenschwand 184
Ellbachsee 12
Elzach 10, **128**
Elztal 10, 14, 138, 140
Emmendingen 10, **138**
Enzklösterle 8, **50**
Enztal 8, 13
Erzgrube **59**

F

Fahl 11, **174**
Falkenstein, Ruine 10
Favorite, Schloß 8, **32**
Feldberg 10, 12, **133, 134, 135,** 156, 166, **172, 173,** 180
Feldsee 12, **130,** 156
Fernskiwanderweg **73,** 148, **149**
Fohrenbühl 10
Forbach 8, **38**
Frauenalb 8
Freiamt **129**
Freiburg 9, 11, 13, 14, **136, 137**
Freudenstadt 9, 13, 15, **64, 65, 66**
Friedenweiler 15, **156**
Fröhnd-Holz 150
Furtwangen 10, 12, 120, **124**

G

Gaggenau 8, **36**
Gengenbach 9, 13, **101**
Gernsbach 8, 12, **38**
Glaswaldsee 12
Glottertal 10, 14, 140, **142, 143**
Görwihl 11, 170
Grafenhausen 12, **162, 163**
Gschwend 11
Gutach 13
Gutachtal 9, 14, 104, 108, 110, 158
Gutachtal (Simonswäldertal) 10, **126,** 140
Gutachtal (Wutach) 12, 154

H

Häusern 12, **167**
Harmersbachtal 9, 98, 158
Haslach 9
Haslachtal 12
Hausach 9, **96,** 104
Hausen 11
Heidburg **103**
Herrenwieser See 12
Herrischried 11, **169,** 170
Herzogenhorn 12
Himmelreich 11
Hinterlangenbach 75
Hinterzarten 11, 12, 15, 122, **152, 153**
Hirsau 8, 13, 14, **54, 204**
Hochburg 10, **138**
Hochfirst 154
Höchenschwand 12, 15, **166**
Höfen 8
Höllental 11, 14
Hofsgrund 11, **177**
Hofstetten **99, 204**
Hohengeroldseck, Ruine 9, **102**
Hohenschramberg, Ruine 9
Hohlohsee 12, **51**
Hornberg 9, **108, 109, 205**
Hornisgrinde 9, **74,** 84
Hotzenwald 11, 169, 170
Husen, Ruine 9
Huzenbacher See 12

I/J

Ibach 11, **178**
Inzlingen 11, **189**
Joostal 12

K

Kälberbronn 8
Kandel 10, 134, 138, **139, 140,** 142, 144
Kandern 11, 186
Kandertal 186
Kappelrodeck 9, **86**
Kappelwindeck 76
Karlsruhe 8, **30, 31**
Kastelburg, Ruine 10, **138**
Kinzigtal 8, 9, 12, 13, 14, 94, 96, 100, 158
Kinzigtal, Kleines 10, **194**
Kirchzarten 11
Kirnachtal 118
Kirnbachtal 158
Klosterreichenbach 8, 13, **42, 204**
Kniebis 9, **68**
Kniebisbäder 15, **90, 92**
Königsfeld 10, 15, **112**

L

Lahr 9
Lautenbach 9, **88**
Lauterbach 10
Lenzkirch 15
Lichtental, Kloster 14
Lierbach 9, 88
Linachtal 10, 118, **119**
Lörrach 11, 186, **188**
Loßburg 10, **62**
Lützenhardt **60**

M

Markgräflerland 11, 134, 180, 186, 190
Marxzell 8
Menzenschwand 12, 13, **166**
Michelbach **36**
Mitteltal 8
Münstertal 11, 180, 190, **193**
Mummelsee 9, 12, **74**
Murgtal 8, 13, 15, **32, 36, 43**

N

Nagold 8, **57**
Nagoldtal 8
Neubulach 8, **55**
Neuenbürg 8
Neuenweg 11, 180, **184**
Neukirch **149**
Neustadt 12, 15, **154,** 156
Nonnenmattweiher 12, **185**

Notschrei 11, 140, **174,** 178
Nußbachtal **111**

O

Oberharmersbach 9, **98**
Oberkirch 9, **88,** 138
Obertal 8
Oberwolfach 9, **97,** 106
Offenburg 9, **100**
Oostal 9, **34**
Oppenau 9, **89**
Ortenau 9, 86, 88, 100
Ortenberg, Schloß 9
Ottenhöfen 9, **86**

P

Pagodenburg, Schloß 32
Pfalzgrafenweiler 8, **60**
Pforzheim 8, **47**
Präg 11, **179**
Prechtal 10

R

Rastatt 8, **32**
Ravennaschlucht 11, **150**
Renchen 9
Renchtal 9, **88**
Rickenbach 11, 170
Rohrbachtal **120, 121**
Rothaus 10, **62**
Röttein, Ruine 11, **188**
Rottweil **128**

S

St. Blasien 11, 13, 15, 162, **166,** 170
St. Georgen 10, 14, **112,** 114, 120
St. Märgen 10, 13, 126, **146, 147, 148,** 150, **151**
St. Peter 10, 13, 14, **144, 145,** 146
St. Trudpert, Kloster 11, 13, 14, **192**
St.-Wilhelmer-Tal 11, **176**
Sasbachwalden 9, 15, **84, 85**
Seebach 9, **86, 87**
Seebrugg 160
Seelbach 9
Seewald 8, **58**
Sexau 10
Simonswäldertal **138,** 140
Sommerau 9, 108
Sulzbachtal **33**

Schapbach 9, **92**
Schauenburg, Ruine 9, **88**
Schauinsland 10, 11, 12, 134, **141, 176,** 178, 192
Schenkenburg, Ruine 10
Schenkenzell 10
Schiltach 9, **94**
Schiltachtal 9, 114
Schilteck, Ruine 9
Schliffkopf 9, 44, **70**
Schluchsee 12, 15, **160, 161**
Schlüchttal, Schlüchtsee 12, **162**
Schömberg 15
Schönau 11, 180
Schönenberg 180
Schönmünzach-Schwarzenberg 8, 15, **40, 41,** 44
Schönwald 10, 15, **122**
Schollachtal 12
Schonach 10, **82,** 122, 125
Schopfheim 11, 184
Schramberg 9, 10, **114**
Schurmsee 12
Schuttertal 9, 14
Schwarzatal 12
Schwarzenbach-Talsperre **39**
Schwarzwaldhochstraße 8, 44, **67, 69, 70, 71,** 84
Schwarzwald-Tälerstraße 8
Schwedenschanze **82**
Schwenningen 10, 116
Staufen 11, 192
Steinach 9
Steinen 11, **186, 187**

T

Tegernau 11, 184
Teinachtal 8
Tennenbronn 10, **114, 115**
Thurner 12, **127**
Tiengen 12, 162
Titisee 12, **154,** 156
Todtmoos 11, 15, 170, **178**
Todtnau 12, 174
Todtnauberg 11
Tonbach 8, **42**
Triberg 9, 10, 12, 15, 108, **110,** 122

U

Ühlingen-Birkendorf **165**
Unterharmersbach 9, 98
Unterkirnach 10, **118**
Unterstmatt **72**
Urachtal 12

Urnagold 58

V

Villingen 10, 15, **117**
Vogtsbauernhof, Freilichtmuseum 9, 13, **104, 105, 106, 107**

W

Waldachtal 8, 60
Waldbronn 8, **46**
Waldkirch 10, 15, **138, 204**
Waldshut 12, 162, **168,** 170
Waldulm 9
Walkenstein, Ruine 9, 96
Wehratal 11, 178
Weisenbach 8
Weitenau, Vogelpark **186**
Wembach 180, **181**
Wieden 180, **182**
Wiesental 11, 140, 178, 184, 186, 188, 192, **202**
Wiesental, Kleines 11, **184**
Wieslet 184
Wildbad 8, 12, 15, **48, 49**
Wildberg 8
Wildsee, Feldberg 12
Wildsee, Ruhestein 12, **74**
Wittenschwand **170**
Wittichen, Kloster 10
Wolfach 9, **95**
Wolftal 9, 12, 14, **93,** 158
Wutachtal, Wutachschlucht 12, 154, **164**

Z

Zavelstein 8, **52**
Zell a. H. 9, **98**
Zell, Wiesental 11

208

Außerdem im Heinrich Müller Verlag erschienen:

Schwarzwald-Impressionen
Fotografiert und getextet von Karl Lang
128 Seiten, 30 x 21 cm und über 100 meist großformatige Farbaufnahmen.
3sprachig

Schwarzwald
Der südliche Teil

Text von Dr. Karl Weidenbach
124 Seiten im Format 21 x 21 cm und über 100 Farbaufnahmen.
3sprachig

Schwarzwald
Der nördliche Teil

Text von Dr. Karl Weidenbach
124 Seiten im Format 21 x 21 cm und über 100 Farbfotos.
3sprachig

Die Schwarzwaldhochstraße
Das Erlebnis einer Landschaft zwischen Baden-Baden und Freudenstadt

Text von Dr. Karl Weidenbach
108 Seiten im Format 21 x 21 cm und über 100 Farbaufnahmen.
3sprachig

Rund um den Feldberg
Wander- und Naturerlebnis
Ein Bildband für Wander- und Naturfreunde mit Wandervorschlägen und einer Übersicht über die Lifte und Loipen.

Text von Dr. Wolf Drescher
120 Seiten im Format 21 x 21 cm und über 130 Farbaufnahmen.
3sprachig

Schwarzwaldmuseum Vogtsbauernhof
Text von Dr. Karl Weidenbach
48 Seiten im Format 21 x 30 cm und über 60 großformatige Farbfotos.

Sagenumwobener Mummelsee
48 Seiten im Format 21 x 21 cm und über 30 Farbaufnahmen.

Das Bärenschlößle
Ein Zeuge Freudenstädter Geschichte

Ein historisches Gebäude erzählt die Geschichte Freudenstadts.

Geschrieben von Gerhard Hertel – 64 Seiten und über 30 Abbildungen im Format 15 x 21 cm.

Freudenstadt
Texte von Prof. Wolfgang Altendorf und Gerhard Hertel
144 Seiten im Format 21 x 21 cm und 133 Farbfotos.
3sprachig

Baiersbronn und seine Teilorte
Text von Erdmann Teich
96 Seiten im Format 30 x 21 cm und 160 Farbfotos.
3sprachig

TUTTLINGEN
B O D E N S E E
Möhringen
Immendingen
KONSTANZ
Stockach
Emmingen ab Egg
SCHAFFHAUSEN
Geisingen
Blumberg
Achdorf
Aldingen
Trossingen
Tuningen
ROTTWEIL
N E C K A R
Epfendorf
Oberndorf
DONAUESCHINGEN
Hüfingen
Bräunlingen
Schwenningen
BAD DÜRRHEIM
VILLINGEN
Mönchweiler
Niedereschbach
Dunningen
Löffingen
Reiselfingen
Göschweiler
WUTACH-SCHLUCHT
Holzschlag
Bonndorf
Kirnbergsee
Dittishausen
Rötenbach
Friedenweiler
Eisenbach
Kappel
Hochfirst 1188
LENZKIRCH
Saig
NEUSTADT
TITISEE
Betzweiler
Dornhan
Waldmössingen
Weiler
Hardt
KÖNIGSFELD
Peterzell
Unterkirnach
Hammereisenbach
Vöhrenbach
Rohrbach
Schollach
Waldau
St. Georgen
Reutin
Aichhalden
Schramberg
LAUTERBACH
Fohrenbühl
Tennenbronn
Schönenbach
Brend 1148
Furtwangen
Neukirch
Schwarzwald-Panoramastraße
Thurner 1034
Breitnau
HINTERZARTEN
Höllsteig
Alpirsbach
Reinerzau
Schenkenzell
Schiltach
Lehengericht
Nussbach
Triberg
Schönwald
Gütenbach
St. Märgen
HÖLLENTAL
Schonach
Rohrhardsberg 1152
Wittichen
Schapbach
Kinzigtal
Hornberg
St. Peter
Hirschsprung
KINZIGTAL
Oberwolfach
Brandenkopf 931
WOLFACH
Gutach
Oberprechtal
SIMONSWÄLDER TAL
1241 Kandel
Yach
Schwarzwald-Panoramastraße
DREISAMTAL
Grüne Straße – Route Verte
Glaswaldsee
Fischerbach
Hausach
Prechtal
Obersimonswald
Altsimonswald
Untersimonswald
Buchenbach
Himmelreich
Burg
Kirchzarten
Oberharmersbach
Mühlenbach
ELZTAL
Elzach
Oberwinden
Niederwinden
Bleibach
Gutach
Kollnau
GLOTTERTAL
BAD PETERSTAL
Mooskopf 875
Unterharmersbach
Hofstetten
Biederbach
Katzenmoos
Siegelau
WALDKIRCH
Oberglottertal
Stegen
Günterstal
Haslach
Nordrach
Unterglottertal
Steinach
Welschensteinach
Hünersedel 744
Zell a. H.
Biberach
Schweighausen
Sexau
Denzlingen
FREIBURG
Merzhausen
Dörlinbach
Freiamt
Badische Weinstraße
Schuttertal
Ettenheimmünster
Gundelfingen
Wolfenweiler
SCHUTTERTAL
Wittelbach
Ottoschwanden
Gengenbach
Berghaupten
Reichenbach
Seelbach
Bermersbach
EMMENDINGEN
Vörstetten
Freiburg-Nord
Freiburg-Mitte
Ortenberg
Ohlsbach
Zell-Weierbach
Umkirch
Freiburg-Süd
Rammersweier
Elgersweier
Diersburg
Kippenheim
Teningen
Emmendingen-Nimburg
Nimburg
Dreisam
Opfingen
OFFENBURG
Hohberg
Friesenheim
LAHR
Mahlberg
Ettenheim
Ringsheim
Kondringen
Eichstetten
TUNIBERG
Bohlsbach
Herbolzheim
Kenzingen
Riegel
Bahlingen
KAISERSTUHL 557
Gottenheim
Offenburg
Schutterwald
Ettenheim
Merdingen
Lahr
Grafenhausen
Riegel
Schelingen
Badische Weinstraße
Kappel
Rust
Endingen
Ihringen
Bickensohl
Nonnenweier
Oberbergen
Meissenheim
Kiechlinsbergen
Achkarren
Schwanau
Goldscheuer
Neuried
Rheinau
Königschaffhausen
Bischoffingen
Oberrotweil
Breisach
R H E I N
Sasbach
Burkheim
R H E I N
Gerstheim
Neu-Breisach
STRASSBURG